Georg Röwekamp # Jerusalem

*Ein Reisebegleiter
durch die Geschichte
der Heiligen Stadt
von Judentum,
Christentum
und Islam*

Herder Freiburg · Basel · Wien

Bildnachweis (Fotos):
Georg Röwekamp: 11, 12, 54, 78, 80, 83, 86, 89, 101, 106, 109, 117, 123, 128, 147, 149, 155, 157, 167, Tafeln I, X–XIII
Herder Archiv: 14, 20, 29, 30, 33, 37, 43, 46, 74, 91, 99, 120, 131, 135, Tafeln II–VI
Keel/Uehlinger, Göttinnen, Götter und Gottessymbole, Freiburg im Breisgau 1992: 22, 38
Radke/Krackenberger, Jerusalem, Freiburg im Breisgau 1994: Tafel XIV
Sigurd Gumlich: 61, 169, Tafeln VII–IX

Pläne und Rekonstruktionen:
Herder Archiv: 21, 26, 50, 58, 85, 93, 102, 112, 162

Alle Rechte vorbehalten – Printed in Germany
© Verlag Herder Freiburg im Breisgau 1997
Herstellung: Freiburger Graphische Betriebe 1997
Gedruckt auf umweltfreundlichem, chlorfrei gebleichtem Papier
ISBN 3-451-26126-X

Inhalt

Vorwort 7
1. Das Uruschalim der Kanaanäer 9
2. Das Jerusalem von David und Salomo 16
3. Das Jerusalem der Könige und Propheten 24
4. Das Jerusalem des Nehemia und Esra 32
5. Das Hierosolyma der Hellenisten und Hasmonäer 41
6. Das Jerusalem des Herodes 48
7. Das Jerusalem Jesu und der Urgemeinde 56
8. Das zerstörte (und das himmlische) Jerusalem 76
9. Die Colonia Aelia Capitolina des Hadrian 82
10. Das Jerusalem des Konstantin 88
11. Die Heilige Stadt der Pilger und Theologen 96
12. Bait al-Maqdis der frühen Araber 105
13. Das Jerusalem der Kreuzfahrer 115
14. Al-Quds der Ajubiden, Mamelucken und Osmanen 126

Inhalt

15. Das Jerusalem der Europäer 134
16. Das Jerusalem der jüdischen Einwanderer 151
17. Jerusalem im 20. Jahrhundert 159
Zeittafel 172
Literatur 176
Register 177

Vorwort

Im Talmud, der Sammlung der jüdischen Überlieferung, heißt es: *„Neun Teile der Schönheit und des Glanzes gab Gott der Stadt Jerusalem, und nur einen Teil gab er der restlichen Welt. Gleichermaßen wurde alles Leid und alle Trauer von Gott in zehn Teile aufgespalten. Neun Teile Leid und Trauer gab der Schöpfer an Jerusalem, und nur einen Teil an die übrige Welt"* (Kiddushin 49 b).

Tatsächlich ist Jerusalem, die „heilige Stadt dreier Religionen", bis heute von einer einzigartigen Faszination, aber auch gekennzeichnet von leidvollen Kriegen und Auseinandersetzungen. Und nirgendwo auf der Welt zeigt sich so deutlich, daß die Gegenwart nur verständlich wird mit Hilfe der Vergangenheit. Jede Schicht ihrer Geschichte ist in der Stadt Jerusalem gegenwärtig. Diese Schichten werden im folgenden freigelegt, wie bei einer archäologischen Ausgrabung, und Schritt für Schritt, Epoche für Epoche, wieder lebendig.

Am Anfang steht jeweils eine Darstellung der historischen Entwicklung der Stadt in der beschriebenen Epoche. Darauf folgt eine Vorstellung dessen, was noch heute davon zu sehen sind. Schließlich folgen Texte aus der jeweiligen Zeit, die etwas von der (oft religiösen) Bedeutung der Stadt für die Zeitgenossen verraten. So entsteht Schicht für Schicht ein Gemälde, in dem alle Elemente zusammenklingen und gemeinsam ein Bild des heutigen Jerusalem zeichnen. Selbst die unterste Schicht leuchtet durch bis zur Oberfläche, auch die ältesten Linien geben Konturen vor, die das Ganze bestimmen.

Franz Werfel hatte bereits 1937 in einem seiner Romane geschrieben: *„Die Tempel von Theben und Karnak waren gewaltige Rekonstruktionen von Trümmerstätten. Doch nur das Tote läßt sich rekonstruieren. Rom und Athen waren moderne Städte mit musealen Ruinenfeldern in ihrer Mitte. Jerusalem aber, die Hochgebaute, die dort in der Sonne loderte, besaß keine Ruinen. Sie hatte ihre Zeitalter nicht abgestreift und liegen lassen wie steinerne Häute. Die Tochter Zions stand immer wieder im Licht und immer wieder im Staube. Das Feuer Nebukadnezzars, das Spitzeisen des Titus, der Pflug Hadrians war über sie hingeknirscht. Doch ihr wahrer Bestand hing von ihrem tatsächlichen Bestande nicht ab. Wer ihre Zeit zählte, zählte die Zeit Gottes mit, die ohne Zeit ist. Ihr Altertum war Gegenwart und ihre Gegenwart Altertum..."* (Jeremias – Höret die Stimme).

Weil die Stadt ungeachtet ihrer leidvollen Geschichte und Gegenwart so schön und faszinierend ist, daß es den, der einmal dort war, immer wieder hinzieht, habe ich all denen zu danken, die mir das ermöglichen – vor allem meiner Frau und meiner Familie, die mich immer wieder ziehen läßt. Ich danke aber auch dem Verlag Herder und seinem Lektor Dr. Peter Suchla, daß dieses Buch nach mancherlei Schwierigkeiten erscheinen kann, sowie Frau Annette Traber für das Lesen der Korrekturen und wichtige Hinweise.

Georg Röwekamp

1.
Das Uruschalim der Kanaanäer

Am Anfang war die Quelle. Nicht die Lage in einer besonders fruchtbaren Gegend oder an einer Hauptverkehrsstraße ist der Grund, warum sich auf einem kleinen Hügelsporn im Bergland von Judäa die ersten Menschen niederlassen, sondern die Gihonquelle im Kidrontal. Das normalerweise trockene Tal verläuft in Nord-Südrichtung zwischen dem Hügel und dem östlich gelegenen Ölberg, der seinerseits die höchste Erhebung des Berglandes und die Grenze zur Wüste darstellt. Im Westen wird der Hügel von einem weiteren, Tyropoiontal genannten Tal begrenzt, das sich an der Südspitze des Sporus mit dem Kidrontal vereinigt.

Zunächst sind es – so die Archäologen – keine festen Häuser gewesen, in denen man hier wohnte. In Hütten oder Zelten lebten die ersten Siedler wahrscheinlich oberhalb der ganzjährig fließenden Quelle – wenn sie sich nicht sogar nur zeitweise dort aufhielten und dann weiterzogen. Die ältesten Besiedlungsspuren, d.h. Keramikreste, stammen aus dem Chalkolithikum, der Kupfersteinzeit (ca. 4500-3000 v. Chr.).

Von der eigentlichen Gründung einer Stadt auf dem Hügel, der wegen seiner Lage in der später größeren Stadt Südosthügel genannt wird, existiert leider keine Urkunde. Im Hintergrund steht zunächst die „urbane Revolution". Nachdem der Mensch in der Jungsteinzeit nach und nach zumindest teilweise zur Seßhaftigkeit übergegangen ist, bilden sich im Laufe der Bronzezeit städtisch bestimmte Gesellschaften heraus. Erstmals sind dank „Arbeitsteilung" zwischen König, Beamten, Soldaten, Handwerkern, Händlern und Bauern auch komplexere Aufgaben zu bewältigen. Insbesondere die Herausbildung des Königtums – zunächst in Form von Stadtkönigen – ist von erheblicher Bedeutung. Denn das aus praktischen Gründen notwendige Amt erscheint dem Menschen der Frühzeit – wie alles Bedeutsame – als etwas Göttliches, in dem die Kräfte sichtbar werden, die das Leben regieren und ordnen.

Aber auch die Gründung der Stadt selbst wird als ein Vorgang von religiöser Bedeutung angesehen. Sichtbar wird das in den altorientalischen Mythen von der Weltschöpfung, die häufig in der Stadtgründung gipfelt: Sie ist die „Mitte" der Welt derjenigen, die in diesen Mythen versuchen, die Welt zu verstehen und zu begreifen, was sie „im Innersten zusammenhält".

Auch in der hebräischen Bibel, dem Ersten Testament der Christen, finden sich Spuren einer solchen Sicht der Stadt – nun verbunden mit dem Mittelpunkt der israelitischen Welt, mit Jerusalem und dem dort verehrten Gottesberg. Insbesondere die Psalmen, die am Jerusalemer Heiligtum gesungen wurden, bewahren diese alten

Vorstellungen: *„Du verankerst die Balken deiner Wohnung im Wasser ..."* (Ps 104,3); *„er, der Höchste, hat Zion gegründet"* (Ps 87,5). Bei den Propheten ist dann ausdrücklich vom „Nabel der Erde" die Rede (Ez 38,12) – eine Vorstellung, die das Judentum später weiterentwickelt: *„So wie der Nabel in der Mitte des Menschen liegt, so liegt das Land Israel im Zentrum der Welt, Jerusalem in der Mitte des Landes, der Tempel im Kern Jerusalems, die Bundeslade im Allerheiligsten, und vor dem Allerheiligsten befindet sich der Grundstein, von dem die Welt ihren Anfang nahm"* (Tanhum Rabbah, Levitikus 78). Auch die Erschaffung Adams verbindet man dann mit dem „heiligen Felsen" (vgl. das Buch Henoch 23,45).

Die konkrete historische Situation bei der Gründung Jerusalems läßt sich zumindest annähernd bestimmen. Die mittlere Bronzezeit in Palästina (2000-1500 v. Chr.) ist zunächst bestimmt von großen Unruhen. Neueinwanderer aus dem nördlichen Syrien lassen nach und nach eine neue Kultur entstehen – die Kanaanäer.

Sie sind es auch, die den Hügel oberhalb der Gihonquelle neu besiedeln. Die ältesten Gräberfunde in Jerusalem auf dem Ölberg und nördlich der heutigen Altstadt stammen aus dieser Zeit. Neben der Lage an der Quelle wirkt sich nun die geographische Lage der Stadt günstig aus: Die Stadt liegt zwar abseits der „via maris" (der am Meer entlangführenden Hauptverbindungsstraße von Ägypten nach Norden), aber an der Kreuzung der Straßen, die von Hebron nach Sichem und von der südlichen Jordanfurt zur Küste führen.

Zunächst stehen die neuen Stadtstaaten Palästinas – vielfach unbefestigte Siedlungen – unter der Oberhoheit der Ägypter. Das „Mittlere Reich" stellt eines der ersten Großreiche der Geschichte dar und dehnt seinen Einfluß auch auf die nördlichen „Fremdländer" aus. Als im 18. Jh v. Chr. die Macht der Ägypter verfällt und die sogenannten Hyksos die Herrschaft am Nil übernehmen, werden zahlreiche Städte Palästinas befestigt – neben Dan, Akko, Sichem und Gezer auch Jerusalem. Diese Mauern sind zum einen ein Ausdruck größerer Selbständigkeit, zum anderen aber auch ein Zeichen für die unsichere Situation angesichts des fehlenden Schutzherrn.

Daß man es in Ägypten zumindest für möglich hielt, daß Jerusalem sich selbständig machten könnte, zeigen die sogenannten Ächtungstexte, die man dort fand. Darin werden kanaanäische Städte verflucht für den Fall, daß sie die Oberhoheit Ägyptens abschütteln. In einem dieser Texte, aufgeschrieben auf einer menschlichen Figur, wird erstmals der Name „Uruschalim" erwähnt, und die Auflistung der Städte entlang der Handelsstraßen erlaubt die Identifizierung mit dem späteren Jerusalem. Diese menschlichen Figuren wurden im Falle einer Revolte zerschlagen – man vertraute darauf, daß mit der Figur auch der Geist des Aufstands brach.

Nach Ende der Hyksosherrschaft in Ägypten übernehmen und erneuern die Ägypter die Großreichidee, und auch in den Fremdländern wird die Abhängigkeit der Stadtfürsten erneuert. Meist entstammen die Fürsten einer hurritischen Oberschicht, die die semitische Bevölkerung beherrscht. Das ist die Situation auch in

Jerusalem zu Beginn der Spätbronzezeit (ca. 1500-1200 v. Chr.). Die Stadt wird von einem ägyptischen Vasallen beherrscht. Im Norden der heutigen Altstadt fand man einen Altar und eine Stele mit Hieroglyphen, woraus man schließen kann, daß sich an dieser Stelle ein Heiligtum einer ägyptischen Söldnertruppe befand.

Pharao Thutmoses III. kann aufständische kanaanäische Städte noch durch mehrere Feldzüge niederwerfen, aber im 14. Jahrhundert verfällt die Macht Ägyptens. Unter Amenophis IV., der sich Echnaton nennt und in einer beispiellosen religiösen Revolution die Sonnenmacht Aton als einzigen Gott erkennt, ist das Reich politisch wie gelähmt. In seinem Archiv in Tell el-Amarna fand man sechs Briefe des Jerusalemer Stadtkönigs Abdi-Hepa, in denen sich die dramatische Situation spiegelt, in die die Stadt geraten war.

Denn nach dem Verfall der ägyptischen Macht war König Labaja von Sichem der mächtigste Fürst der Region geworden, der andere Stadtstaaten von sich abhängig zu machen suchte. Da die Könige von Hebron und Gezer mit Labaja und seinen Nachfolgern verbündet sind, ist Jerusalem praktisch von Norden, Süden und Westen eingeschlossen. Von der Wüste her drohen darüber hinaus nomadische „Hapiru". Weil auch die ägyptische Garnison abgezogen und nach Gaza verlegt worden ist, wird die Stellung des Königs unhaltbar, der seines Lebens nicht mehr sicher ist. In seiner Not bittet er den Pharao um Truppen oder um eine Möglichkeit zur Flucht nach Ägypten:

„*Es sorge der König für sein Land, und es richte der König sein Antlitz auf Feld-*

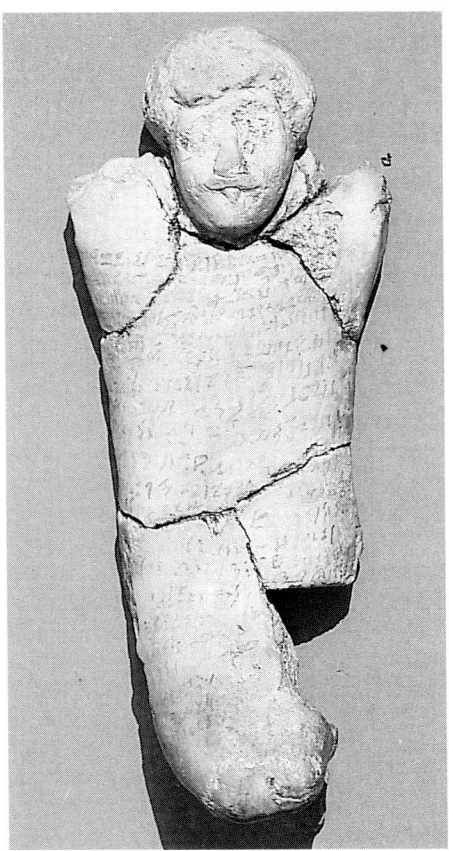

Ägyptische Tonstatuette mit Fluchtext, in dem „Uruschalim" erwähnt wird (Kopie).

truppen für das Land des Tributs; denn wenn in diesem Jahr keine Feldtruppen da sind, so gehen alle Länder des Königs, meines Herrn, verloren. ... Wenn in diesem Jahr keine Feldtruppen dasein werden, so sende der König einen Vorsteher, damit er mich samt Brüdern zu sich hole und wir sterben bei dem König, unserem Herrn."

Das Uruschalim der Kanaanäer

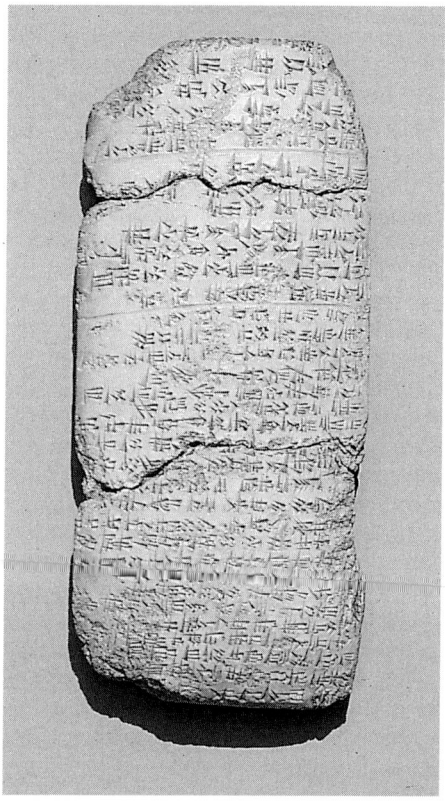

Einer der sogenannten „Amarnabriefe", in denen der Stadtkönig von Uruschalim um Hilfe bittet (Kopie).

Was aus Abdi-Hepa geworden ist, ist nicht bekannt. Möglicherweise wird die hurritische Oberschicht durch eine hetitische Elite abgelöst – die Hetiter hatten als nördlicher Rivale Ägyptens das hurritische Mitanni-Reich besiegt. Und aus den Quellen der späteren israelitischen Einwanderer, die sich in der Umgebung Jerusalems ansiedeln, muß man auf hetitischen Einfluß schließen. *„So spricht Gott, der Herr, zu Jerusalem: Deiner Herkunft und deiner Geburt nach stammst du aus dem Land Kanaan. Dein Vater war ein Amoriter, deine Mutter eine Hetiterin"* (Ez 16,3). Noch unter den Soldaten Davids befinden sich später Hetiter (vgl. z.B. 1 Sam 26,6; 2 Sam 11,3). Die Einwohner der Stadt werden von der Bibel „Jebusiter" genannt (vgl. 2 Sam 5,6).

Sicher ist, daß Uruschalim am Ende der Spätbronzezeit fast sein gesamtes Stadtgebiet verloren hat. Im Rahmen der Schwächung Ägyptens waren nicht nur die Philister, sondern auch die Israeliten seit ca. 1200 v. Chr. in das Land eingedrungen. Während die Philister die Küstenebene beherrschen, siedeln die Israeliten vornehmlich im Gebirge. Und während der Bericht über die Eroberung „Jerusalems" im Buch der Richter (vgl. Ri 1,8) wahrscheinlich legendarisch ist, darf der Bericht über die Grenzziehung zwischen den neu eingewanderten Stämmen „Juda" und „Benjamin" als zutreffende Situationsbeschreibung zu Beginn der Eisenzeit (ca. 1000 v. Chr.) angesehen werden: Die Stadt hat ihr Vorland verloren und ist zu einer kanaanäischen Enklave in einer israelitischen Umwelt geworden. Zusammen mit anderen Städten wird sie in davidischer Zeit erobert – und sie wird nicht nur von den Eroberern verändert, sondern verändert auch die Eroberer.

Heute ist vom kanaanäischen Uruschalim nur noch wenig zu sehen. Das ändert nichts an seiner grundlegenden Bedeutung auch für die weitere Geschichte der Stadt.

Am Fuße des Südosthügels, wo heute das Dorf Silwan liegt, befindet sich noch immer die Gihonquelle. Das Wasser ist das einzige, was sich im Lauf der Jahrtausende nicht veränderte. Zu sehen ist auch der Schacht, mit dessen Hilfe es die Bewohner Uruschalims in die Stadt geleitet haben. Denn die Mauer, die den Ort schützen sollte, konnte die im Tal gelegene Quelle nicht einschließen, sondern mußte am Hang des Hügels liegen. Reste von ihr hat man bei Grabungen oberhalb der Quelle gefunden. Damit aber die Mauer im Belagerungsfall nicht vom lebenswichtigen Wasser abschnitt, mußte es in die Stadt geleitet werden. Das geschah mit Hilfe eines waagerechten Stollens, der von der Quelle westwärts unter die Stadt führt. Gleichzeitig wurde in der Stadt ein abfallender Tunnel in den Fels geschlagen. An dessen Ende befand und befindet sich ein senkrechter „Brunnenschacht", durch den das Wasser aus dem Topf am Ende des waagerechten Stollens geschöpft werden konnte. Der nach seinem „Entdecker", dem englischen Archäologen und Soldaten Charles Warren, benannte „Shaft" kann heute besichtigt werden. So nah wie dort ist man den kanaanäischen Ursprüngen der Stadt nirgends.

Der zweite Schwachpunkt bei der Verteidigung der Stadt ist (nicht nur) in kanaanäischer Zeit die Nordseite der Siedlung. Denn während sie im Westen und Osten von Tälern geschützt ist, geht der Hügel im Norden in den sogenannten Ophel über, der sogar höher liegt als die Stadt. Deshalb muß die Zitadelle, gleichzeitig Palast und Festung, an dieser Stelle der Stadt liegen. Eine gestufte Mauer, die man bei den ersten Ausgrabungen für Reste der ältesten Stadtmauer gehalten hatte, ist inzwischen als Fundament dieser Zitadelle identifiziert – und zeigt eindrucksvoll, wie geschickt und mit welchem technischen Aufwand auf dem an sich für eine Besiedlung nicht gut geeigneten Hügel Terrassen angelegt wurden, die auch massive Gebäude tragen konnten.

Ein Heiligtum des kanaanäischen Jerusalem wurde nicht gefunden. Es ist aber anzunehmen, daß das Felsplateau nördlich der Stadt, der heutige Tempelplatz, schon in dieser Epoche als Kultplatz genutzt worden ist. Für diese Annahme spricht, daß heilige Plätze übernommen, nicht aber geschaffen werden – erst recht nicht bei Eroberungen. So werden auch die Israeliten den späteren Standort des salomonischen Tempels als Kultort von den Kanaanäern übernommen haben. Darüber hinaus überragt der Platz die Stadt auf beeindruckende Weise – wie der Blick aus dem Kidrontal noch heute deutlich vermittelt – und mußte von daher die Vorstellung vom Gottesberg wachrufen. Diese bildete in der kanaanäischen Mythologie eines der zentralen Motive – und jeder exponierte Berg konnte dieses Bild der Verbindung von Himmel und Erde wachrufen. Gleichzeitig symbolisierte er den festen Punkt, den Mittelpunkt der Schöpfung.

Wahrscheinlich hat auf diesem Berg auch schon ein kanaanäischer Tempel gestanden. Denn obwohl die hebräische Bibel berichtet, erst Salomo habe hier den ersten Tempel für die von David in die Stadt gebrachte Lade errichtet, deuten einige (später „übersehene") Hinweise in den

Die Gihonquelle im Kidrontal.

Diesem Bild vom Göttlichen entsprechen die in Uruschalim verehrten Götter. Denn immer geht es bei den Göttern des Alten Orients um Verkörperungen der als machtvoll erfahrenen Kräfte, die Welt und Leben der Menschen bestimmen. Hauptgöttin des kanaanäischen Jerusalem könnte die hetitische Sonnengöttin Hepatu gewesen sein – nicht umsonst nennt sich der Jerusalemer König Abdi-Hepa, „Diener der Hepatu". In Kanaan werden Schalem und Schachar, Morgen- und Abendröte, als die Kinder der Sonnengöttin verehrt, und wahrscheinlich bedeutet der Name Jerusalem „Gründung/Stadt des Gottes Schalem".

In späterer Zeit wird in ganz Kanaan anscheinend eine männliche Sonnengottheit verehrt, die auch kämpferische Züge besitzt – möglicherweise eine Reaktion auf die unruhiger werdenden Zeiten. In Jerusalem scheinen vor allem Fruchtbarkeit und Recht die Mächte zu sein, die man mit der helfenden Sonnengottheit verbindet: Ein altes kanaanäisches Kultlied singt: *„Gott spendet seinen Segen, und die Erde gibt ihre Frucht. Sedek (Gerechtigkeit) geht vor ihm her, und Schalem (Morgenröte) folgt der Spur seiner Schritte"* (Ps 85,13). Auf die Verehrung von Sedek deuten auch die Namen der Jerusalemer Könige Melchi-Sedek (Gen 14,1), Adoni-Sedek (Jos 10,1) und des Priesters Zadok, der später als einheimischer Priester übernommen wird.

Aus der Vorstellung vom helfenden Eingreifen des Sonnengottes ergibt sich auch die Überzeugung von der Unverletzlichkeit Jerusalems: *„Gott ist unsere Zuflucht und Stärke ... Die Wasser eines Stro-*

Schriften darauf hin, daß Salomo nur einen kanaanäischen Tempel renoviert hat: Schon zu Zeiten Davids ist von einem „Haus des Herrn" die Rede (vgl. 2 Sam 12,20). Die Ausrichtung dieses späteren Tempels nach Osten spricht ebenfalls für eine Vorgeschichte des Platzes. Üblich und auch „logisch" wäre ein Eingang von Süden her, von der Stadt aus, gewesen. Die Lage des Eingangs Richtung Osten ist nur „theologisch" zu erklären: Die aufgehende Sonne wird im Jerusalem der späten Bronzezeit als Bild für die Gottheit angesehen. Ein anderes Kultbild braucht man nicht.

mes erquicken die Gottesstadt, des Höchsten heilige Wohnung. Gott ist in ihrer Mitte, darum wird sie niemals wanken; Gott hilft ihr, wenn der Morgen anbricht"* (Ps 46, 2-5).

Die hebräische Bibel überliefert und übernimmt einen Namen des vorkanaanäischen Jerusalem, in dem alle diese Dimensionen zusammengefaßt sind: Zion. Und in den Zionspsalmen sind noch einmal die wesentlichen, auch für die Zukunft bestimmenden Elemente einer „Jerusalemtheologie" zusammengefaßt.

Das Bild vom kanaanäischen Götterberg Zaphon, nördlich von Kanaan, in Nordsyrien, gelegen, wird auf den nördlich von Uruschalim gelegenen Tempelberg übertragen. Die durch ihn symbolisierte Sicherheit über die Chaosmächte ist in der Stadt immer wieder zu erleben: *„Groß ist der Herr und hoch zu preisen in der Stadt unseres Gottes. Sein heiliger Berg ragt herrlich empor; er ist die Freude der ganzen Welt. Der Berg Zion liegt weit im Norden; er ist die Stadt des großen Königs. Gott ist in ihren Häusern bekannt als ein sicherer Schutz ... Wie wir's gehört hatten, so erlebten wir's jetzt in der Stadt des Herrn der Heere, in der Stadt unseres Gottes: Gott läßt sie ewig bestehen ... Umkreist den Zion, umschreitet ihn, zählt seine Türme! Betrachtet seine Wälle, geht in seinen Palästen umher, damit ihr dem kommenden Geschlecht erzählen könnt: Das ist Gott, unser Gott, für immer und ewig. Er wird uns führen in Ewigkeit"* (Ps 48,2-4.9.13-15).

Und noch die späteren Wallfahrtspsalmen der Israeliten leben mit den Bildern dieser Zeit, da Jerusalem nur auf dem kleinen Hügelsporn lag, der im Norden, Westen und Osten von Bergen umgeben ist. Diese Lage wird zum Bild eines religiösen Vertrauens: *„Wer auf den Herrn vertraut, steht fest wie der Zionsberg, der niemals wankt, der ewig bleibt. Wie Berge Jerusalem rings umgeben, so ist der Herr um sein Volk, von nun an auf ewig"* (Ps 125,1-2).

Möglicherweise ist die Verbindung von gesicherter Wasserversorgung und religiöser Gewißheit einer der Gründe, warum die Bewohner der Stadt dem heranrückenden David spöttisch zurufen: *„Du kommst hier nicht hinein; die Blinden und Lahmen werden dich vertreiben"* (1 Sam 5,6). Dennoch beginnt mit ihm ein neues Kapitel in der Geschichte der Stadt.

2.
Das Jerusalem von David und Salomo

Dank der Schwäche Ägyptens war es israelitischen Stämmen im 13. Jh. v. Chr. gelungen, langsam von Osten her in das Land Kanaan einzudringen. Wahrscheinlich verbünden sie sich mit bisher unterprivilegierten Gruppen, die aus den kanaanäischen Städten ausgezogen waren, um im Gebirge neue Siedlungen zu gründen. Auch die bisher nomadisierenden Gruppen werden seßhaft, aber von einer städtischen Kultur kann man in dieser Zeit nicht sprechen. Nur wenige kanaanäische Städte werden erobert; besiedelt werden sie in der Regel nicht. Im 12. und 11. Jh. bleibt die israelitische Gesellschaft weitgehend eine Gesellschaft von Bauern und Hirten ohne Zentralgewalt.

Erst als die Auseinandersetzung mit den Philistern um das Land immer bedrohlicher wird, fordern auch israelitische Gruppen einen König nach kanaanäischem Vorbild – eine institutionalisierte Herrschergestalt anstelle der bisherigen charismatischen Richter. Noch der Richter Gideon hatte das Königsamt abgelehnt: *„Ich will nicht über euch herrschen, und auch mein Sohn soll nicht über euch herrschen; JHWH soll über euch herrschen"* (Ri 8,23). Eine der letzten Führungspersönlichkeiten, die nach Art der Richter eine Art geistliche Autorität in ganz Israel besitzt, der „Prophet" Samuel, bestimmt den Benjaminiten Saul zum ersten König. Er macht das unbedeutende Dorf Gibea (heute Tell el-Ful nördlich von Jerusalem) zu seiner Residenz. Doch er stirbt nach einer verlorenen Schlacht gegen die Philister in den Gilboabergen nahe bei Bet Schean. Sein Nachfolger wird der Judäer David. Dieser hatte sich schon zu Lebzeiten Sauls im judäischen Bergland um Hebron als Bandenführer einen eigenen Einflußbereich geschaffen. Zunächst scheint er ein Höfling Sauls gewesen zu sein, kämpft in seinem Auftrag gegen die Philister und ist mit Sauls Sohn Jonatan befreundet. Gerade aber seine Erfolge und seine Ausstrahlung, die weite Kreise in Israel faszinieren, machen ihn zunehmend zu einem Konkurrenten und Gegner Sauls (vgl. 1 Sam 16-21). Zeitweise wird er sogar Vasall der Philister, vermeidet es aber, direkt gegen die Israeliten zu kämpfen (vgl. 1 Sam 27-28).

Nach Sauls Tod wird David zunächst vom Stamm Juda in Hebron als neuer König anerkannt (vgl. 2 Sam 12,1-11). Nach der Ermordung von Sauls Sohn Ischbaal verhandelt er mit den Nordstämmen, die ihn schließlich auch als ihren König anerkennen (vgl. 2 Sam 5,1-11). Um die Nordstämme in das Reich zu integrieren, muß David seine Hauptstadt nach Norden verlegen und möglichst einen Ort im israelitischen Kernland wählen, der an der Grenze liegt und bisher weder den nördlichen noch den südlichen Stämmen gehört hat.

Diese Voraussetzungen erfüllt das kanaanäische Uruschalim ideal.

Die Eroberung der Stadt, die sich auf ihre Uneinnehmbarkeit verläßt, berichtet die Bibel kurz und knapp: „Dennoch eroberte David die Burg Zion; sie wurde die Stadt Davids" (vgl. 2 Sam 5,7). Durch einen Vergleich mit dem ähnlichen Bericht in den Chronikbüchern (vgl. 1 Chr 11,4-9) und nach Entdeckung der kanaanäischen Wasserversorgungssysteme läßt sich die kühne Handstreichaktion mit einer gewissen Wahrscheinlichkeit rekonstruieren: Nachdem die Belagerung zunächst aussichtslos erscheint, verspricht David demjenigen die Würde des Oberbefehlshabers, der in die Stadt eindringt – nach der Entdekung des von außen verschlossenen Zugangs zur Gihonquelle ist es grundsätzlich möglich, durch den Stollen zu waten, durch den senkrechten Schacht nach oben zu klettern und so ins Innere der Stadt zu gelangen. Davids Gefährten Joab gelingt es. Wahrscheinlich öffnet er den übrigen Soldaten ein Tor – jedenfalls wird die Stadt erobert. Als „Davidsstadt" wird sie privates Eigentum des Königs – und neue Hauptstadt des Landes. David residiert wie sein Vorgänger in der Zitadelle am Nordende der Stadt.

Da es ihm in der Folgezeit nicht nur gelingt, die Philister endgültig zurückzudrängen, sondern dank fortdauernder Schwäche Ägyptens und der nördlichen Großmächte, die umliegenden Länder zu erobern, wird die Stadt innerhalb kürzester Zeit zum Zentrum eines Großreiches. Im Süden reicht der Einflußbereich Davids und Jerusalems bis zum „Bach Ägyptens" (dem heutigen Wadi el-Arish), im Osten werden die transjordanischen Reiche Edom, Moab und Ammon erobert, und im Norden wird sogar Aram mit der Hauptstadt Damaskus zeitweise tributpflichtig. Damit reicht der Einflußbereich bis fast an den Eufrat. Als Ideal von Israels Größe taucht dieses Bild auch später immer wieder auf.

David wird dementsprechend schon bald zu einer „Lichtgestalt" stilisiert. Schon als Junge soll er zum König gesalbt worden sein (vgl. 1 Sam 16); er ist der Schönste von allen Menschen (vgl. 1 Sam 16,12; Ps 45, 3). Heldentaten wie der Kampf gegen den Philister Goliat, die ursprünglich von anderen vollbracht wurden (vgl. 2 Sam 21,19) werden nun von ihm berichtet (vgl. 1 Sam 17).

David selbst ist bestrebt, eine Dynastie nach altorientalischem Vorbild in Israel zu etablieren – seine Nachkommen sollen legitime Erben seines Königtums sein. Er hatte ursprünglich, nicht zuletzt, um sich selbst zu legitimieren, Michal, die Tochter Sauls, geheiratet und zurückgefordert, als sie nach seiner Flucht mit einem anderen Mann verheiratet worden war (vgl. 1 Sam 18,27; 2 Sam 3,13-16). In Jerusalem richtet er nach orientalischem Brauch einen Harem ein, in den auch Frauen aus Jerusalem aufgenommen werden (vgl. 2 Sam 5,13).

Sehr bald erzählt man in Jerusalem von einer Verheißung Gottes an David: *„Dein Haus und dein Königtum sollen durch mich auf ewig bestehen bleiben; dein Thron soll auf ewig Bestand haben"* (2 Sam 7,16). Andererseits kommt es zu Aufständen, in denen sich die Unzufriedenheit mit der davidischen Form des Königtums Luft macht. Einer wird sogar von Davids Sohn

Abschalom angeführt, der in Hebron ein Königtum errichten will, das mehr nach dem Herzen Israels ist (vgl. 2 Sam 15-18). Und der Wahlspruch des Scheba-Aufstandes lautet: *„Welchen Anteil haben wir an David? In deine Zelte, Israel!"* (2 Sam 20,1).

Dennoch kann David nicht nur die Aufstände niederschlagen. Kurz vor seinem Tod gelingt es den Vertretern der Jerusalemer Aristokratie, Natan, Zadok und Batseba, in einer Art Staatsstreich den in Jerusalem geborenen Salomo zum Nachfolger zu machen. An sich wäre der bereits in Hebron geborene älteste Davidsohn Adonija der rechtmäßige Herrscher gewesen; als dieser sich bei einem Festmahl an der Rogelquelle im Hinnomtal zum König ausrufen läßt, salbt Natan den Salomo an der Gihonquelle zum König. Salomo, Sohn der Batseba, die David in seinen Harem aufgenommen hatte, nachdem er ihren Mann, den Hetiter Urija, hatte umbringen lassen, läßt daraufhin seinen Konkurrenten Adonija und dessen israelitische Stützen, den Priester Abjatar und Joab, den Eroberer Jerusalems, hinrichten (vgl. 1 Kön 1-2). Wie sehr Salomo mit Jerusalem verbunden ist, zeigt auch sein Name, der sich vom Stadtgott Schalem herleitet.

Salomo vollendet auch die bereits von David begonnene religiöse Aufwertung der Stadt Jerusalem. Die sogenannte Bundeslade war wohl ein Heiligtum der nomadisierenden Stämme gewesen – als transportabler Schrein war sie gleichzeitig Symbol der Gottheit JHWH, die mit den wandernden Israeliten auf dem Weg und für sie da ist. In dieser Form war sie auch noch bei den kriegerischen Auseinandersetzungen mit den Philistern genutzt worden – und bei einer Schlacht verlorengegangen. Von den Philistern zurückgegeben, stand sie nun mehr oder weniger vergessen in Kirjat-Jearim, westlich von Jerusalem (vgl. 1 Sam 4-6). David holt die Lade, wahrscheinlich auf Anraten des Priesters Abjatar, in einer Prozession, die sie wieder aufwertet, in seine Stadt und stellt sie später in einem Zeltheiligtum auf der Höhe nördlich der Stadt auf. Den Platz hat er angeblich vom Jebusiter Arauna gekauft (vgl. 2 Sam 6,1-23; 24,18-25). Die Bibel will mit diesem Hinweis die Rechtmäßigkeit der Übernahme des Kultplatzes demonstrieren, der ja auch schon in kanaanäischer Zeit genutzt wurde. Damit ist die Hauptstadt Jerusalem auch zum zentralen Reichsheiligtum der seßhaft gewordenen Stämme geworden.

Einen (neuen) Tempel errichtet David trotz entsprechender Pläne noch nicht – die Bibel bringt das mit der tempelkritischen Haltung konservativer Kreise in Verbindung, die den Charakter der alten Wüstenreligion so weit als möglich bewahren wollen. Als ihr Vertreter übermittelt der Prophet Natan David einen Spruch des Gottes JHWH, den er gehört hat: *„Du willst mir ein Haus bauen? ... Habe ich in der Zeit, als ich bei den Israeliten von Ort zu Ort zog, je ein Wort gesagt und gefragt: Warum habt ihr mir kein Haus gebaut? ... Ich bin überall mit dir gegangen, wohin du auch gegangen bist"* (2 Sam 7,1-17).

Erst Salomo bezieht das Gelände in die Stadt ein, indem er diese deutlich nach Norden erweitert. Er baut auf der „Tenne" einen neuen Königspalast und renoviert oder errichtet einen Tempel, der nun dem israelitischen Reichsgott JHWH geweiht ist. Da die Israeliten die für solch einen Großbau notwendige Technik noch nicht beherrschen, werden Bauleute und der Schmied Hiram aus dem kanaanäisch-phönikischen Tyrus nach Jerusalem geholt. Auch der Bautyp der Gesamtanlage wird aus dem „Ausland" übernommen. Nach Fertigstellung des Tempels stellen die einheimischen Zadokiden, das Priestergeschlecht der jebusitischen Stadt, den Hohenpriester. Die Leviten, das eigentliche israelitische Priestergeschlecht, spielen nur noch eine untergeordnete Rolle, weil ihr Oberhaupt Abjatar in der Thronfolgefrage nicht die Partei des „Kanaanäers" Salomo vertreten hat.

Wie sehr die Eroberung der Stadt im Grunde in Form der Integration von alten kanaanäischen Elementen geschieht, zeigt auch die Nachbarschaft von Tempel und Palast, die eine bleibende Wandlung der israelitischen Gesellschaft symbolisiert. Das Leben wird nun in kanaanäischer Form organisiert: Das Land ist – je länger, desto mehr – auf die Hauptstadt bezogen, von Beamten eingetriebene Steuern und Abgaben finanzieren Hofhaltung, Militär und Verwaltung. Der Hof wird so zum Mittelpunkt des politischen und auch des religiösen Lebens. Hier werden erstmals die historischen und religiösen Überlieferungen gesammelt und schriftlich festgehalten – der Hof des Salomo ist die Keimzelle der Bibel. All dies lernen die Israeliten erst von ihren Vorgängern – von Anfang an müssen die neuen Herren in der Stadt sich mit den bisherigen Bewohnern arrangieren.

Salomo selbst ist Bild für die prächtige Entfaltung dieses „Hofstaates" (vgl. noch Mt 6,29). Er schafft ein stehendes Heer und legt Garnisonsstädte an, baut die Wirtschaft des Landes aus, pflegt Handelsbeziehungen zu allen Nachbarländern. Der Besuch der Königin von Saba, Heimat von Gold, Weihrauch und Myrrhe, wird zum Inbegriff von Reichtum und Ruhm. Wie alle altorientalischen Herrscher besitzt er einen Harem, der unter anderem der Beziehungspflege zu auswärtigen Herrschern dient. Selbst der Pharao gibt ihm eine (echte?) Tochter zur Frau. Und da Salomo sich auch als kanaanäischer König versteht, errichtet er den Göttern des Landes (und denen seiner Frauen) Heiligtümer – vor allem auf dem Ölberg, der wahrscheinlich auch schon in kanaanäischer Zeit als heiliger Berg angesehen worden war (vgl. 2 Sam 15,32). Der israelitische Reichstempel aber bleibt zunächst frei davon – hier scheinen sich die Tendenzen zur Verehrung einer einzigen Macht, wie sie sich in der Nomadenreligion herausgebildet hatten, zu halten.

Heute ist auch von diesem davidisch-salomonischen Jerusalem nicht mehr viel zu sehen. Weder von den Mauern der Jebusiterstadt noch von der Norderweiterung der Stadt am Ophel und am Tempelberg fand man nennenswerte Reste.

Das Grab Davids wird derzeit auf dem Südwesthügel der Stadt gezeigt. Da die Bibel berichtet, David (und auch seine Nachfolger) seien in der Davidstadt begraben, erweist sich diese Lokalisierung als falsch. Tatsächlich stammt sie aus einer Zeit, in der die wirkliche Größe des ursprünglichen Jerusalem nicht mehr bekannt war und man den SW-Hügel für den Zion hielt.

Bereits Anfang des 20. Jh. legte der französische Archäologe Raymond Weill im südlichen Teil des SO-Hügels eine kleine Nekropole frei, die in römischer Zeit als Pferdestall benutzt wurde. Die beiden Stollen sind noch gut zu erkennen. Da die Gräber nachweislich aus älterer Zeit stammen und die Bestattung von Personen innerhalb der Stadt im israelitischen Bereich eine absolute Ausnahme darstellt, die nur von den Königen berichtet wird, handelt es sich hierbei mit aller Wahrscheinlichkeit um die Grabstätten Davids und seiner Nachfolger. Noch zur Zeit Jesu ist die Lage bekannt (vgl. Apg 2,29); erst nach der römischen Eroberung zeigt man die Gräber in Betlehem – möglicherweise auch, weil man nun den Geburtsort Davids für „Davids Stadt" hält (vgl. auch Lk 2,11).

Vom salomonischen Tempel und seinem Palast ist nichts mehr zu sehen - zum einen sind beide 586 von den Babyloniern zerstört worden, zum anderen ist es bis heute nicht möglich, auf dem Tempelberg Ausgrabungen durchzuführen. Nur die Angaben der Bibel erlauben gewisse Rückschlüsse auf die Gestalt des Komplexes. Im nördlichen Syrien hat man in Tell Tayinat ein Ensemble ergraben, das diesen Beschreibungen ziemlich exakt entspricht. Wenn man die dortige Palastanlage durch eine Säulenhalle (1) betritt, gelangt man in einen inneren Hof (2) (in der Bibel „anderer Hof" genannt – vgl. z.B. 1 Kön 7,8). Hier und in den angrenzenden Räumen lebt der König mit seiner Familie. Auch das obere Stockwerk ist von hier aus zu erreichen. Vollzieht der Besucher eine Wendung, betritt er eine langgestreckte „Thronhalle" (3) (vgl. z.B. 1 Kön 7,7), an deren Rückwand der Herrscher thront – deutlich ist die Konzeption auf Repräsentation angelegt. Daß dieser Palast auch in Jerusalem das Zentrum des neuen Kom-

Gräber auf dem SO-Hügel, vermutlich die Grablege der Jerusalemer Könige.

plexes bildete, wird nicht nur an dem Größenverhältnis in Tell Tayinat deutlich, sondern auch an dem biblischen Hinweis, daß am Palast 13 Jahre gebaut wurde, am benachbarten Tempel aber nur sechs Jahre.

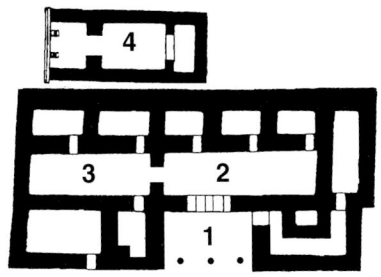

Plan von Palast und Tempel in Tell Tayinat (Syrien). Die Zahlen beziehen sich auf die Beschreibung im Text.

Das Heiligtum (4) stand in Jerusalem nördlich des Palastes. Hier wie dort war das „Gotteshaus" unterteilt in Säulenhalle, Heiligtum und Allerheiligstes. Dieser gestufte Aufbau symbolisiert unter anderem das Verhältnis zur Gottheit, die zwar unter den Menschen „wohnt", aber dennoch geheimnisvoll entfernt bleibt. Das Allerheiligste in Jerusalem hatte die Form eines Würfels. Der Altar, möglicherweise auf dem hl. Felsen plaziert, stand vor dem Tempel, und auf ihm wurden regelmäßig Opfer dargebracht. Der schon im nomadischen Bereich geübte Brauch wurde nun nach festen Regeln vollzogen: Die durch den Menschen gestörte Schöpfungs- und Lebensordnung muß durch die (symbolische) Rückerstattung von Lebendigem immer wieder ins Gleichgewicht gebracht werden.

Zum ersten Mal gibt es in Israel nun ein zentrales Haupttheiligtum. Selbst das schon mit den Patriarchen verbundene Bet-El (vgl. Gen 28) und Schilo, wo die Lade anfangs gestanden hatte (vgl. 1 Sam 1-3), waren im Grunde nur regionale Kultorte gewesen. Jerusalem aber wird im Laufe der Zeit zum Wallfahrtsort des ganzen Landes, selbst wenn es anfangs durchaus noch andere JHWH-Tempel im Land gibt.

Ganz allgemein symbolisiert der Tempel eine Wandlung der Gottesvorstellung Israels. Daß für die Lade eine „Ruhestätte" (Ps 132,8) gefunden ist, verbindet sich mit der Vorstellung, daß auch JHWH sich an ein Land und eine Stadt gebunden hat: Auch Gott ist „seßhaft" geworden.

Aber was für ein Gott wird nun in Jerusalem verehrt? Darüber kann nur die Ausstattung des Tempels Auskunft geben. JHWH hat den Sonnengott aus dem Jerusalemer Tempel verdrängt: *„JHWH hat die Sonne an den Himmel gesetzt; er selbst wollte im Dunkeln wohnen: Ich habe ein fürstliches Haus für dich gebaut, eine Thronstätte für ewige Zeiten"* (1 Kön 8,12), heißt es im Tempelweihgebet des Salomo. Das dunkle Allerheiligste, das keine Fenster besitzt, scheint tatsächlich eine israelitische Besonderheit zu sein. Das Geheimnis dieses Gottes bleibt so gewahrt. Gleichzeitig aber übernimmt JHWH nun Züge des Sonnengottes und anderer kanaanäischer Götter. Daß beide Vorstellungen von Gott ihn mit Fürsorge und Kampf verbinden, mag dabei als Grundlage der Identifizierung gedient haben.

JHWH wird nun, wie auch der kanaanäische Hauptgott El, als Schöpfer des Himmels und der Erde angesehen (vgl. Gen 14,19.22). Er schenkt, wie auch der kanaanäische Ba'al, die Fruchtbarkeit (vgl. Ps 65,10-14), ferner Sicherheit auf dem Zion (vgl. Ps 46; 48); Recht und Gerechtigkeit sind die Stützen seines Thrones (vgl. Ps 89,15; 97,2).

Auch die Verehrung JHWHs findet nun in Formen statt, die aus dem Kult der Kanaanäer übernommen sind. Die Säulen Jachin und Boas symbolisieren mit ihren Lilienblüten und Granatäpfeln die Fruchtbarkeit (vgl. 1 Kön 7,15-22); das „eherne Meer" war wahrscheinlich Mittelpunkt eines Tempelgartens (vgl. 1 Kön 7,23-26). Salomo läßt für das Allerheiligste schließlich „zwei Kerubim aus Olivenholz" anfertigen und mit Gold überziehen (vgl. 1 Kön 6,23-28). Gemeint ist damit ein Thron, der von geflügelten Wesen (Kerubim) getragen wird. Zeitgenössische Darstellungen eines solchen leeren Thrones, der als Sitz des Sonnengottes galt, hat man mehrfach gefunden. Wahrscheinlich stand auch vor Salomo schon solch ein Thron im Jerusalemer Tempel. Noch in den Psalmen finden sich die entsprechenden Bilder: „*Er fuhr auf dem Kerub und flog daher; er schwebte auf den Flügeln des Windes. Er hüllte sich in Finsternis ...*" (Ps 18,11-12). Die Idee des (leeren) Gottesthrons wird im Laufe der Zeit mit der Lade verbunden, die – ebenfalls im Tempel aufgestellt – nun auch als „Thron Gottes" verstanden wird.

Diese Hervorhebung des Thrones spiegelt sich in der neuen Rolle, die dem König im salomonischen Jerusalem zukommt. Die Thronhalle mit einem Löwenthron (vgl. 1 Kön 10,18-20) bildet nicht nur die Mitte des Palastes, sondern ist auch in direkter Parallele zum Tempel gestaltet: Vom Thron aus blicken beide zum östlich gelegenen Ausgang. Aus der Inthronisation des Königs wird eine Art Adoption durch Gott: „*Mein Sohn bist du, heute habe ich dich gezeugt*" (Ps 2,7), „*setze dich mir zu*

Ein „Cherubenthron". Darstellung auf einem Elfenbein aus Megiddo (8. Jh.).

Ein „Gottesthron" mit der geflügelten Sonnenscheibe als Gottessymbol. Darstellung auf einem Orthostaten von Tell Halaf (10./ 9. Jh.).

Rechten" (Ps 110,1), spricht Gott beim Fest der Thronbesteigung zum König. So wird der König zum Gesalbten Gottes (hebr. = Messias), der in seinem Namen herrscht – im Idealfall über alle Völker.

Mit dieser Entwicklung ist gleichzeitig eine ungeheure Universalisierung der Jerusalemer JHWH-Religion eingeleitet. Das kanaanäische Erbe wird später die Möglichkeit geben, die Urerfahrung von der Sorge JHWHs für sein Volk mit der Gewißheit zu verbinden, daß es nur einen Gott gibt, der auch die Welt erschaffen hat.

Von der Bedeutung Jerusalems als dem neuen Zentrum des Landes sprechen zahlreiche Texte der Bibel – einer Bedeutung, die die Stadt ohne die kanaanäischen Traditionen allerdings nie erlangt hätte.

Als Gebot formuliert erst das spätere Buch Deuteronomium die Aufforderung zur Wallfahrt nach Jerusalem: *„Dreimal im Jahr sollen alle deine Männer hingehen, um das Angesicht JHWHs, deines Gottes, an der Stätte, die er auserwählt, zu schauen: am Fest der ungesäuerten Brote, am Wochenfest und am Laubhüttenfest. Man soll nicht mit leeren Händen hingehen ..."* (Dtn 16,16-17). Die Vorgänge nach dem Tod des Salomo zeigen aber, daß Jerusalem bereits vor diesem Gebot ein Wallfahrtszentrum geworden war: Der neue König des Nordreichs hat Angst, daß der Zug nach Jerusalem das Herz der Israeliten dem alten Königsgeschlecht zuwenden kann (vgl. 1 Kön 12,27).

Die Wallfahrtspsalmen, hebräisch „Aufstiegslieder" genannt, besingen nicht nur den Weg von der Davidstadt zum Tempelberg hinauf (der Höhenunterschied beträgt tatsächlich etwa 70 m), sondern auch die Sehnsucht der Menschen. *„Ich hebe meine Augen auf zu den Bergen. Woher kommt mir Hilfe? Meine Hilfe kommt vom Herrn, der Himmel und Erde gemacht hat"* (Ps 121,1-2). Und: *„Wie freute ich mich, als man mir sagte: Zum Haus JHWHs wollen wir ziehen. Schon stehen wir in deinen Toren, Jerusalem; Jerusalem, du starke Stadt, dicht gebaut und fest gefügt. Dorthin ziehen die Stämme hinauf, die Stämme JHWHs, wie es Israel geboten ist, den Namen JHWHs zu preisen. Denn dort stehen Throne bereit für das Gericht, die Throne des Hauses David. Erbittet für Jerusalem Frieden! Wer dich liebt, sei in dir geborgen. Friede wohne in deinen Mauern, in deinen Häusern Geborgenheit. Wegen meiner Brüder und Freunde will ich sagen: In dir sei Friede. Wegen des Hauses JHWHs, unseres Gottes, will ich dir Glück erflehen"* (Ps 122).

Und in späteren Psalmen läuft die ganze Geschichte Israels auf die Erwählung Jerusalems und Davids hinaus: *„... Doch den Stamm Juda erwählte er, den Berg Zion, den er liebt. Dort baute er sein hoch aufragendes Heiligtum, so fest wie die Erde, die er für immer gegründet hat. Und er erwählte seinen Knecht David; er holte ihn weg von den Hürden seiner Schafe, von den Muttertieren nahm er ihn fort, damit er sein Volk Jakob weide und sein Erbe Israel"* (Ps 78,68-71). Ganz hat sich Israel nie aus dem Bann dieser Sicht befreien können.

3. Das Jerusalem der Könige und Propheten

Schon unter Salomo hatten sich die ersten von David eroberten Gebiete wieder selbständig gemacht – Edom und Aram waren abgefallen (vgl. 1 Kön 11,14-40). Nach dem Tod Salomos brechen dann innerhalb des israelitischen Kernlandes die Spannungen zwischen den südlichen und nördlichen Stämmen wieder auf. Der reiche Norden hat die Hauptlast bei der Finanzierung des Hofstaates zu tragen – Fronarbeit, drückende Steuern und Willkürherrschaft sind für ihn Kennzeichen des Königtums. Und Salomos Sohn Rehabeam gelingt es nicht, die Nordstämme mit einer einfühlsamen Politik zu binden – so machen sie sich selbständig. Der zuvor nach Ägypten geflohene Beamte Jerobeam, Widersacher des Jerusalemer Hofes, wird neuer König des Nordreichs. Er wählt die alte Kapitale Sichem als erste Hauptstadt; als neue Reichsheiligtümer werden die Grenzorte Dan und Bet-El ausgebaut (vgl. 1 Kön 12,26-33).

Die Grenze zwischen dem Nordreich „Israel" und dem Südreich „Juda" verläuft nun wenige Kilometer nördlich von Jerusalem. Aus der Hauptstadt eines Großreiches ist plötzlich die relativ unbedeutende Hauptstadt eines Kleinstaates geworden. Die davidische Dynastie aber bleibt bestehen und mit ihr die religiöse Heilsgewißheit.

Trotz aller Differenzen mit dem Nordreich gibt es auch gemeinsame Aktionen. Im Jahr 853 v. Chr. wird in einer gemeinsamen Schlacht bei Karkar das Vordringen der Assyrer gestoppt. Später bekämpft man gemeinsam den König Mescha von Moab (vgl. 2 Kön 3). Aber nachdem in Israel – unterstützt von den prophetischen Kreisen um Elija – eine neue Dynastie die Macht übernommen hat, wird auch der davidische König von Juda, Ahasja, der sich im Nordreich aufhält, ermordet, und an die Stelle des Bündnisses tritt erneute Feindschaft (vgl. 2 Kön 9).

Nur das Kind Joasch, Sohn des ermordeten Königs Ahasja, kann im Tempel von Jerusalem versteckt werden, wo zunächst Atalja, eine Nachfahrin der gestürzten Dynastie des Nordreichs, die Macht übernimmt und wie zuvor in Israel neben der JHWH-Verehrung den Kult des kanaanäischen Ba'al einführt. Doch die Jerusalemer Priester und das Volk stürzen die Königin und setzen erneut einen Davididen, den inzwischen erwachsenen Joasch, als König ein (vgl. 2 Kön 11-12).

Im Rahmen der Auseinandersetzungen mit dem Nordreich wird sogar die Stadt Jerusalem vom israelitischen König Amazja erobert, eine breite Bresche wird in die nördliche (!) Mauer geschlagen. Nach dem Tod des Amazja herrscht dann zumindest Frieden zwischen den Nachbarn, doch der dadurch mögliche neue Wohlstand vergrößert den Abstand zwischen Arm und Reich. Der Prophet Jesaja, der im Tempel seine Berufung erlebt hat (vgl. Jes 6), klagt die schreiende soziale Ungerechtigkeit an und greift im Namen JHWHs den König und die führenden Kreise an: *„Ach, sie ist zur Dirne geworden, die treue Stadt. Einst war dort das Recht in voller Geltung, die Gerechtigkeit war dort zu Hause, jetzt aber herrschen die Mörder"* (Jes 1,21) – daß Jerusalem einst die Heimat der Gerechtigkeit (Sedek) war, spielt auf die kanaanäische Gottheit an. Bald kommt der „Tag des Herrn", der die Gerechtigkeit wiederherstellt: *„JHWH geht ins Gericht mit den Ältesten und den Fürsten seines Volkes: Ihr, ihr habt den Weinberg geplündert; eure Häuser sind voll von dem, was ihr den Armen geraubt habt. Wie kommt ihr dazu, mein Volk zu zerschlagen? Ihr zermalmt das Gesicht der Armen"* (Jes 3,14-15).

Inzwischen sind die Assyrer immer mächtiger geworden und bedrohen den palästinischen Raum. Das bedrohte Nordreich will wieder gemeinsam mit dem Südreich kämpfen – da aber König Ahas eher auf Assur vertraut, wird die Stadt erneut von Israel belagert. In dieser Situation verkündet Jesaja dem König, daß die Feinde ihr Ziel nicht erreichen werden. In der Tradition des Vertrauens auf die Uneinnehmbarkeit Jerusalems und auf die davidische Dynastie kündet er ein Zeichen JHWHs an: Die junge Frau (wahrscheinlich die Frau des Königs) „wird empfangen und einen Sohn gebären" (Jes 7,11). Aber weil Ahas nicht auf JHWH vertraut, wird das Zeichen Unheil mit sich bringen (vgl. Jes 7,17).

König Ahas macht auch religiös Zugeständnisse an Assur: Im Tempel wird ein neuer Altar aufgestellt (vgl. 2 Kön 16,10-18), sowie ein Sonnenwagen und Pferde zur Ehre der Sonne (vgl. 2 Kön 23,11). Der assyrische Sonnenkult wird damit teilweise übernommen – was angesichts der Jerusalemer Traditionen allerdings nicht ganz abwegig ist.

Das Nordreich, das seinen antiassyrischen Kurs fortsetzt, wird 721 v. Chr. erobert; Teile der Bevölkerung werden deportiert. Das Südreich kann durch Tributzahlungen die Unabhängigkeit bewahren; zahlreiche Flüchtlinge aus Israel aber strömen in den Süden, v.a. nach Jerusalem. Auch religiöse Überlieferungen, Traditionen und Schriften des Nordreiches gelangen wahrscheinlich auf diese Weise nach Jerusalem, das damit erneut an Bedeutung gewinnt.

Ahas' Nachfolger Hiskija – wahrscheinlich der von Jesaja erhoffte Sohn und Friedenskönig (vgl. Jes 7,11 und 9,1-6) – versucht, die assyrienfreundliche Politik seines Vaters rückgängig zu machen. Als 705 v. Chr. der assyrische König stirbt, wird Hiskija zum Anführer einer antiassyrischen Koalition. In einer ersten „Kultreform" entfernt er den assyrischen Altar aus dem Tempel. Darüber hinaus werden zahlreiche Gottesbilder aus den verschiedenen Tempeln entfernt – in Jerusalem sogar die „eherne Schlange", die mit Mose in Verbindung gebracht worden war, ursprünglich aber wohl ein kanaanäisches Kultsymbol gewesen war (vgl. 2 Kön 18, 4-8). Grundlage dieser religiösen und auch rechtlichen Reform ist wahrscheinlich das sogenannte „Bundesbuch", das später in das Buch Exodus aufgenommen wird (Ex 20,23-23,19).

Aber auch militärisch bereitet Hiskija die Konfrontation mit Assur vor. Mit einer beispiellosen technischen Leistung wird ein neuer Tunnel angelegt, der das Wasser der Gihonquelle unterirdisch in die Stadt leitet – und zwar nicht nur zu einem schwer zugänglichen Brunnentopf, sondern zu einem neuen Teich an der Südspitze der alten Davidstadt. Gleichzeitig wird dieser Bereich und der gesamte Südwesthügel mit einer Mauer befestigt und so das Stadtgebiet Jerusalems erheblich erweitert. In den Blütezeiten des 7. Jh. v. Chr. und nach der Zerstörung des Nordreiches hatten sich zahlreiche Menschen im Westen der Stadt angesiedelt, wo nun das neue, „Mischne" genannte Viertel entsteht.

Tatsächlich läßt der assyrische Gegenschlag nicht lange auf sich warten. Im Jahr 701 v. Chr. erobert Sanherib große Teile des Landes Juda und belagert die Stadt Jerusalem. Jesaja sieht darin eine Strafe Gottes: Er selbst wird die Stadt angreifen: *„Ringsum werde ich dich belagern, ich ziehe Gräben um dich herum und schütte Wälle gegen dich auf. Dann wirst du am Boden liegen und winseln, deine Worte dringen dumpf aus dem Staub ..."* (Jes 29,3-4) – eine Ungeheuerlichkeit in politischer und religiöser Hinsicht. Erstmals wird zum einen die „zionistische" Heilsgewißheit in Frage gestellt, zum anderen wird hier ein Muster sichtbar, das später auch helfen wird, die Zerstörung der Stadt zu verstehen: Auch noch in der Niederlage ist das Wirken Gottes zu sehen, der damit die Vergehen der Menschen bestraft.

Zur Zeit des Hiskija kann die Stadt noch einmal gerettet werden – sei es, weil Hiskija einen gewaltigen Tribut zahlt (vgl. 2 Kön 18,13-16), sei es, weil eine Seuche im Heer des Sanherib wütet (vgl. 2 Kön 19,35-37). Daß diese Erzählung die Rettung am Morgen geschehen läßt, spricht für eine Verbindung zu den alten Jerusalemer Sonnentraditionen. Jedenfalls triumphiert noch einmal die Ideologie von der Uneinnehmbarkeit Jerusalems – mit problematischen Folgen für die Zukunft –, und Juda besteht im Grunde nur noch aus Jerusalem und Umgebung.

Die Abhängigkeit von Assur, das 671 v. Chr. sogar Ägypten erobert, endet 70 Jahre später mit dem Zerfall des assyri-

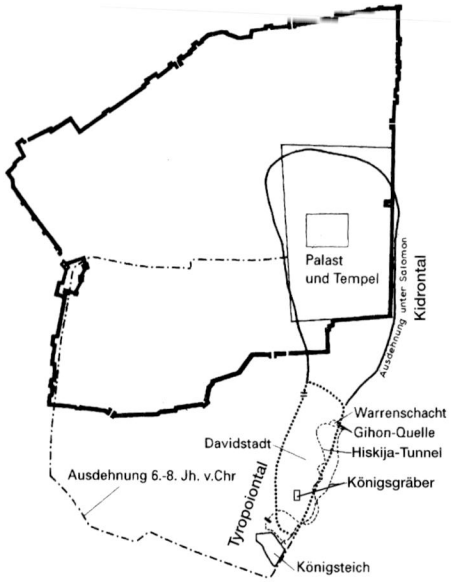

Jerusalem in der Königszeit.

schen Großreichs. Der neue judäische König Joschija kann nicht nur das an die Assyrer verlorene Territorium zurückgewinnen, sondern sogar große Teile des ehemaligen Nordreichs. In einer erneuten Kultreform wird die Bedeutung Jerusalems noch einmal gesteigert: Sowohl das Reichsheiligtum des Nordreiches, Bet-El, als auch die Tempel des Südreiches werden zerstört – nur der Tempel in Jerusalem soll in Zukunft Ort der JHWH-Verehrung sein (vgl. 2 Kön 23,4-20).

Dahinter steht politisch – wie einst bei David – die Idee, das ganze Land an Jerusalem zu binden. Religiös schaffen sich dabei Tendenzen Raum, die nach der immer stärkeren Konzentration des Lebens auf Jerusalem auch JHWH an Jerusalem und das Volk Israel gebunden sehen. Damit wird zum einen die „Öffnung" JHWHs für alle Völker und Lebensbereiche, wie sie sich unter David und Salomo entwickelt hatte, zurückgenommen. Andererseits ist die Abschaffung verschiedener Orte der Verehrung, die ja ursprünglich der Verehrung verschiedener Mächte gedient hatten, ein Schritt in die Richtung eines echten Monotheismus, der davon ausgeht, daß es überhaupt nur eine Macht gibt.

Grundlage dieser Kultreform ist ein Gesetzbuch, das um 620 v. Chr. im Jerusalemer Tempel gefunden wird. Wahrscheinlich war es im Rahmen der Flucht von „Theologen" aus dem Nordreich nach der assyrischen Eroberung dorthin gelangt. Die Prophetin Hulda bestätigt das Buch als authentische Wiedergabe der religiösen Ordnung in der JHWH-Gemeinde. Wahrscheinlich war dieses Buch eine Weiterentwicklung des Bundesbuches und die Urform des Buches Deuteronomium (Dtn 12-26). Nach der „Annahme" des Gesetzes wird erstmals in der reformierten Form das Pesachfest begangen (vgl. 2 Kön 22,3-23,24).

Assur war inzwischen von Babylon als Großmacht im Zweistromland abgelöst worden. In Kürze wird es auch Palästina bedrohen. Joschija aber scheint mehr die Ägypter zu fürchten, die den Babyloniern entgegentreten und 609 v. Chr. unter Pharao Necho das Land in Richtung Zweistromland durchziehen. Er stellt sich den Truppen bei Megiddo entgegen und unterliegt. Schwerverletzt wird er nach Jerusalem gebracht und stirbt.

Die Ägypter aber bauen daraufhin Palästina zum antibabylonischen Bollwerk aus, setzen Joschijas Sohn Joahas ab und ersetzen ihn durch den ihnen genehmen Jojakim. Nach einer Niederlage der Ägypter 605 in Karkemisch muß dieser jedoch die babylonische Oberhoheit anerkennen – ohne die Hoffnung auf Ägypten aufzugeben. Nach einer Niederlage des Nebukadnezzar gegen die Ägypter sagt Jojakim sich 601 v. Chr. von Babylon los. Doch wenig später taucht Nebukadnezzar vor den Mauern Jerusalems auf; 597 v. Chr. wird die Stadt zum ersten Mal erobert. Die Oberschicht, unter anderem Jojakims Nachfolger Jojachin, die Priester und der Prophet Ezechiel, werden nach Babylon deportiert.

Als neuer König wird von den Babyloniern Zidkija eingesetzt, aber auch er hofft bald wieder auf die Hilfe Ägyptens und sagt sich von Babylon los. Der Prophet Jeremia, der im Land geblieben ist, fordert

Unterwerfung unter die Babylonier und kündigt ansonsten den Untergang Jerusalems an. Damit wird die Zionsverheißung erneut in Frage gestellt – Hof und Hofpropheten setzen auf sie und versuchen, Jeremia anzuklagen und auszuschalten. Auf dem Höhepunkt der Auseinandersetzungen wird er als Überläufer verhaftet und in einer leeren Zisterne gefangen gehalten (vgl. Jer 37,11-38,13). Die Klagen des Jeremia gehören zu den eindrucksvollsten und ältesten Stücken persönlicher Poesie aus dem Alten Orient (vgl. Jer 15,10-21; 20,7-18).

Wie richtig Jeremia die machtpolitische Situation eingeschätzt hat, zeigt sich im Jahr 586 v. Chr. Die Stadt wird erneut erobert. Während die babylonischen Truppen von Norden her in die Stadt eindringen, flieht Zidkija durch das Südtor in Richtung Wüste, wird aber bei Jericho gefangengenommen, nach Hinrichtung seiner Söhne geblendet und mit einer zweiten Gruppe von Deportierten nach Babylon gebracht. Kurz darauf wird der Tempel zerstört, die Stadt in Brand gesteckt.

Aber die Kreise um Jeremia sehen die Not als Chance. Der von den Babyloniern eingesetzte Statthalter Gedalja versucht einen Neuanfang unter gerechten sozialen Bedingungen. Das verlassene Land der Oberschicht wird aufgeteilt; die erste, reiche Ernte scheint ein Zeichen zu sein, daß der Segen Gottes auf diesem Anfang liegt. Dann aber wird Gedalja von einem Verwandten des Zidkija ermordet (vgl. Jer 39-41) – die Geschichte des selbständigen Staates Juda ist endgültig zu Ende.

Zu sehen ist auch vom Jerusalem der Königszeit nicht sehr viel. Dennoch gibt es einige beeindruckende Zeugnisse aus dieser Zeit. Das Hinnomtal, südlich der Stadt gelegen, gilt als Ort der Kinderopfer, die man auch in Jerusalem in Zeiten der Not dem „Moloch" dargebracht haben soll – immer wieder klagt die Bibel, daß man Kinder „durchs Feuer gehen" ließ (vgl. z.B. 2 Kön 16,3; 23,10; Jer 7,31). Möglicherweise ist damit zwar nur ein symbolisches Opfer gemeint, aber aus dem „Ge ben Hinnom" (Tal des Sohnes Hinnoms) wird später die „Gehenna", die Hölle. Grund ist wahrscheinlich, daß Jeremia ankündigt, dort im „Mordtal" werde auch das Gericht JHWHs beginnen (vgl. Jer 7,32).

Der unter Hiskija angelegte Tunnel von der Gihonquelle zum Teich Schiloach ist noch heute ein eindrucksvolles Zeugnis antiker Ingenieurskunst. Von beiden Seiten gleichzeitig begonnen, trafen sich die Arbeiter in der Mitte – wobei die Luftversorgung in den beiden Stollen ein besonderes Problem darstellte. Aus diesem Grund wird man vornehmlich im Dunkeln gearbeitet haben. Die kurvenreiche Wegführung des Tunnels hängt wohl damit zusammen, daß man in jedem Fall vermeiden wollte, das Wasser unter den Königsgräbern entlangzuführen. Vom erfolgreichen Abschluß der Arbeiten berichtet eine Inschrift, die 1880 am Schiloachteich gefunden wurde und aus der Entstehungszeit stammt: *„Dies war der Durchbruch: Und zwar hatte es mit dem Durchbruch folgende Bewandtnis: Während die Arbeiter die Picke schwangen ... und während noch drei Ellen zu durchschlagen waren, wurde die Stimme eines jeden gehört, der seinen Genossen rief ... Und am Tag des*

Durchbruchs schlugen die Arbeiter ... Picke gegen Picke. Und es floß das Wasser vom Ausgangsort zum Teich 1200 Ellen weit. Und 100 Ellen betrug die Höhe des Felsens über den Köpfen der Arbeiter." Die Hektik der letzten Stunden ist nicht zuletzt an den zahlreichen kleinen Abweichungen und Blindstollen in der Nähe des Treffpunktes abzulesen. Später wurde der Schiloachteich am Ende des Tunnels für die Quelle Jerusalems gehalten: So perfekt wurde die Gihonquelle versteckt, daß man nichts mehr von ihr wußte!

Auch ein Teilstück der von Hiskija angelegten gewaltigen Mauer um das neue westliche Stadtviertel ist bei den Ausgrabungen im jüdischen Viertel der Altstadt nach 1967 entdeckt worden. Deutlich sichtbar ist, wie aus militärischen Gründen einige der bereits errichteten Häuser zerstört werden mußten. Die Grundmauern sind unter den Fundamenten der Mauer noch gut zu erkennen. Genau davon hatte der Prophet Jesaja gesprochen: *„Ihr habt die Häuser abgerissen und (mit den Steinen) die Mauer befestigt, ... doch ihr habt nicht auf den geblickt, der alles bewirkt"* (Jes 22,10-11). Die Verkündigung des Jesaja wird angesichts der gewaltigen (und notwendigen) Mauer noch ungeheuerlicher.

Östlich der Stadt, im Dorf Silwan, hat man sogar ein Grab entdeckt, das möglicherweise dem von Jesaja angegriffenen Palastvorsteher Schebnajahu gehört. Jesaja hatte ihm vorgeworfen: *„Wie kommst du dazu, und wer bist du denn, daß du dir hier ein Grab aushauen läßt? – Da läßt er sich hoch oben ein Grab aushauen ... Gib acht, JHWH wird dich in hohem Bogen wegschleudern, ... du Schandfleck im Haus deines Herrn"* (Jes 22,16-18). Übrigens trägt das Grab aus Angst vor Grabräubern folgende Inschrift: „Dies ist das Grab des Palastvorstehers ...jahu. Hier sind weder Gold noch Silber ..."

In der Davidstadt selbst hat man Überreste von kanaanäischen Heiligtümern gefunden, die möglicherweise der Kultreform des Hiskija oder des Joschija zum Opfer gefallen sind; vielleicht wurden die kleinen Darstellungen von Fruchtbarkeitsgöttinnen im privaten Leben sogar weiter verwandt. Denn erst sehr langsam übernahm man auch im familiären Bereich die offizielle Staatsreligion; lange verehrte man hier andere Mächte, was beispielsweise an der Wahl der Namen sichtbar wird: Erst in der späten Königszeit werden die Namen, in denen „jah" oder JHW vorkommt, häufiger.

Von den dramatischen Ereignissen des Jahres 586 v. Chr. geben die zerstörten

Siegel des Baruch (heute im Israel-Museum).

Häuser der Davidstadt unterhalb der ehemaligen Zitadelle Zeugnis. Neben Brandspuren fand man unter anderem mehrere Siegel. Eines davon gehörte einem gewissen „Schreiber Berechja, Sohn des Nerija" – also wahrscheinlich dem Schreiber des Jeremia (vgl. Jer 36,4)! Späteren Pilgern zeigte man auch die „Zisterne des Jere-

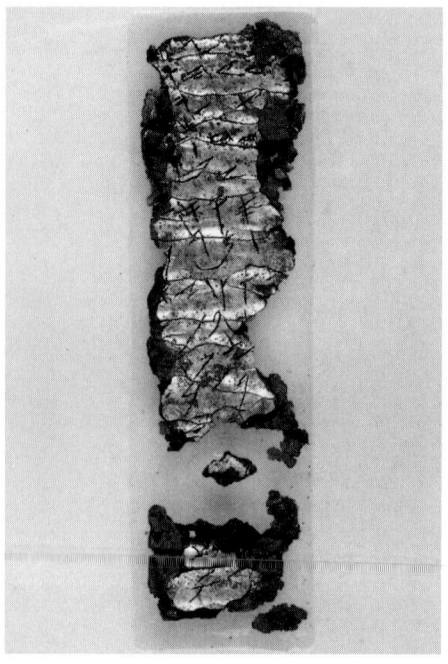

Segenskapsel (6. Jh. v. Chr.) (heute im Israel-Museum).

mia"; vielleicht ist sie identisch mit der 50 m südwestlich des heutigen Misttors entdeckten Zisterne, auf die die Beschreibungen zumindest der Pilger passen.

Von der zerstörten Lade oder gar dem Gesetzbuch des Joschija ist nach der babylonischen Zerstörung nichts erhalten geblieben – erst eine späte Legende berichtet, Jeremia habe die Bundeslade in einer Höhle unterhalb des Berges Nebo versteckt (vgl. 2 Makk 2,4-8). Dennoch stammt der älteste erhaltene Originaltext der hebräischen Bibel noch aus der Zeit vor der Zerstörung Jerusalems: In einem Grab südlich der Stadt, auf dem Gelände der heutigen schottischen Kirche, fand sich eine Silberkapsel vom Beginn des 6. Jh. v. Chr., in die der Priestersegen eingraviert war: *„JHWH segne dich und behüte dich. JHWH lasse sein Angesicht über dir leuchten und sei dir gnädig. JHWH wende dir sein Angesicht zu und schenke dir Schalom"* (Num 6,24-26).

Der Bedeutung Jerusalems hat seine Zerstörung keinen Abbruch getan. Im Gegenteil. Anhand des Schicksals Jerusalems wird die jüdische Theologie der Folgezeit entwickelt. Und zumindest ein Psalm singt von der Sehnsucht nach der Stadt unter den Verbannten: *„An den Strömen von Babel, da saßen wir und weinten, wenn wir an Zion dachten. Wir hängten unsere Harfen an die Weiden in jenem Land. Dort verlangten von uns die Zwingherren Lieder, unsere Peiniger forderten Jubel: ‚Singt uns Lieder vom Zion!' Wie könnten wir singen die Lieder JHWHs, fern, auf fremder Erde? Wenn ich dich je vergesse, Jerusalem, dann soll mir die rechte Hand verdorren. Die Zunge soll mir am Gaumen kleben, wenn ich an dich nicht mehr denke, wenn ich Jerusalem nicht zu meiner höchsten Freude erhebe. ... Tochter Babel, du Zerstörerin! Wohl dem, der dir heimzahlt, was du uns getan hast! Wohl dem, der deine Kinder packt und sie am Felsen zerschmettert"* (Ps 137,1-6.8).

Aber Klage allein bindet an das Vergangene. Es gilt die Zerstörung zu verstehen, zu akzeptieren, um Zukunft zu eröffnen. Das leistet man, indem nun erstmals die prophetischen Gerichtsdrohungen ernst genommen werden, die in den Königsbüchern nicht ein einziges Mal erwähnt werden. Nun aber haben sie sich als wahr erwiesen. Jeremia hatte Nebukadnezzar als „Knecht Gottes" bezeichnet (Jer 43,10) – ein Name der sonst nur JHWH-Verehrern zugekommen war. War die Zerstörung ein Werk Gottes?

Im Buch Baruch wird eine solche Deutung sichtbar. Jerusalem selbst trägt sie vor: „*Ihr habt auch Jerusalem betrübt, die euch aufzog ... Gott hat großes Leid über mich gebracht. Denn ich mußte sehen, daß meine Söhne und Töchter verschleppt wurden, wie es der Ewige über sie verhängt hat. Mit Freude habe ich sie großgezogen, mit Weinen und Klagen muß ich sie ziehen lassen. Keiner juble, daß ich Witwe bin und von so vielen verlassen; der Sünden meiner Kinder wegen bin ich vereinsamt, denn sie sind abgewichen vom Gesetz Gottes. Seine Satzungen haben sie nicht anerkannt*" (Bar 4,8-13). In den Klagegottesdiensten im Exil lernen die Israeliten, sich selbst als Auslöser der Katastrophe zu begreifen.

Der Prophet Ezechiel aus priesterlicher Familie, schon 597 mit in die Verbannung gegangen, entwickelt die bisherigen Vorstellungen weiter: JHWH ist nicht an Jerusalem gebunden. Die Herrlichkeit JHWHs verläßt den Tempel und, nachdem sie auf dem Ölberg noch einmal stehengeblieben ist, die Stadt (vgl. Ez 11,23). Ezechiel selbst wird von JHWH in der Verbannung berufen – und beginnt seine Arbeit unter den Verbannten, die fast alle aus der ehemaligen Führungsschicht stammen. Zwar werden die Verschleppten nicht schnell zurückkehren, aber Ezechiel zerbricht die Vorstellung, daß noch die Kinder für die Sünden der Väter bezahlen müssen: „*Wie kommt ihr dazu, im Land Israel das Sprichwort zu gebrauchen: Die Väter essen saure Trauben, und den Söhnen werden die Zähne stumpf. So wahr ich lebe – Spruch des Herrn – keiner von euch in Israel soll mehr dieses Sprichwort gebrauchen*" (Ez 18,2-3). Und: „*Wenn einer alle Vergehen, deren er sich schuldig gemacht hat, einsieht und umkehrt, wird er bestimmt am Leben bleiben*" (Ez 18,28).

Der in der Verbannung geläuterte Rest wird heimkehren; es gibt eine „Auferstehung" für das Volk (vgl. Ez 37). Jerusalem und der Tempel werden neu errichtet werden (vgl. Ez 40-48). Diese Vision wird von Ezechiels Schülern zu echten Plänen ausgearbeitet: Die Stadt soll allen Stämmen gehören, deshalb tragen ihre 12 Tore die Namen der Stämme. Es soll nicht mehr nötig sein, das Land für den Unterhalt der Stadt auszubeuten, deshalb erhält die Stadt eigenes Land. JHWH und nicht ein menschlicher Herrscher soll König sein, einen Palast neben dem Tempel gibt es deshalb nicht mehr. Die Stadt soll nicht mehr Davidstadt heißen, sondern „Hier ist JHWH" (vgl. Ez 48,15-18; 30-35). Deshalb ist sie „Nabel der Erde" (vgl. Ez 38,12).

Die Bilder eines neuen Jerusalem – bei Jeremia heißt die Stadt „JHWH ist unsere Gerechtigkeit" (vgl. Jer 33,16) – haben ebenso wie die Bilder vom gerechten Sproß, dem Messiaskönig (vgl. Jer 33,15), ihren Grund in den Hoffnungen dieser Zeit. Sie beide werden später im Laufe der Zeit, nach immer neuen Enttäuschungen, immer weiter in die Zukunft und in den Himmel verlegt, ohne daß allerdings die Hoffnung auf ihre Verwirklichung je aufgegeben wird.

4.
Das Jerusalem des Nehemia und Esra

Schon vom babylonischen König Amel-Marduk, dem Nachfolger Nebukadnezzars, ist Zidkija begnadigt worden – er sitzt nun an der Tafel des Königs (vgl. 2 Kön 25,27-30). Eine wirkliche Wende aber bedeutet erst der Sieg der Perser unter Kyros über die Babylonier im Jahr 539 v. Chr. Damit ist grundsätzlich die Möglichkeit zur Rückkehr gegeben, da die Perser den Unterworfenen eine relative Eigenständigkeit vor allem in religiöser Hinsicht zugestehen und der Aufstand unter Zidkija für sie keine Rolle mehr spielt. Grundsätzlich wird der Wiederaufbau des Tempels gestattet, die geraubten Tempelschätze werden – teilweise – zurückgegeben (vgl. Esr 1,7-11; 6,1-5).

Die prophetischen Kreise bejubeln den Neuanfang. Der zweite Teil des Jesajabuches stammt aus dieser Zeit: *„Tröstet, tröstet mein Volk, spricht euer Gott. Redet Jerusalem zu Herzen und verkündet der Stadt, daß ihr Frondienst zu Ende geht, daß ihre Schuld beglichen ist, denn sie hat die volle Strafe erlitten von der Hand des Herrn für all ihre Sünden. Eine Stimme ruft: Bahnt für den Herrn einen Weg durch die Wüste ... Wie ein Hirt führt er seine Herde zur Weide, er sammelt sie mit starker Hand"* (Jes 40,1-3.11). Nun wird Kyros gepriesen als „Gesalbter Gottes" (vgl. Jes 45,1). Gott selbst spricht: *„Ich habe aus dem Osten einen Adler berufen, aus einem fernen Land rief ich den Mann, den ich brauchte für meinen Plan"* (Jes 46, 11). Es entstehen neue Lieder von der „Tochter Zion", die erstmals als heilige Stadt bezeichnet wird. Gott und sein Volk kehren als Einheit zurück: *„Wach auf, Zion, wach auf, zieh das Gewand deiner Macht an! Zieh deine Prunkkleider an, du heilige Stadt! ... Horch, deine Wächter erheben die Stimme, sie beginnen zu jubeln. Denn sie sehen mit eigenen Augen, wie JHWH nach Zion zurückkehrt ... Fort, fort! Zieht von dort weg!"* (Jes 52,1.8.11).

Hinter dieser Verkündigung steht die neue Universalisierung der Gottesvorstellung: *Eine* Macht nur gibt es, so die Erfahrung der Verbannten, die alle Völker lenkt. JHWH wirkt durch Kyros für Israel und durch Israel für die Völker. So entsteht denn auch hier die Idee von der Bedeutung Jerusalems und Israels für die ganze Welt. In Liedern wird das Volk Israel als eine Person, als „Knecht Gottes" beschrieben, der zum „Licht für die Völker" wird, der leidet, „keine schöne und edle Gestalt" hat, aber gerade so dafür sorgt, daß der Plan des Herrn gelingt. Das Recht verbreitet sich durch ihn auf der ganzen Erde, Jerusalem wird wieder aufgebaut, am Ende kommen alle Völker dorthin (vgl. Jes 42-55).

Aber es gibt Widerstände: Zum einen akzeptieren viele die Deutung nicht, daß Kyros im Auftrag JHWHs handelt (vgl.

Jes 45,9-13). Zum anderen ist die Bereitschaft zur Heimkehr gering. Im Verlauf der 50 Jahre sind die meisten Exilierten in Babylonien heimisch geworden. Soll man wirklich alles aufgeben und in ein auch von Persern beherrschtes Jerusalem zurückkehren? Erst nach langen Überlegungen kehrt um 520 eine große Gruppe der Verbannten heim. Anlaß ist sicher auch, daß der Davidide Serubbabel, ein Enkel Jojachins, vom Perserkönig Darius mit dem Wiederaufbau betraut wird.

Im zerstörten Jerusalem hatten einige Propheten bisher vergeblich versucht, die Bevölkerung zum Tempelbau zu bewegen. Eigentumsstreitigkeiten zwischen Zurückgebliebenen und Heimkehrern (vgl. Sach 5,1-4) und die Sorge um das Überleben bestimmen den Alltag. Da verkündet der Prophet Haggai: *„Dieses Volk sagt: Noch ist die Zeit nicht gekommen, das Haus des Herrn aufzubauen ... Nun aber spricht der Herr der Heere: Überlegt doch, wie es euch geht. Ihr sät viel und erntet wenig; ihr eßt und werdet nicht satt; ihr trinkt, aber zum Betrinken reicht es euch nicht ... Warum wohl? Spruch des Herrn der Heere: Weil mein Haus in Trümmern liegt, während jeder von euch für sein eigenes Haus rennt"* (Hag 1,2.5.9).

Als nun der neue Tempel tatsächlich in Angriff genommen wird, glauben die Propheten an die Erfüllung ihrer Hoffnungen, und Haggai verkündet als Gotteswort: *„Nun gebt acht, was von heute an geschieht ... Von heute an spende ich Segen"* (Hag 2,15.19). Aber er verkündet auch: *„Ich lasse den Himmel und die Erde erbeben. Ich stürze die Throne der Könige und zerschlage die Macht der Königreiche der Völker ... Ich nehme dich, mein Knecht Serubbabel, ... und mache dich zu meinem Siegelring; denn ich habe dich erwählt – Spruch des Herrn der Heere"* (Hag 2,21-

Der sogenannte „Kyros-Zylinder". Der in Babylon gefundene Tonzylinder aus dem 6. Jh. v. Chr. enthält in Keilschrift ein Rückkehredikt des Perserkönigs (heute im British Museum).

23). Der Prophet Sacharja salbt (zumindest symbolisch) Serubbabel zum neuen König (vgl. Sach 6,9-14). Solche neuen nationalistischen, herrschaftskritischen Worte und Zeichen können die Perser nicht dulden; der Satrap Tatnai sorgt dafür, daß Serubbabel abgelöst wird – daß man nun nicht mehr selber einen Aufstand plante, sondern ihn von JHWH selbst erwartete, war für die Perser nicht von Belang (vgl. Esr 5,3-17). Auch die Propheten Haggai und Sacharja scheinen die Vollendung des Tempels nicht mehr erlebt zu haben.

Aber immerhin darf er vollendet werden – mit königlicher Unterstützung aus Persien. Die Bibel greift auf das Edikt des Kyros zurück und verbindet es mit der Aufforderung an den persischen Statthalter, sich aus der Entwicklung in Juda herauszuhalten (vgl. Esr 6,1-12).

Von der Einweihung im Jahr 515 v. Chr. ist kein zeitgenössischer Bericht erhalten. Aber schon das zeigt, daß der neue Tempel sicher nicht mit dem alten konkurrieren konnte. Schon Haggai hatte gesagt: *„Ist unter euch noch einer übrig, der diesen Tempel in seiner früheren Herrlichkeit gesehen hat? Und was seht ihr jetzt? Erscheint er euch nicht wie ein Nichts?"* (Hag 2,3).

Schlimmer aber wird empfunden, daß die erhoffte Wende ausbleibt. Zwar gibt es Kreise um die Priesterschaft, die sich nun mit den herrschenden Verhältnissen arrangieren, aber religiös folgenreicher werden die Gruppen, die sich mit der Gegenwart nicht zufrieden geben, die weiterhin eine „neue Welt" und ein „neues Jerusalem" erhoffen. Da aber die Gegenwart und die politische Geschichte enttäuschen, erhofft man die Wende jetzt in der Zukunft und „von oben" – so der in dieser Zeit, nach 515 v. Chr., entstandene dritte Teil des Jesajabuches. Das nun erwartete Jerusalem gehört fast schon einer anderen Welt an: *„Auf, werde Licht, denn es kommt dein Licht, und die Herrlichkeit des Herrn geht leuchtend auf über dir ... Ich setze den Frieden (Shalom) als Aufsicht über dich ein und Gerechtigkeit (Sedek) als deinen Vogt. Man hört nichts mehr von Unrecht in deinem Land, von Verheerung und Zerstörung in deinem Gebiet. Deine Mauern nennst du ‚Rettung' und deine Tore ‚Ruhm'. Bei Tag wird nicht mehr die Sonne dein Licht sein, und um die Nacht zu erhellen, scheint dir nicht mehr der Mond, sondern JHWH ist dein ewiges Licht, dein Gott dein strahlender Glanz"* (Jes 60, 1.17-19).

Damit sind die prophetischen Hoffnungen „eschatologisiert", d.h. auf das „Eschaton" (griech.: Zukunft, Ende) verschoben. Gleichzeitig bewahren sie so ihre Faszination. Immer wieder werden in späterer Zeit Menschen diese Hoffnungen auf eine gerechte, neue Welt aufgreifen – auch um die ungerechte Gegenwart von diesem Ideal her zu kritisieren und zu verändern.

Im Alltag der Heimkehrer setzen sich (mit den Realpolitikern) zunächst andere Elemente der prophetischen Ideen durch: Wie von Ezechiel erhofft, ist der neue Tempel kein Reichs- und Königstempel mehr, sondern ein Tempel, der vom Volk errichtet ist. Da es keinen König mehr gibt, haben die Priester unter Führung des Hohenpriesters einen ganz neuen Einfluß auf das Gemeinwesen. Da aber der Tempel der selbstverwaltete Mittelpunkt des Gemeinwesens ist, sind die Judäer – so nennt man die Bewohner von Jerusalem und Umgebung nun – freiwillig bereit, die Abgaben zum Unterhalt der Priester und des Tempels zu zahlen. Die dort wieder regelmäßig dargebrachten Opfer werden nun ausdrücklich als „Sühnopfer" angesehen für die Sünden des Volkes.

Möglicherweise unter babylonischem Einfluß werden das Neujahrsfest Rosh HaShana (im siebten Monat des jüdischen Kalenders!) und der Jom Kippur eingeführt (vgl. Lev 23,23-32). An diesem Versöhnungstag werden einem „Sündenbock" alle Verfehlungen des Volkes aufgeladen und durch Vertreibung des Bocks in die Wüste aus der Gemeinde entfernt. Wahrscheinlich handelt es sich dabei um einen alten, eher volkstümlichen Ritus. Darüber hinaus wird eine Liturgie des Versöhnungstages entwickelt, bei der der Hohepriester – er tut das nur an diesem Tag – das Allerheiligste des Tempels betritt, die „Deckplatte" mit etwas Blut besprengt und – ebenfalls nur an diesem Tag – den Namen JHWHs ausspricht (vgl. Lev 16,7-33). Das Blut symbolisiert (weiterhin) die Lebenshingabe, die das vom Menschen gestörte Gleichgewicht zwischen Welt und Gott wiederherstellt; der Name Gottes, den dieser im Tempel wohnen läßt (vgl. 1 Kön 8,29), strahlt – so die nachexilische Vorstellung – bei seiner Nennung so viel Heiligkeit aus, daß die anfängliche Reinheit wiederhergestellt wird. Diese Vorstellung wird die jüdische Frömmigkeit in den nächsten Jahrhunderten in weitem Maße bestimmen; der Jom Kippur wird zum höchsten Feiertag.

Bezogen auf die Gemeinschaft besteht eine für die weitere Geschichte ebenfalls wesentliche Spannung zwischen der Erkenntnis, daß es nur eine Macht, einen Gott gibt, der die Weltgeschichte bestimmt, und der Überzeugung der Heimkehrer, als „Rest" des alten Juda bzw. Israel eine ganz eigene, besondere Rolle zu haben.

Das neue jüdische Gemeinwesen in Jerusalem wird in entscheidendem Maß geprägt von dem Statthalter Nehemia und dem Priester Esra. Der Jude Nehemia, Minister am persischen Hof, erreicht es im Jahr 445 v. Chr., daß er als Statthalter der Provinz Jehud in Jerusalem eingesetzt wird und weitgehende Vollmachten sowie finanzielle Unterstützung erhält. Für die Sicherheit des Gemeinwesens ist vor allem der Wiederaufbau der Mauer entscheidend. Vorher waren entsprechende Pläne verboten worden (vgl. Esr 4,21). Kurz nach seiner Ankunft besichtigt er heimlich bei Nacht die von den Babyloniern zerstörte Mauer. An einigen Stellen liegen die Trümmer so hoch, daß er mit dem Reittier nicht weiterkommt (vgl. Neh 2,11-18). In einer Gemeinschaftsaktion aller Familien, die mit der Restaurierung von Mauerabschnitten und Toren beauftragt werden, entsteht eine neue Stadtbefestigung. Die Aktion wird von den umliegenden Machthabern zunächst verspottet und dann torpediert. Man stört die Bauarbeiten und wirft Nehemia vor, die persische Oberhoheit abschütteln zu wollen (vgl. Neh 4 und 6). Dennoch gelingt schließlich der Wiederaufbau.

Zur politisch-militärischen Sicherung kommt die soziale Reform. Die Steuern an die Perser, die Unterstützung für den

Mauerbau sowie Mißernten haben zu einer neuen Spaltung zwischen Arm und Reich geführt. Nehemia verordnet einen allgemeinen Schuldenerlaß und eine Wiederherstellung der durch Verpfändungen geänderten Besitzstände. Nehemia geht mit gutem Beispiel voran und verzichtet auf sein Gehalt als Statthalter (vgl. Neh 5).

Der entscheidende Wandel aber, der sich in Jerusalem nach der „Babylonischen Gefangenschaft" vollzieht, ist weder der Wiederaufbau des Tempels noch das Aufbauwerk des Nehemia. Zur Grundlage des Judentums wird die religiöse Reform des Esra, der entweder zur Zeit Artaxerxes' I. (458 v. Chr.) oder, wahrscheinlicher, zur Zeit Artaxerxes' II. (398 v. Chr.) nach Juda gesandt wird, um im Land das „Gesetz des Gottes des Himmels" zu lehren (vgl. Esr 7, 11-26).

Schon im Exil hatte sich die Religiosität des Volkes grundlegend gewandelt. Nicht mehr die Verehrung Gottes im Tempel oder die Verehrung lokaler Gottheiten bildete das Zentrum der Frömmigkeit. Nach der Zerstörung des Heiligtums mußten andere Formen der Verehrung gefunden werden. Die Propheten hatten immer wieder gefordert: *„Barmherzigkeit will ich, nicht Opfer"* (Hos 6,6; Mi 6,6-8; Am 5,21-23). Zeichen wie Beschneidung und Einhaltung des Shabbat werden nun zum Symbol der fortdauernden Bindung zwischen JHWH und dem Volk. Nach der Rückkehr werden diese Formen beibehalten. Die Bibel berichtet ausdrücklich, daß Nehemia besonderen Wert auf die bisher scheinbar nicht sehr wichtig genommene Einhaltung des Shabbatgebotes legt (vgl. Neh 13,15-22).

Mit der Person des Esra verbunden ist die Verpflichtung des ganzen Volkes auf die schriftliche Fassung dieser neuen Ordnung. Wahrscheinlich handelt es sich bei der von ihm vorgelegten Tora (hebr.: Gesetz) um die Grundform der fünf Bücher Mose. Dieser Pentateuch (griech.: Fünfbuch) stellt einen Kompromiß zwischen den prophetischen Forderungen nach sozialer Gerechtigkeit und priesterlichen Vorstellungen von Kult und Reinheit dar. Verbunden ist dieses Gesetzeswerk mit der Urgeschichte, die auf die soziale und kultische Gesetzgebung durch Mose am Sinai hinführt – alle Vorschriften werden auf ihn zurückgeführt. Grundgedanke ist dabei die „Reinheit" (hebr. = Kashruth) des Volkes – alles muß „koscher" sein.

Diese Tora enthält, neben dem Bundesbuch und dem Deuteronomium, auch zahlreiche Elemente aus vorstaatlicher Zeit – in einer Hinsicht wird sogar mit deren Hilfe die Anpassung an die neue Situation erreicht: Ein König kommt in dieser Gesetzgebung nicht vor. Einen ähnlichen Bedeutungsverlust muß auch Jerusalem hinnehmen: Zwar enthält die Tora die Anweisungen für den Bau eines Heiligtums; der eigentliche Gottesberg aber und Ort der Gesetzgebung ist der Sinai.

Dieses „Grundgesetz" wird nun von Esra, der anscheinend mit einer neuen Gruppe von Heimkehrern nach Jerusalem kommt (vgl. Esr 7,13), dem Volk am Laubhüttenfest vorgelegt und von diesem angenommen (vgl. Neh 8-10). Entscheidend aber ist, daß dieses Gesetzeswerk auch von den Persern als Grundlage des judäischen Gemeinwesens anerkannt wird (vgl. Esr 7,25-26).

Damit definiert sich das ehemals israelitische Volk neu: Nicht mehr in erster Linie die Zugehörigkeit zu einem Stamm oder das Wohnen in einem Land bestimmt das „Judentum", sondern die Beobachtung des Gesetzes. Die Spannung zwischen nationaler und religiöser Definition von „Israel" hat hier ihren Ursprung. In der konkreten Jerusalemer Situation hat das eine doppelte Konsequenz: Zum einen sind die in der Diaspora Zurückgebliebenen auch noch Juden – aus dem Stammesglauben wird eine „Weltreligion". Zum anderen grenzt man sich von den Judäern und „Israeliten" ab, die das Gesetz nicht in dieser, zu einem guten Teil im Exil entstandenen, Form beachten. Schon beim Mauerbau hatte Nehemia die Bevölkerung des Umlandes ausgeschlossen; nun werden auch Mischehen radikal verboten (vgl. Esr 10).

An die Stelle des mythischen Bildes vom Gottesberg Jerusalem ist der Gedanke von der Erwählung des Volkes und der Stadt Jerusalem getreten, und aus einem israelitischen Staat wird eine jüdische Gemeinschaft. Damit verbunden ist die unterschiedliche Beurteilung der einzelnen Mitglieder: Sie bleiben, wenn sie einmal in der Beschneidung das Gesetz angenommen haben, Juden, sind aber entweder „Fromme" oder „Frevler", wie es häufig in den späten Psalmen heißt. Nun ist es auch möglich, daß Gruppen entstehen, die für sich beanspruchen, das „wahre Israel" zu sein, weil sie das Gesetz wirklich befolgen.

Heutzutage gibt es von der Rückwanderung der Verbannten, die den Neuanfang für Jerusalem bedeutete, keine sichtbaren Zeugnisse mehr. Nur das Osttor des Tempelplatzes wurde noch Jahrhunderte später „Susator" genannt – von der persischen Hauptstadt Susa waren der Anstoß zur Rückwanderung und auch die Mission des Nehemia ausgegangen.

Auch vom Zweiten Tempel ist nichts erhalten geblieben. Nur mit Hilfe von literarischen Zeugnissen kann man sich eine Vorstellung von dem bescheidenen Bau machen, der an der gleichen Stelle errichtet wurde wie sein Vorgänger. Die wichtigste Änderung gegenüber dem salomonischen Tempel besteht im Fehlen des Palastes. Das Heiligtum ist kein Königstempel

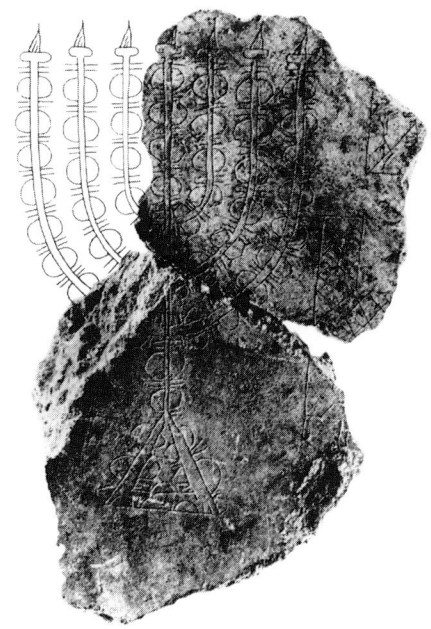

Der siebenarmige Leuchter. Älteste Darstellung der Menorah aus der Zeit vor 70, gefunden bei Ausgrabungen im jüdischen Viertel.

mehr, symbolisiert aber gerade so in gewisser Weise die Idee einer „Theokratie" (griech.: Gottesherrschaft): Gott ist der einzige König. Aber auch der Tempel selbst hat sich gewandelt. Zwar wird der Aufbau (Vorhalle, Heiligtum, Allerheiligstes) übernommen, aber nun ist das Allerheiligste leer. Lade und Kerubenthron sind verschwunden; die Bildlosigkeit der JHWH-Verehrung wird damit bis zur letzten Konsequenz getrieben. Der Vorhang vor dem Allerheiligsten symbolisiert die Grenze zum unsagbaren göttlichen Bereich, die nur am Versöhnungstag überschritten wird. Im Heiligtum selbst stehen ein Rauchopferaltar und der siebenarmige Leuchter (hebr. = Menorah), der an die Stelle der zehn Leuchter des salomonischen Tempels tritt (vgl. Ex 25,31-40). Als einziges „Bild" im Tempel wird der Leuchter zum Symbol des Judentums schlechthin. Bei der Zerstörung des Tempels durch die Römer und bei der Neugründung des Staates Israel spielt er deshalb eine wichtige Rolle. (Im frühen Mittelalter, als die alttestamentliche Reichstheologie von den Kaisern übernommen wird, werden die christlichen Kirchen mit Hilfe von ähnlichen siebenarmigen Leuchtern zum „neuen Tempel" stilisiert.) Vor dem Tempel steht der große Brandopferaltar. Auf diesem nun einzigen Altar werden sowohl die offiziellen als auch die privaten Opfer dargebracht. So ist die Grenze zwischen Priestern und Laien (und damit auch die Schranke im Tempel zwischen Vorhof der Israeliten und Vorhof der Priester) nicht unüberwindlich.

Dennoch leben in der Schrift die ganz alten Gottesbilder fort. Beim Propheten

Siegel der Jerusalemer Könige. Es zeigt eine geflügelte Sonnenscheibe und wurde im 8./7. Jh. v. Chr. häufig zur Kennzeichnung von Tonkrügen benutzt. Die Inschrift lautet „lmlk" - „für den König".

Maleachi, der ebenfalls im 5. Jh. v. Chr. auftritt, findet sich das Jerusalemer Sonnenbild in Form der geflügelten Sonne, wie es sich in Ägypten und Assyrien herausgebildet hatte: *„Für euch aber, die ihr meinen Namen fürchtet, wird die Sonne der Gerechtigkeit aufgehen, und ihre Flügel bringen Heilung"* (Mal 3,20).

Die von Nehemia neu errichtete Stadtmauer umfaßte nicht das ganze Gebiet des vorexilischen Jerusalem. Die Ausgrabungen auf dem SO-Hügel haben, in Verbindung mit dem Bericht des Nehemia, nachgewiesen, daß nicht einmal die ganze Davidstadt in die neue Stadtbefestigung einbezogen wurde. Das Terrassensystem auf der Ostseite des Hügelsporns war von den Babyloniern zerstört worden – seine Trümmer hatten Nehemia gezwungen von seinem Reittier zu steigen. Nun bleibt das steile Gelände außerhalb der Mauer, die sich am oberen Rand des Hügels entlangzieht. So kann man die Fundamente der Nehemia-Mauer oberhalb der zerstörten Häuser am Osthang der Davidstadt sehen.

An dieser Stelle blieb die Mauer die Grenze der Stadt bis zum Jahr 70 n. Chr. Das „neue Jerusalem" bot gerade einmal Platz für 5.000 Einwohner.

Das Buch Nehemia berichtet, die Volksversammlung, auf der das Gesetz angenommen wurde, habe auf dem „Platz vor dem Wassertor" stattgefunden (vgl. Neh 8,1). Der Bericht vom Wiederaufbau der Mauern zeigt, daß dieses Tor auf der Ostseite des Hügels, und zwar nördlich der Königsgräber, gelegen haben muß – also etwa auf der Höhe der Gihonquelle (vgl. Neh 3,26). Damit ist der religiöse Neuanfang mit dem Punkt verbunden, an dem die Geschichte der Stadt überhaupt ihren Ausgang nahm.

Auch die Texte über Jerusalem deuten die neue Bedeutung der Stadt an. Schon Jesaja hatte in der Jerusalemer Gottesberg-Tradition eine Vision von der Völkerprozession zum Zion und das Gesetz von Jerusalem aus in die ganze Welt ausgehen sehen: *„Am Ende der Tage wird es geschehen: Der Berg mit dem Haus des Herrn steht fest gegründet als höchster der Berge; er überragt alle Hügel. Zu ihm strömen alle Völker. Viele Nationen machen sich auf den Weg; sie sagen: Kommt, wir ziehen hinauf zum Berg des Herrn und zum Haus des Gottes Jakobs. Er zeige uns seine Wege, auf seinen Pfaden wollen wir gehen. Denn von Zion kommt die Weisung des Herrn, aus Jerusalem sein Wort. Er spricht Recht im Streit der Völker, er weist viele Nationen zurecht. Dann schmieden sie Pflugscharen aus ihren Schwertern und Winzermesser aus ihren Lanzen ..."* (Jes 2,2-4).

Nach dem Exil wird Jerusalem zum Symbol für den Neuanfang, zum Inbegriff des Erbarmens Gottes: *„Zion spricht: Der Herr hat mich verlassen, Gott hat mich vergessen. Kann denn eine Frau ihr Kindlein vergessen, eine Mutter ihren leiblichen Sohn? Und selbst wenn sie ihn vergessen würde: ich vergesse dich nicht. Sieh her: Ich habe dich eingezeichnet in meine Hände, deine Mauern habe ich immer vor Augen"* (Jes 49,14-16).

Doch die hochgesteckten Hoffnungen erfüllen sich nicht – da erscheint erstmals das Bild vom „neuen Jerusalem", das einer neuen Zeit und Welt angehört: *„Man ruft dich mit einem neuen Namen, den der Mund des Herrn für dich bestimmt. Du wirst zu einer prächtigen Krone in der Hand des Herrn, zu einem königlichen Diadem in der Rechten deines Gottes. Nicht länger nennt man dich ‚Die Verlassene' und dein Land nicht mehr ‚Das Ödland', sondern man nennt dich ‚Meine Wonne' und dein Land ‚Die Vermählte'. Denn der Herr hat an dir seine Freude, und dein Land wird mit ihm vermählt. Wie der junge Mann sich mit der jungen Frau vermählt, so vermählt sich mit dir dein Erbauer"* (Jes 62,2-5). *„Denn schon erschaffe ich einen neuen Himmel und eine neue Erde. Man wird nicht mehr an das Frühere denken, es kommt niemand mehr in den Sinn. Nein, ihr sollt euch ohne Ende freuen und jubeln über das, was ich erschaffe. Denn ich mache aus Jerusalem Jubel und aus seinen Einwohnern Freude"* (Jes 65,17-18).

Auch der von den Propheten erwartete „Tag des Herrn" rückt immer weiter in die Zukunft, bleibt aber mit dem Laubhüttenfest in Jerusalem verbunden: Das kanaanäische Herbstfest in Jerusalem hatte wahrscheinlich die Thronbesteigung Gottes gefeiert. Die Israeliten brachten diese Idee des Laubhüttenfestes mit der Herrschaft JHWHs während der Wüstenwanderung sowie mit der Einbringung der Lade und dem Einzug JHWHs in den Tempel (vgl. 1 Sam 8,10.65) in Verbindung. Nun hofft man, nach Ende des davidischen Königtums und nach der Enttäuschung über die eigene Gegenwart, auf den Einzug eines neuen gesalbten Königs (Messias), der die Herrschaft Gottes verwirklicht: *"Juble laut, Tochter Zion! Jauchze, Tochter Jerusalem! Siehe, dein König kommt zu dir. Er ist gerecht und hilft; er ist demütig und reitet auf einem Esel, auf einem Fohlen, dem Jungen einer Eselin ... Er verkündet für die Völker den Frieden; seine Herrschaft reicht von Meer zu Meer und vom Eufrat bis an die Enden der Erde"* (Sach 9,9-10).

Allerdings muß zuvor die Gerechtigkeit wieder hergestellt werden – durch das Gericht über die Völker. Am Ölberg und im Kidrontal wird die Vernichtung der Feinde stattfinden (vgl. Sach 14,4; Joel 4,1-2), und dann werden die Gerechten zusammen das Laubhüttenfest feiern. Dann wird durch den Einzug dieses Königs das ganze Land, die ganze Welt zum Tempel, bzw. von seiner Heiligkeit „angesteckt": *"Wer dann übrigbleibt von allen Völkern, die gegen Jerusalem gezogen sind, wird Jahr für Jahr hinaufziehen, um den König (!), den Herrn der Heere, anzubeten und das Laubhüttenfest zu feiern ... An jenem Tag wird auf den Pferdeschellen stehen: Dem Herrn heilig. Die Kochtöpfe im Haus des Herrn werden gebraucht wie die Opferschalen vor dem Altar. Jeder Kochtopf in Jerusalem und Juda wird dem Herrn der Heere geweiht sein. Alle, die zum Opfer kommen, nehmen die Töpfe und kochen in ihnen. Und kein Händler wird an jenem Tag mehr im Haus des Herrn der Heere sein"* (Sach 14, 16.20-21).

Aus diesem universellen Geist, der aber gleichzeitig an der „zentralen" Bedeutung Jerusalems festhält, ist auch ein neuer Zionspsalm geprägt – selbst wenn darin ganz alte Motive enthalten sind wie die Vorstellung von den verschiedenen Stätten, an denen JHWH in Israel „wohnt": *"JHWH liebt Zion, seine Gründung auf heiligen Bergen; mehr als alle seine Stätten in Jakob liebt er die Tore Zions. Herrliches sagt man von dir, du Stadt unseres Gottes. Leute aus Ägypten und Babel zähle ich zu denen, die mich kennen; auch von Leuten aus dem Philisterland, aus Tyrus und Kusch sagt man: Er ist dort geboren. Doch von Zion wird man sagen: Jeder ist dort geboren. Er, der Höchste hat Zion gegründet. JHWH schreibt, wenn er die Völker verzeichnet: Er ist dort geboren. Und sie werden beim Reigentanz singen: All meine Quellen entspringen in dir"* (Ps 87).

5.
Das Hierosolyma der Hellenisten und Hasmonäer

Wie sehr Jerusalem im Grunde abseits der Weltpolitik liegt, zeigt sich bei der Eroberung des persischen Weltreiches durch Alexander den Großen. Als dieser 333 v. Chr. bei Issos den Großkönig Darius besiegt, fällt damit auch die persische Provinz Juda an ihn. Bei seinem Zug nach Ägypten aber folgt er der alten Meeresstraße; Jerusalem läßt er links liegen.

Als die Nachfolger Alexanders das neue Großreich unter sich aufteilen, gerät Jerusalem zunächst unter die Herrschaft der ägyptischen Ptolemäer, die von Alexanders Feldherrn Ptolemäus abstammen. Nun ist der Hohepriester das Oberhaupt des jüdischen Gemeinwesens, das als Tempelstaat angesehen wird. Als Name der Stadt kommt die griechische Bezeichnung „Hierosolyma" (Heiliges Solyma) auf – ganz ähnlich nennen sich andere Stadte „Hierapolis" (griech.: Heilige Stadt).

Dann wiederholt sich der Kampf zwischen Ägypten und Mesopotamien um Palästina: Die syrischen Seleukiden, Nachkommen von Alexanders Feldherrn Seleukos, besiegen 198 v. Chr. die Ptolemäer und werden die neuen Herrscher in Jerusalem.

Beide Dynastien sind Träger der hellenistischen Kultur, die sich nach Alexander aus einer Verschmelzung griechischer und orientalischer Traditionen gebildet hat. Auch Jerusalem liegt im Einflußbereich dieser ersten „internationalen Kultur" der Geschichte. Griechisch wird die Sprache der Oberschicht im ganzen Reich und löst das Aramäische ab, das seit der Perserzeit die „lingua franca" des Vorderen Orients gewesen war.

Der kulturelle Wandel geht mit einer Tendenz zur Vereinheitlichung religiöser Vorstellungen einher. Der höchste Gott der verschiedenen Religionen wird mit dem griechischen Zeus identifiziert – oft wird diese Macht nun unter Doppelnamen verehrt. Die gesamte Religion wird darüber hinaus zunehmend ethisiert – die Übereinstimmung mit moralisch vernünftigen Vorschriften wird betont. Elemente der jüdischen Religion wie Monotheismus und Bildlosigkeit des Kultes können dabei sehr positiv bewertet werden.

Niederschlag findet diese Wandlung in der sogenannten Weisheitsliteratur, die wohl größtenteils in Jerusalem entstanden ist. Ursprünglich waren diese Darlegungen eine Form der Vermittlung von Lebensweisheiten. Das sogenannte Buch der Sprichwörter formuliert immer wieder den Zusammenhang zwischen Tun und Ergehen. Im Laufe der Zeit gerät diese Form der Weisheit immer mehr in die Krise – das Buch Hiob begehrt auf gegen diese Weltsicht, das Buch Kohelet hat einen fast resignativen Grundzug. Andere Bücher versuchen, die Übereinstimmung von Weisheit und Gesetz zu zeigen: *„Er hat ihnen Weisheit geschenkt und ihnen das lebenspen-*

dende Gesetz gegeben ... Er sprach zu ihnen: Hütet euch vor allem Unrecht! Er schrieb ihnen ihr Verhalten gegenüber dem Nächsten vor" (Sir 17,11.14).

Später können sich sogar ganz griechisch anmutende philosophische Spekulationen über die Weisheit finden: *„Die Weisheit ist beweglicher als alle Bewegung; in ihrer Reinheit durchdringt und erfüllt sie alles ... Sie ist der Widerschein des ewigen Lichts, der ungetrübte Spiegel von Gottes Kraft, das Bild seiner Vollkommenheit. Sie ist nur eine und vermag doch alles; ohne sich zu ändern, erneuert sie alles. Von Geschlecht zu Geschlecht tritt sie in heilige Seelen ein und schafft Freunde Gottes und Propheten; denn Gott liebt nur den, der mit der Weisheit zusammenwohnt. Sie ist schöner als die Sonne und übertrifft jedes Sternbild. Sie ist strahlender als das Licht, denn diesem folgt die Nacht, doch über die Weisheit siegt keine Schlechtigkeit. Machtvoll entfaltet sie ihre Kraft von einem Ende zum andern und durchwaltet voll Güte das All"* (Weish 7,24-8,1). Der jüdische Weise und der Philosoph (griech.: Liebhaber der Weisheit) werden eins.

Politisch geht die Hellenisierung mit einer Umwandlung der Städte in eine griechische Polis einher. Unter den Seleukiden wird Jerusalem kurzzeitig in „Antiochia" umbenannt – die zahlreichen Städte, die diesen Namen trugen, sind mit dem seleukidischen König Antiochus besonders verbunden. Wahrscheinlich fällt in diese Zeit die Wiederbesiedlung des SW-Hügels, der später den Kern der Oberstadt bilden wird; auch der Tempel wird restauriert, der Tempelberg neu befestigt.

Wichtiger aber sind die kulturellen Veränderungen: Ein Gymnasium und ein Theater werden errichtet. Bräuche, die von den anderen Völkern trennen, werden als unzeitgemäß angesehen. Selbst die Beschneidung lassen viele „moderne" Juden in einer schmerzhaften Operation rückgängig machen (vgl. 1 Makk 1,14-15). Es wird eine Bürgerliste angelegt, von der Gegner der Hellenisierung ausgeschlossen werden.

Das deutet an, daß die zunehmende Hellenisierung auch für Spannungen sorgt. Die von den Seleukiden gewährten Privilegien kommen nur der Oberschicht zugute, die (unter Führung des Hohenpriesters!) diese Entwicklung vorantreibt. Die einfache Bevölkerung in Jerusalem und dem Umland dagegen lehnt die Neuerungen ab. Insbesondere das Gymnasium, wo die männliche Jugend (nackt) im Sinne der griechischen Körperkultur trainiert, und der Verzicht auf die Beschneidung gelten als Inbegriff der falschen Anpassung. *„Schließlich kümmerten sich die Priester nicht mehr um den Dienst am Altar ... Dafür gingen sie eilig auf den Sportplatz, sobald die Aufforderung zum Diskuswerfen erging, um an dem Spiel teilzunehmen"* (2 Makk 4,14).

In dieser Unterschicht der Frommen (hebr. = Chassidim) erwachen nun die alten Hoffnungen auf eine radikale Wende, auf ein Ende der Kompromisse. In diesem Milieu entstehen „Apokalypsen" (griech.: Offenbarungen), Bücher, in denen enthüllt wird, was bald geschehen wird – auch der bereits zitierte Anhang zum Sacharjabuch (vgl. Sach 9-14). Gericht über die Feinde Gottes und Heil für die Frommen gehören dabei zusammen. Der Prophet Joel lokalisiert das Gericht im Kidrontal, das er Joschafat (hebr.: JHWH richtet) nennt:

„Die Völker sollen aufbrechen und heraufziehen zum Tal Joschafat. Denn dort will ich zu Gericht sitzen über alle Völker ringsum. Schwingt die Sichel, denn die Ernte ist reif. Kommt, tretet die Kelter, denn sie ist voll, die Tröge fließen über. Denn ihre Bosheit ist groß ... JHWH brüllt vom Zion her, aus Jerusalem dröhnt seine Stimme, so daß Himmel und Erde erbeben. Doch für sein Volk ist der Herr eine Zuflucht ... Jerusalem wird heilig sein, Fremde werden nie mehr hindurchziehen" (Joel 4,12-13.16-17). Und: *„Der Herr der Heere wird auf diesem Berg für alle Völker ein Festmahl geben mit den feinsten Speisen, ein Gelage mit erlesenen Weinen ... Er zerreißt auf diesem Berg die Hülle, die alle Nationen verhüllt, und die Decke, die alle Völker bedeckt. Er beseitigt den Tod für immer, Gott, der Herr, wischt die Tränen ab von jedem Gesicht"*, heißt es in der sogenannten Jesaja-Apokalypse aus dieser Zeit (Jes 25,6-8).

Antiochus IV. Epiphanes auf einer zeitgenössischen Münze.

Die Konflikte kommen zum Ausbruch, als der seleukidische Herrscher Antiochus IV. Epiphanes im Jahr 169 v. Chr. auf dem Rückweg von einem Ägyptenfeldzug nach Jerusalem kommt und zur Aufbesserung der zerrütteten Staatsfinanzen einen Teil des Tempelschatzes beschlagnahmt. Für die traditionellen Kreise wird das der Anlaß zum Aufstand, den Antiochus als Empörung gegen die Seleukiden auffaßt. Im Gegenzug verstärkt er seine Hellenisierungspolitik. In der Akra, einer Festung südlich des Tempelplatzes (vgl. 1 Makk 1,33), wird eine syrische Militäreinheit stationiert. Die Tora als Grundgesetz wird außer Kraft gesetzt, Beobachtung des Shabbat, Einhaltung der Speisegesetze und Beschneidung werden verboten. An verschiedenen Stellen werden Juden, die am Gesetz festhalten, umgebracht.

Die Erfahrung des Martyriums bringt einen neuen Gedanken ins Judentum hinein: Wenn Gott am Ende für Gerechtigkeit sorgt, dann auch für jeden einzelnen – und wer sie im Leben nicht erfahren hat, der wird sie nach seinem Tod erfahren. Erstmals spricht man von einer persönlichen Auferstehung – bisher waren die Toten im Schattenreich der „Scheol" der Hand Gottes entzogen (vgl. Ps 88,6). *„Du nimmst uns dieses Leben; aber der König der Welt wird uns zu einem neuen, ewigen Leben auferwecken, weil wir für seine Gesetze gestorben sind"* (2 Makk 7,9), sagt eines der Opfer zum König Antiochus. (Entsprechend werden die Toten spätestens seit dieser Zeit in Einzelgräbern bestattet, nicht mehr in Familiengräbern.)

Der Jerusalemer Tempel schließlich wird in ein Heiligtum des Zeus Olympios umgewandelt, der auch unter dem Namen des Baal Schamem (Himmelsherr) verehrt wird. Diese Entweihung – das neue Kultbild wird als „Greuel der Verwüstung" angesehen (vgl. Dan 11,31) – führt 167 v. Chr. endgültig zum Aufstand. Unter Führung der Hasmonäer, einer Priesterfamilie aus der Umgebung Jerusalems, beginnt der Kampf gegen die Seleukiden. Nach dem Tod des Mattatias übernimmt sein Sohn Judas, genannt Makkabi (hebr.: Hammer) die Führung der Bewegung, der sich die Chasidim anschließen (vgl. 1 Makk 2,42). Schon 164 v. Chr. kann er Jerusalem erobern. Zwar bleibt die syrische Besatzung in der Akra, aber der Tempel kann gereinigt werden, so daß er wieder ein JHWH-Tempel wird (vgl. 1 Makk 4,36-61).

Nachdem die religiöse Freiheit erreicht ist, erkämpfen die Hasmonäer auch die politische Freiheit. Im Jahr 142 v. Chr. wird der letzte Sohn des Mattatias, Simon, von den Syrern als Ethnarch, als selbständiger Herrscher, anerkannt. Die Besatzung in der Akra zieht ab; Jerusalem ist wieder Hauptstadt eines jüdischen Staates. Schon Simons älterer Bruder Jonatan hatte zuvor den Hohenpriester Alkimus abgesetzt und dieses Amt selbst übernommen, damit aber für viele Fromme die Ziele des Aufstandes verraten. Die Entstehung religiöser Oppositionsbewegungen blieb nicht aus. Möglicherweise zog sich daraufhin der abgesetzte Hohepriester als „Lehrer der Gerechtigkeit" mit einigen Getreuen in die Wüste zurück und gründete die Gemeinde von Qumran, die sich gegen den „Frevelpriester" (Jonatan) richtete. In Jerusalem allerdings wird Simon das erbliche Amt des Herrschers und Hohenpriesters zuerkannt. Damit ist in Jerusalem erneut eine Dynastie eingesetzt.

In den folgenden Jahren kommt es zunächst noch einmal zur Krise: Der dritte Sohn Simons, Johannes Hyrkan, wird in Jerusalem von den Seleukiden belagert und erkauft den Abzug der Truppen mit Silber, das er dem Grab der davidischen Könige entnimmt. Dann aber errichtet er nördlich der Stadt, an der gefährdetsten Stelle eine neue, Baris genannte Festung. Auch der SW-Hügel wird nun wieder in die Befestigung der Stadt einbezogen, die damit die Größe wie vor der babylonischen Eroberung erreicht. Simon sowie seine Nachfolger Aristobul I. und Alexander Jannäus (103-77 v. Chr.) erobern auch Samaria, Galiläa und große Teile des Ostjordanlandes, so daß das Reich in etwa wieder das Gebiet des davidischen Reiches umfaßt. Folgerichtig nimmt Alexander Jannäus den Königstitel an.

Unter ihm kommt es erstmals zu einem mehrjährigen Aufstand der religiösen Opposition; nach dessen Niederschlagung läßt Alexander (der schon mit seinem Namen erneut hellenistische Gesinnung beweist) mehrere hundert Aufständische kreuzigen. Doch damit läßt sich der Protest gegen die neue, der alten zum Verwechseln ähnliche Oberschicht nicht mehr auf Dauer unterdrüken. Nach dem Tod der Alexanderwitwe Alexandra (77-67 v. Chr.) streiten ihre Söhne Hyrkan II. und Aristobul II. um die Nachfolge. Es kommt zum Bürgerkrieg; der Idumäer Antipater hat ein Bündnis zwischen Hyrkan und den Nabatäern vermittelt, gemeinsam belagern sie Aristobul in Jerusalem. In dieser Situation wird der Römer Pompejus, der 64 v. Chr. das Seleukidenreich erobert hat und sich in Damaskus aufhält, als Schiedsrichter angerufen. Abgesandte des Volkes aber bitten ihn gleichzeitig um Wiederherstellung der

Priesterherrschaft, d.h. die Beschränkung der eigenen Macht auf den religiösen Bereich. Die Anhänger Hyrkans stimmen zu und übergeben die Stadt den Römern. Die Anhänger des Aristobul verschanzen sich auf dem Tempelberg. Die inzwischen errichtete Brücke von der westlich gelegenen Oberstadt zum Tempel wird abgerissen, aber am Jom Kippur des Jahres 63 v. Chr. erobert Pompejus (von Norden her) den Tempelberg. Aristobul wird gefangengenommen, Hyrkan als Hoherpriester eingesetzt. Die Geschichte des selbständigen Juda mit Jerusalem als Hauptstadt ist nach knapp 80 Jahren wieder zu Ende.

Zu sehen ist leider ist auch vom hellenistischen Jerusalem – auch die hasmonäischen Herrscher bauen ja hellenistisch – nicht mehr viel. Über die Bautätigkeit am Beginn der Seleukidenzeit unter dem Hohenpriester Simeon II. (218-192 v.) berichtet das Buch Jesus Sirach: *„Zu seiner Zeit wurde das Gotteshaus ausgebessert, in seinen Tagen der Tempel befestigt. Zu seiner Zeit wurde die Mauer gebaut, die Zinnen der Gotteswohnung beim Königspalast. In seinen Tagen wurde der Teich gegraben, ein Becken, groß wie ein Meer. Er hat sein Volk gegen Plünderung gesichert, seine Stadt gegen Feind befestigt"* (Sir 50,1-4). Von der Befestigung des Tempels ist zumindest noch eine Spur vorhanden: In der heutigen Ostmauer des Tempelplatzes befindet sich etwa 32 m nördlich der SO-Ecke eine senkrechte Fuge. Höchstwahrscheinlich handelt es sich bei dem nördlichen Mauerstück um die Befestigung des Simeon, bei dem südlichen Teil um den Anbau des Herodes. Der erwähnte Teich dürfte mit dem Betesda- oder Schafteich nördlich des Tempelplatzes neben der heutigen Annakirche identisch sein. Er war zunächst für die Wasserversorgung des Tempels vorgesehen und diente wohl auch zum Waschen der Schafe vor der Opferung. Schon bald aber wurden einige natürliche Höhlen östlich der Teiche medizinisch und religiös genutzt – beides gehörte zusammen.

Von der neuen hasmonäischen Stadtmauer sind kaum nennenswerte Reste erhalten. Der Bereich der heutigen Zitadelle war durch drei Türme gesichert; die Fundamente des östlichen von ihnen sind im sogenannten Davidsturm des Herodes erhalten. Die innerhalb der Zitadelle ausgegrabenen Fundamente von Stadtmauer und Wohnhäusern stammen ebenfalls aus dieser Zeit. Von der Zitadelle aus verlief die hasmonäische Mauer in west-östlicher Richtung zum Tempel; Reste dieser Mauer, die im wesentlichen der Hiskijamauer folgte, sind bei den Grabungen im jüdischen Viertel freigelegt worden und können heute vom Kreuzfahrer-Cardo aus eingesehen werden.

Eindrucksvoller sind die Ausgrabungen westlich des Tempelplatzes, die man vom Platz vor der Westmauer aus erreicht. Unterhalb der Straße, die schon in hasmonäischer Zeit das Tyropoiontal überbrückte und von der Oberstadt zum Tempel führte und die Aristobul vor der Belagerung abriß, zeigt man die sogenannte „hasmonäische Halle". Möglicherweise ist sie mit dem von Josephus Flavius erwähnten „Rathaus" identisch. Zwar vermutet man heute, daß die Halle auch aus der Zeit des Herodes stammen könnte – ihre Architektur mit Pilastern und Kapitellen ist in jedem Fall ein schönes Beispiel hellenistischer Architektur. In diesem Bereich müssen auch das Gymnasium und der neue Königspalast der Hasmonäer gelegen haben, der die Baris als Residenz ablöste – von ihnen ist nichts erhalten geblieben. Sicher aus hasmonäischer Zeit stammen einige der Monumentalgräber im Kidrontal. Das sogenannte Zachariasgrab, ein Block mit einer pyramidenförmigen Spitze, der ganz aus dem Fels herausgehauen wurde, ist in Wirklichkeit nie als Grab benutzt worden. Möglicherweise war es ein „Nefesh" (hebr.: Seele oder Denkmal) für die seitlich gelegene Katakombe, deren Eingang durch zwei Säulen markiert ist. In diesem Grab war, wie eine Inschrift bezeugt, ursprünglich die Priesterfamilie Hezir begraben. Vor Entdeckung der Inschrift hatten Juden das Grab für das Haus des Königs Usija gehalten, der als Aussätziger außerhalb der Stadt leben mußte (vgl. 2 Chr 26,21). Von den Christen wurde der Pyramidenbau mit dem Propheten Sacharja/Zacharias in Verbindung gebracht, der seinerseits mit dem Vater Johannes' des Täufers identifiziert wurde. Die Katakombe dagegen wurde als Grab des Apostels Jakobus angesehen – schon im 4. Jh. wurde es in eine Kirche umgewandelt.

Das sogenannte Abschalomgrab mit der charakteristischen Spitze stammt aus dem 1. Jh. v. Chr. und stellt in dieser Form ebenfalls wahrscheinlich einen Nefesh für die dahinterliegenden Grabkammern dar. Wer dort ursprünglich begraben war, ist unbekannt. Die Legende, daß Davids Sohn Abschalom in ihr begraben sei, stammt aus dem Mittelalter; zuvor hatte man es auch für das Grab des Hiskija gehalten.

Die Entstehung dieser Gräber im hellenistischen Stil an dieser Stelle ist ganz sicher mit der Festigung der Tradition vom Endgericht im Kidrontal (wie es das Joelbuch beschrieb) zu erklären. Im Laufe der Jahrhunderte „wandern" die Gräber dann immer weiter den Ölberg hinauf.

Die Texte der Zeit sprechen aber von Jerusalem nicht nur im Zusammenhang mit dem Endgericht. Jerusalem wird zu einer

Das sogenannte „Abschalomgrab" im Kidrontal.

„geistigen Größe"; vom „Sitz der Weisheit" spricht das Buch Jesus Sirach, das um 180 v. Chr. in der Stadt entstanden ist, allerdings nicht in die hebräische Bibel aufgenommen wurde. Als man den „Kanon" dieser Bibel festlegte (um 100 n. Chr.), hatte sich die Ablehnung dieser hellenistischen Art, die Überlieferung zu verstehen, durchgesetzt. In der Schrift sagt die Weisheit selbst: *„Ich ging aus dem Mund des Höchsten hervor, und wie Nebel umhüllte ich die Erde. Ich wohnte in den Höhen, auf einer Wolkensäule stand mein Thron. Den Kreis des Himmels umschritt ich allein, in der Tiefe des Abgrunds ging ich umher ... Vor der Zeit, am Anfang, hat er mich erschaffen, und bis in Ewigkeit vergehe ich nicht. Ich tat vor ihm Dienst im heiligen Zelt und wurde dann auf dem Zion eingesetzt. In der Stadt, die er ebenso liebt wie mich, fand ich Ruhe, Jerusalem wurde mein Machtbereich"* (Sir 24,1-11).

Das Buch des Jesus Sirach berichtet auch vom Glanz des hellenistischen Jerusalem unter Simeon II. (218-192 v. Chr.). Nachdem über seine Bautätigkeit berichtet worden ist, schildert es den Gottesdienst im Tempel, dem der Hohepriester vorsteht. Er selbst ist wie die Sonne, wenn er vor dem äußeren Vorhang des Heiligtums erscheint (vgl. Sir 50,5–21).

Von dem durch die Seleukiden entweihten Jerusalem spricht ein Lied, das ins 1. Makkabäerbuch aufgenommen worden ist: *„Aus dem Hinterhalt bedrohten sie das Heiligtum; immer waren sie für Israel ein schlimmer Feind. Rings um den Tempel vergossen sie unschuldiges Blut und entweihten die heilige Stätte. Jerusalems Einwohner flohen vor ihnen, und Ausländer zogen in die Stadt ein. Ihren eigenen Kindern wurde die Stadt fremd, und ihre Söhne verließen sie. Ihr Heiligtum wurde leer wie die Wüste, ihre Feste verwandelten sich in Trauer. Ihre Sabbate wurden verhöhnt; statt geehrt zu sein, war sie verachtet. So groß ihre Herrlichkeit gewesen war, so groß war nun ihre Schande. Von ihrer Höhe ist sie herabgestürzt, jetzt liegt sie in Trauer"* (1 Makk 1,36-40).

Vom Neuanfang mit der Tempelreinigung berichten ebenfalls die Makkabäerbücher. Im 2. Buch wird das jährlich zur Erinnerung gefeierte Fest Chanukka (hebr.: Lichter) mit dem Laubhüttenfest in Verbindung gebracht. Nach Vernichtung anderer Altäre wird ein neuer Brandopferaltar eingeweiht, und es ist, als ziehe JHWH erneut in den Tempel ein: *„Dann warfen sie sich auf die Erde nieder und flehten zum Herrn, daß sie nie wieder in solches Unglück gerieten. Für den Fall, daß sie noch einmal sündigen sollten, wollten sie lieber von ihm selbst in Güte gezüchtigt werden, als in die Hände frecher und barbarischer Heiden fallen. Es traf sich, daß die Reinigung des Tempels auf den gleichen Tag fiel, an dem ihn die Fremden entweiht hatten, nämlich auf den 25. Kislew. Sie feierten acht Tage lang ein fröhliches Fest nach Art des Laubhüttenfestes; dabei dachten sie daran, daß sie noch vor kurzem das Laubhüttenfest wie wilde Tiere in den Höhlen der Berge verbracht hatten. Sie nahmen Stäbe, die sie mit grünen Blättern umwunden hatten, in die Hand und Laubzweige – auch Palmzweige – und brachten dem Loblieder dar, der den Weg zur Reinigung des Ortes bereitet hatte, der sein Eigentum ist"* (2 Makk 10,1-7).

6.
Das Jerusalem des Herodes

Nachdem die Römer 64 v. Chr. das Seleukidenreich erobert haben, sichern sie die Südostgrenze durch einige Pufferstaaten. Zu diesen gehört der ehemalige Hasmonäerstaat. Der von den Römern wiedereingesetzte Hohepriester Hyrkan II. ist allerdings nur nominell Oberhaupt des Gemeinwesens; „starker Mann" ist der Idumäer Antipater, Nachfahre der biblischen Edomiter.

Von Caesar wird Antipater 47 v. Chr. auch formell als „Epitrop" (griech.: Aufseher) von Palästina anerkannt. Den Juden werden gewisse Sonderrechte eingeräumt: Die römischen Truppen werden abgezogen, Juden nicht zum Militärdienst ausgehoben, mit Ausnahme des Gebiets der römischen Garnisonen ist nur der JHWH-Kult erlaubt. Nach der Ermordung Caesars sichert sich Antipater auch die Gunst des Marcus Antonius, wird jedoch kurz darauf vergiftet. Als 40 v. Chr. die Parther in Palästina einfallen und Jerusalem erobern, muß der Sohn und Nachfolger des Antipater, Herodes, fliehen; die Parther setzen einen Sohn des Aristobul, Antigonus, als König ein. Doch Herodes gelingt es, in Rom von Marcus Antonius und Octavianus, dem späteren „Augustus", als König anerkannt zu werden. Nach langwierigen Kämpfen erobert er 37 v. Chr. Jerusalem.

Der neue Herrscher wird (obwohl offiziell Jude) als Ausländer angesehen – trotz aller „Bekehrungen" unter den Hasmonäern hat sich die nationale Definition des „wahren Israeliten" wieder durchgesetzt. Außerdem ist er König von Roms Gnaden. Innerlich scheint Herodes hin- und hergerissen zwischen dem Versuch, von „seinem" Volk geliebt zu werden, und Angst, die sich in Unterdrückung und Ausrottung aller Gegner niederschlägt. Herodes heiratet Mariamne, Tochter des Hasmonäers Alexander, tötet aber alle anderen hasmonäischen Thronrivalen, im Jahr 29 v. Chr. sogar Mariamne selbst. Auch vier seiner sieben Söhne läßt er umbringen. (Dieser Wesenszug bildet den historischen Hintergrund der Geschichte vom Kindermord in Betlehem.)

Die Hauptstadt Jerusalem wird prachtvoll ausgebaut – und auch dabei zeigt sich der innere Zwiespalt des Herodes: Auf der einen Seite wird die Stadt nun endgültig als hellenistische Residenzstadt ausgebaut, auf der anderen Seite bemüht sich Herodes nicht nur besonders um den Tempel, sondern auch darum, die jüdischen Vorschriften beim Bau (selbst in der strengeren Auslegung der Pharisäer) nicht zu verletzen. So werden auch keine Münzen mit seinem Bild geprägt – eine zeitgenössische Darstellung des Herodes existiert deshalb nicht. Die Fähigkeit, sowohl jüdische als auch römische Wünsche zu erfüllen, hat sicher nicht unwesentlich zur langen Regierungszeit des Herodes beigetragen.

Oft wurden in den hellenistischen Städten die ehemaligen Siedlungskerne, die auf einem strategisch wichtigen Hügel lagen, zur Akropolis der erweiterten Stadtanlagen ausgebaut. Die eigentliche Stadt erstreckte sich am Fuß der Burg – in Palästina besonders eindrucksvoll in Bet Schean/Skythopolis zu sehen. Im Jerusalem des Herodes wird ein ähnliches Prinzip angewandt, auch wenn die geographische Lage der Stadt eine Anpassung an die vorgegebene Situation verlangt. Der alte Tempelberg wird zur Akropolis ausgebaut; sie bildet nicht nur den religiösen, sondern auch den gesellschaftlichen Mittelpunkt der Stadt. Die gewaltige Plattform, die Herodes aufschütten und durch eine Umfassungsmauer einfassen läßt, beherrscht seitdem die Stadt. Im Norden wird die Stadt mit Hilfe der sogenannten „zweiten Mauer" erweitert; das Marktviertel westlich des Tempelplatzes gehört nun ebenfalls zur befestigten Stadt. Die Hauptstraße, die jede hellenistische Stadt durchzieht, verläuft wahrscheinlich vom Nordende der Stadt am Tempel entlang durch das Tyropoiontal bis zum Schiloachteich. Im Stadtgebiet selbst setzt sich die Trennung in Unter- und Oberstadt fort: Die ärmere Bevölkerung bewohnt den Hang des Tyropoiontales westlich der Davidstadt, die Oberschicht den SW-Hügel. Insgesamt dürfte die Einwohnerzahl Jerusalems zur Zeit des Herodes auf bis zu 40.000 gestiegen sein.

Die Wasserversorgung der vergrößerten Stadt wird nun durch eine aufwendige Konstruktion sichergestellt: Das Wasser von mehreren südlich der Stadt gelegenen Quellen wird in den sogenannten „Salomonischen Teichen" bei Betlehem gesammelt und dann mit Hilfe einer 21 km langen Wasserleitung – das Gefälle beträgt auf der Strecke gerade einmal 30 m – nach Jerusalem geführt. (Da diese später vom römischen Statthalter Pilatus mit Geld aus dem Tempelschatz renoviert wird, wird sie zuweilen „Wasserleitung des Pilatus" genannt.) In der Stadt selbst werden mit Hilfe von Dämmen neue Teiche angelegt. Nördlich des Tempelplatzes entsteht der „Teich von Israel", der erst im 20. Jh. aus Gesundheitsgründen trockengelegt wird, und auch der Struthionteich, der unterhalb der Via dolorosa noch besichtigt werden kann; im Süden der Stadt wird der Schiloachteich erweitert, der nun mit Hilfe eines Damms das Regenwasser des Tyropoiontales auffängt.

Als ersten Bau in der Stadt errichtet Herodes – zur Sicherung seiner Herrschaft und der Stadt – eine neue Festung an der Stelle der alten Baris am Nordende der Stadt. Zu Ehren des Marcus Antonius nennt er sie „Antonia". Aber wie schon die Hasmonäer, wohnt er nicht in der Festung, sondern läßt einen eigenen Palast anlegen, der die alte hasmonäische Anlage ablöst. Die drei Türme an der NW-Ecke der Stadt werden ausgebaut, in ihrem Schatten erstreckt sich der riesige Palastkomplex. Auch ein Theater und ein Hippodrom (griech.: Pferderennbahn), die in keiner hellenistischen Stadt fehlen dürfen, werden angelegt.

Der komplette Neubau des Tempels beginnt 19 v. Chr. Zunächst wird die bereits erwähnte Tempelplattform geschaffen, die

die Fläche des bisherigen Tempelberges verdoppelt. Im Süden müssen gewaltige Substruktionen geschaffen werden; im Norden wird der leicht ansteigende Fels bis zur Antonia hin abgetragen. Erst nach langem Zögern gelingt es Herodes, das Einverständnis der Priester für den Neubau zu gewinnen – immerhin darf der Opferkult nicht unterbrochen werden. Für die Bauarbeiten am eigentlichen Tempel werden zahlreiche Priester zu Handwerkern ausgebildet – Laien dürfen sich daran nicht beteiligen. Die wichtigsten Arbeiten am Heiligtum scheinen zwischen 11 und 9 v. Chr. abgeschlossen zu sein – auch wenn noch zur Zeit Jesu (vgl. Joh 2,20) und kurz vor dem jüdischen Aufstand weitergebaut wird. Den Charakter des Bezirks als Akropolis bezeugen vor allem die um den gesamten Platz laufenden Säulenhallen, die den sogenannten „Vorhof der Heiden" umschließen. Nur der Komplex in der Mitte des Platzes dient als Tempel. Hinzu kommt die Verbindung des Platzes mit der Stadtfestung Antonia, die den Tempelbezirk überragt – nicht zuletzt, damit die Truppen im Falle von Unruhen sofort eingreifen können.

Daß dieser Umbau, der einem kompletten Neubau gleichkommt, nicht als „dritter Tempel" bezeichnet wird, verdeutlicht u.a. die zwiespältige Haltung der jüdischen Bevölkerung zu den Baumaßnahmen des Herodes. Ganz abgesehen davon, daß sie je nach politisch-religiöser Einstellung unterschiedlich bewertet werden, schwankt man zwischen Bewunderung für die Stadt, die noch nie in solchem Glanz erstrahlt war und Haß auf den ungeliebten Herrscher.

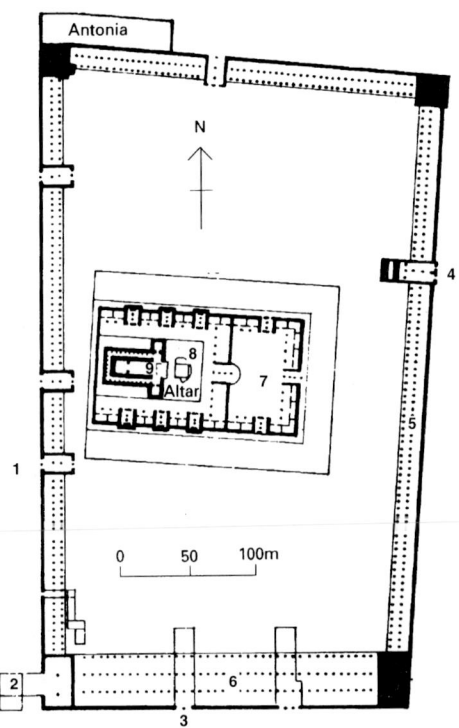

Der Tempel zur Zeit des Herodes. Die Zahlen beziehen sich auf die Beschreibung im Text.

Als Herodes im Jahr 4 v. Chr. stirbt, wird er nicht in Jerusalem beigesetzt, sondern in der nach ihm benannten Festung Herodion westlich von Betlehem – auch wenn Josephus Flavius später ein „Grabmal des Herodes" in Jerusalem erwähnt und auf einer kleinen Kuppe nördlich des Damaskustores ein Rundbau entdeckt worden ist, der in die Zeit des Herodes gehört und an das Mausoleum des Augustus in Rom erinnert.

Das Reich des Herodes wird unter seine Söhne aufgeteilt; Judäa und Samaria mit der Hauptstadt Jerusalem kommen an Archelaus, Galiläa und Peräa an Herodes Antipas, der in Sepphoris residiert, der Golan an Philippus, der in Cäsarea Philippi eine eigene Hauptstadt baut. Nach einer gemeinsamen Gesandtschaft von Judäern und Samaritanern (!) wird Archelaus im Jahr 6 n. Chr. abgesetzt, und die beiden Gebiete werden direkt einem römischen Procurator (lat.: Statthalter) unterstellt, der jedoch in Cäsarea residiert. Jerusalem ist keine Hauptstadt mehr.

Noch heute prägt das Plateau des von Herodes neu angelegten Tempelplatzes das Stadtbild der Altstadt von Jerusalem. Der heute als „HaKotel" (hebr.: die Mauer) verehrte südwestliche Teil der Umfassungsmauer ist nur ein kleiner Teil der gewaltigen Anlage. Überall, wo sich die typisch herodianischen Steine mit dem umlaufenden Band am Rand der Schauseite finden, ist der alte Zustand noch erhalten. Besonders eindrucksvoll sind die bereits erwähnten Ausgrabungen nördlich der Westmauer. Dort ist es zum einen möglich, einen Eindruck davon zu bekommen, wie tief unter dem heutigen Niveau die Mauer begann (und wie hoch der Tempelberg einst aufragte). In diesem Zusammenhang beeindrucken auch die Dimensionen der verwandten Steine: Einer von ihnen ist fast 14 m lang und wiegt über 400 t! Zum anderen ist hier ein Teil des Zugangs von der Oberstadt her erhalten. Der sogenannte „Wilsonbogen" und die anschließenden Bögen waren Teil des Viadukts, welcher das Tyropointal überbrückte und die Besucher an der Stelle des heutigen Kettentores auf den Tempelplatz führte (1). Weiter im Süden, fast an der SW-Ecke des Platzes, führte ein weiterer Treppenaufgang in den Bezirk; der Ansatz des sogenannten „Robinsonbogens" ist noch zu erkennen (2). Haupteingang für die Pilger dagegen dürften die Treppen gewesen sein, die von der ehemaligen Davidstadt her auf das Plateau führten. In den Ausgrabungen am Südende des Tempelplatzes sind diese Stufen teilweise erhalten; Stellen im Talmud lassen es als möglich erscheinen, daß sie oder naheliegende Gebäude auch als Versammlungsort des Hohen Rates dienten. Die Bögen über dem dortigen (heute zugemauerten) Doppeltor sind noch zu erkennen (3). Ob der Name „Tor der Hulda (hebr.: Ratte)" sich auf die Prophetin zur Zeit des Joschija bezieht oder auf die hinter den Toren liegenden Gewölbe, in denen es Ratten gab, ist unsicher. Weiter östlich in der Südmauer ist auch ein Dreifachtor zu erkennen. Dort sind die Substruktionen noch erhalten. In späteren Zeiten wurden sie als „Pferdeställe Salomos" bezeichnet. Mit einer Sondergenehmigung der muslimischen Behörden können sie vom Tempelplatz aus besichtigt werden. Von Osten führte wahrscheinlich der Nachfolger des Susatores und Vorgänger des „Goldenen Tores" in den Tempelbezirk (4).

Von den Säulenhallen, die den Tempelplatz umgaben, ist nichts mehr erhalten – mit Ausnahme einiger Säulen, die in veschiedenen Jerusalemer Gebäuden wiederverwandt wurden. Im Osten lag die (wohl wegen ihrer angeblichen Verbindung mit dem ersten Tempel von Herodes nicht veränderte) „Halle Salomos" (5), im Süden die prachtvolle, zweistöckige „königliche Halle" im Stil einer hellenistischen Stoa (6).

Der eigentliche Tempelbezirk befand sich in der Mitte des Areals und war für Nichtjuden verboten. Eine Verbotstafel, die sich heute in Istanbul befindet, fand man in der Nähe des Tempelplatzes. Die Inschrift war in griechischer Sprache abgefaßt – noch immer die internationale Sprache zur Zeit des Herodes – und lautete: „Verbot für jeden Fremden, die Absperrung zu überschreiten und in das Heiligtum einzutreten. Jeder Übertreter, der ergriffen wird, trägt selbst die Verantwortung für das Todesurteil, das darauf steht". Durch ein Tor betrat man den inneren Vorhof oder „Vorhof der Frauen" (7), durch ein weiteres Tor den „Vorhof der Israeliten", der nur durch eine Balustrade vom „Vorhof der Priester" (8) getrennt war. In diesem Bereich befand sich der Altar, wo Priester und Laien ihre Opfer darbrachten; er war aus der Achse des Tempels leicht nach Süden verrückt. Der Aufbau des eigentlichen Tempels (9) (und auch die Ausrichtung nach Osten, wodurch die Priester den Platz „von hinten" betreten) wurde nicht verändert; Allerheiligstes, Heiligtum und Vorhalle wurden nur ungleich prachtvoller ausgeführt.

Geprägt war der Tempel durch die heute kaum noch nachvollziehbare Bedeutung des Opferkultes. Theologisch gedeutet wird diese Praxis in Israel mit Hilfe der Erzählung von der „Akeda" (hebr.: Bindung, Fesselung), im christlichen Sprachgebrauch meist „Opferung Isaaks" genannt (vgl. Gen 22). Gott befiehlt Abraham, seinen Sohn Isaak auf dem Berg Morija zu opfern. Erst im letzten Moment wird er gerettet und an seiner Stelle ein Widder geopfert. Der Berg Morija wird nach dem Exil mit dem Jerusalemer Tempelberg identifiziert (vgl. 1 Chr 3,1). Und seit der Makkabäerzeit ist Isaak das Urbild des Märtyrers, der geopfert, aber schließlich „auferweckt" wird. Da man glaubt, Isaak sei wirklich verletzt oder gar getötet worden und Bild für ganz Israel, ist „in ihm" das ganze Volk geopfert und gerettet. Das Opfer des Widders war Ersatz für das Opfer des Sohnes gewesen; so ist im Jerusalemer Tempel das Tieropfer Ersatz für die Hingabe des Volkes. Es stellt somit das vergangene Opfer dar und „fordert" die vergangene Rettung für die Gegenwart ein. Auch das Pesachlamm, das man in Erinnerung an den Auszug aus Ägypten im Jerusalemer Tempel schlachtet, wird als Wiederholung der Akeda gedeutet. Das gemeinsame Essen des Opfertiers schafft die neue Gemeinschaft der Geretteten.

Erhalten ist vom Tempel selbst nichts – mit Ausnahme eines Steins, der zur „Zinne des Tempels", d.h. der SW-Ecke des Platzes, gehörte. Am südlichen Ende der königlichen Halle wurde, laut Josephus, mit einer Trompete der Beginn des Shabbat angezeigt: Der Steinblock nun, der aus dem Geländer der Zinne stammte und bei der Zerstörung auf die unten an der SW-Ecke vorbeiführende Straße stürzte, wird durch eine hebräische Inschrift als Ort des Trompeters gekennzeichnet! So symbolisiert dieser Stein gleichzeitig Höhe und Pracht des Tempels und seine Zerstörung – denn schon bald nach Fertigstellung dieser Zinne wird der Tempel zerstört und, was vielleicht noch bezeichnender ist, nicht mehr gebraucht. Unter anderem der Shabbat hält die Gemeinde auch ohne Tempel zusammen ...

Von der Festung Antonia, die sich an den Tempelplatz anschloß, ist nichts erhalten geblieben; heute steht an ihrer Stelle die el-Omariya-Schule, die man von der Via dolorosa aus erreichen kann. Auch vom Königspalast des Herodes an der Zitadelle ist im Grunde nichts geblieben. Ausgrabungen im Armenischen Viertel haben nur ergeben, daß sich der Palast bis fast zur heutigen Südmauer der Altstadt erstreckte! Auch von der „zweiten Mauer" fehlt bis jetzt jede Spur.

Einen eindrucksvollen Einblick in ein Wohnviertel der damaligen Oberschicht gibt das sogenannte „Herodianische Viertel" im jüdischen Teil der Altstadt („Wohl Archeological Center" am Rova-Platz hinter der Hurva-Synagoge). Bei Ausgrabungen nach 1967 ist dort u.a. ein Komplex freigelegt worden, der sich als prächtig ausgestattetes Wohnhaus einer wahrscheinlich priesterlichen Familie herausstellte. Der „jüdische" Charakter der Ausschmückung zeigt sich zwar im Verzicht auf figürliche Darstellungen; ansonsten aber ist der Stil vollkommen hellenistisch-römisch. Das Haus ist, wie im gesamten Mittelmeerraum üblich, um einen Hof herum angelegt. Die herausgehobene Lage ganz nah an der Brücke zum Tempelplatz bot einen herrlichen Ausblick auf das Heiligtum und den Ölberg. In einer großen Empfangshalle fanden sich Fresken im pompejanischen Stil; daneben war das Haus mit mehreren Badanlagen ausgestattet. Auch zahlreiche Einrichtungsgegenstände wie Marmortische sind in den Trümmern gefunden worden – das Haus wurde bei der römischen Eroberung der Oberstadt zerstört. Der verbrannte Holzbalken im Raum gegenüber der Empfangshalle gibt davon eindrucksvoll Zeugnis.

Eine Gesamtdarstellung der herodianischen Stadt im Zustand kurz vor 70 n. Chr. zeigt das sogenannte Jerusalem-Modell im Holyland-Hotel im Westen der Neustadt. Es orientiert sich an an archäologischen Erkenntnissen und gibt einen guten Eindruck von der Stadt und v.a. vom Tempelbezirk – auch wenn viele Rekonstruktionen, ebenso wie der Verlauf der Stadtmauern im Norden (2. und 3. Mauer), hypothetisch bleiben.

Der römische Geograph Pomponius Mela unternimmt kurz nach 40 n. Chr. eine Reise durch die gesamte damals bekannte Welt. Er beschreibt das herodianische Jerusalem als „fast kreisförmig" – eine Aussage, die zwar nur sehr begrenzt richtig ist, aber viele spätere Darstellungen der Stadt, v.a. im Mittelalter, bestimmen wird.

Genauere Beschreibungen der herodianischen Stadt verdankt die Nachwelt dem bereits mehrfach erwähnten Josephus Flavius (gest. um 100 n. Chr.). Der geborene Jerusalemer Josephus erzählt in seinen Werken „Jüdische Altertümer" und „Der jüdische Krieg" die Geschichte seines Volkes, wobei er auch die Schönheit seiner Heimat beschreibt: *In der Mitte von Judäa ist Jerusalem gleichsam der Nabel des ganzen Gebietes, wie es nach Meinung kluger Leute heißt. Das Gebiet ist reich an Gütern des Mittelmeerraumes und entbehrt auch die des Meeres nicht, denn es er-*

Modell des herodianischen Tempels (Holyland-Hotel in West-Jerusalem)

streckt sich bis nach Ptolemais (Akko), und jenes ganze Meer bespült seine Küsten. Es gibt viele Städte, aber unter allen ragt Jerusalem hervor, und zwar so, daß es wie das Haupt am Körper die Glieder nicht überschattet, sondern regiert und ihnen Schutz und Schönheit gewährt" (Der Jüdische Krieg III, 3, 5 nach der lateinischen Übersetzung des Hegesipp, Historien III, 6,4-5).

Die Ausstattung und Schönheit des Tempels beschreibt Josephus bereits in der Vergangenheitsform: *„Die vordere Abteilung ... enthielt drei bewunderungswürdige, weltberühmte Kunstwerke: den Leuchter, den Tisch und das Rauchfaß. Die sieben Lampen, welche von dem Leuchter abzweigten, bedeuteten die sieben Planeten, die zwölf Brote auf dem Tisch den Tierkreis und das Jahr; das Rauchfaß aber ... zeigte an, daß alles von Gott komme und für Gott da sei. Die innerste Abteilung des Tempels ... war von dem vorderen Raume durch einen Vorhang getrennt. In ihr befand sich einfach gar nichts; von niemand durfte sie betreten, verletzt oder gesehen werden; sie hieß das Allerheiligste ... Der äußere Anblick des Tempels bot alles dar, was Auge und Herz entzücken konnte. Auf allen Seiten mit schweren goldenen Platten bekleidet, schimmerte er bei Sonnenaufgang im hellsten Feuerglanz und blendete das Auge gleich den Strahlen des Tagesgestirns. Fremden, die nach Jerusalem pilgerten, erschien er von fern wie ein schneebedeckter Hügel; denn wo er nicht vergoldet war, leuchtete er in blendender Weiße"* (Der Jüdische Krieg V,5,5-6). Selbst noch nach der Zerstörung wird hier deutlich, wie sehr der bewunderte

Tempel das Herz des herodianischen Jerusalem bildete.

Von außen und mit allen Vorurteilen der Römer gespickt, beschreibt um 105 n. Chr. der Historiker Tacitus das Volk und die herodianische Stadt Jerusalem. Auch er hat bereits den jüdischen Aufstand im Blick: *„Um sich des Volkes für die Zukunft zu versichern, führte Mose neue religiöse Bräuche ein, die mit den sonst auf der Welt üblichen im Widerspruch standen. Dort bei den Juden ist alles unheilig, was bei uns heilig ist; andererseits ist bei ihnen gestattet, was wir als Greuel betrachten. Im Allerheiligsten stellten sie das Weihebild eines der Tiere auf, die ihnen den erlösenden Weg aus Irrsal und Verschmachtung gewiesen hatten"* (Historien V,4).

„Als erster Römer bezwang die Juden Cn. Pompejus, der nach Siegerrecht auch den Tempel betrat. Seitdem verbreitete sich die Kunde, daß kein Götterbild drinnen war, daß es sich also um einen leeren Raum und um eine Geheimnistuerei handelte, hinter der nichts weiter stecke" (Historien V,9).

„Der Tempel war burgartig angelegt, auch hatte er für sich besondere Schutzmauern, die eine ungewöhnlich mühselige Schanzarbeit erfordert hatten. Selbst die den Tempel umgebenden Säulengänge bildeten ein vorzügliches Bollwerk. Es gab da eine nie versiegende Quelle, unterirdische künstliche Höhlen im Berggelände, Fischbehälter und zur Aufbewahrung des Regenwassers dienende Zisternen. Die Erbauer der Stadt hatten richtig geahnt, daß es bei dem Gegensatz der Sitten immer wieder zu Kriegen kommen werde. Daher war alles von vornherein zum Schutz gegen eine noch so lange Belagerung vorgesehen. Überdies hatten den Einwohnern die Furcht, die sie bei der Eroberung durch Pompejus ausgestanden hatte, und die damals gemachten praktischen Erfahrungen allerhand gute Winke gegeben. Außerdem hatten sie sich, wie das bei der unter Claudius herrschenden Habsucht möglich war, das Befestigungsrecht erkauft und errichteten mitten im Frieden Mauern wie für den Kriegsfall" (Historien V,12).

Bevor es aber zur Zerstörung der herodianischen Stadt kommt, wird sie noch zum Ausgangspunkt der Jesusbewegung.

7.
Das Jerusalem Jesu und der Urgemeinde

Jesus kommt aus Galiläa. Das Gebiet ist wenige Jahrzehnte zuvor von den Hasmonäern erobert und mehr oder weniger zwangsweise judaisiert worden. So gilt Galiläa als nicht ganz koscher. Der Satz des Natanael: „Kann von da etwas Gutes kommen?" (Joh 1,46) gilt auch für das Verhältnis der Jerusalemer zu den Galiläern. Man ist überzeugt: „Der Prophet kommt nicht aus Galiläa" (Joh 7,52). „Landesvater" Jesu ist Herodes Antipas – im Lukasevangelium spielt dieser deshalb bei Jesu Prozeß eine Rolle (vgl. Lk 23,6-12).

Und obwohl Galiläa das Hauptwirkungsgebiet Jesu ist, muß er nach Jerusalem gehen. Zum einen zieht man ohnehin zu den Wallfahrtsfesten nach Jerusalem hinauf, zum anderen mag Jesus geahnt haben, daß dort, bei den Führern des Volkes, der Ort ist, wo die Entscheidung über seine Botschaft fallen muß. *„Ein Prophet darf nirgendwo anders als in Jerusalem umkommen"*, heißt es bei Lukas (Lk 13,33).

Das Johannesevangelium weiß von mehreren Besuchen in drei Jahren – u.a. zum Pesachfest (Joh 2,13), zum Laubhüttenfest (Joh 7,2) und zum Tempelweihfest (Joh 10,22). Die anderen drei Evangelien lassen ihre Darstellung dagegen von der dramatischen Entscheidung am Ende bestimmen, und berichten nur von einem einzigen, letzten Zug nach Jerusalem.

Das Jerusalem, in das Jesus kommt, ist eine von den Römern beherrschte Stadt – auch wenn der Procurator in Cäsarea sitzt. In der Antonia liegt eine römische Besatzung, bestehend allerdings nur aus Hilfstruppen. Der Sanhedrin (der Hohe Rat), das Organ der (begrenzten) jüdischen Selbstverwaltung und oberste religiöse Gremium, fungiert gleichzeitig als Senat der Stadt; der Hohepriester ist leitender Beamter. Nach der Umwandlung Judäas in eine römische Provinz hat der Sanhedrin die Gerichtsbarkeit bei Schwerverbrechen abgeben müssen, bei solchen ist der Procurator zuständig. Mitglieder des Hohen Rates sind neben den Oberpriestern einflußreiche Jerusalemer Laien (Älteste) und Schriftgelehrte (vgl. u.a. Mk 11,27). Doch sie gehören unterschiedlichen Gruppen an – das Jerusalem Jesu ist gespalten.

Einflußreichste Gruppe sind die Sadduzäer, die ihren Namen und ihre Abstammung auf Zadok, den Jerusalemer Hohenpriester unter David, zurückführen. Als Gruppierung treten sie erstmals im 2. Jh. v. Chr. in Erscheinung; nachdem sich unter dem Hasmonäer Jonatan, der das Amt des Hohenpriesters übernommen hatte, Teile der Priesterschaft vom verweltlichten Tempelbetrieb losgesagt hatten und nach Qumran gegangen waren, stellten die zurückbleibenden Sadduzäer die konservative Oberschicht der Stadt: Religiös halten sie nur die Tora für verbindlich, die prophetischen Bücher lehnen sie ab. Auch die „moderne" Lehre der Auferstehung wird nicht akzeptiert. Die traditionelle Diesseitsorientierung der jüdischen Religion wandelt sich bei ihnen zu einer Hellenismus- und römerfreundlichen Politik. Im Hohen Rat stellen die Sadduzäer die Mehrheit; auch der Hohepriester kommt aus ihren Reihen.

Gegner der Sadduzäer sind die Pharisäer, deren Name sich von „Peruschim" (hebr.: Abgesonderte) herleitet. Sie sind in gewisser Weise Nachfolger der Chassidim, jener vorwiegend auf dem Land beheimateten Gegenbewegung der Frommen zur Zeit der Hellenisten. Unter Alexander Jannäus werden sie erneut verfolgt; erst 75 v.Chr. wird es im Rahmen der zunehmenden Spannungen notwendig, einige von ihnen in den Hohen Rat aufzunehmen. Religiös beachten sie neben der Tora auch die sogenannte „mündliche Tora". Diese Sammlung von Überlieferungen rechtfertigt zum einen eine Reihe von Bräuchen, die sich im Laufe der Zeit herausgebildet haben, zum anderen aber stellt sie einen Versuch dar, zur Erfüllung der Gebote im gewandelten Alltag anzuleiten. Gerade wegen dieses Ernstes werden die Pharisäer die wichtigsten Gesprächspartner Jesu. Da sie auch die prophetischen Überlieferungen und die Traditionen der Makkabäerzeit annehmen, glauben sie an das Kommen eines Messias und an eine Auferstehung.

Hinzu kommt eine nicht im Hohen Rat vertretene, für die weitere Geschichte des Landes aber sehr wichtige Gruppierung. Im Jahr 6 n. Chr., anläßlich der vom Statthalter der Provinz Syrien (zu der Judäa gehörte), Sulpicius Quirinius, angeordneten Steuerschätzung, hatten Judas der Galiläer und der Pharisäer Zadok die Bewegung der Zeloten oder Kanaim (griech. und hebr.: Eiferer) ins Leben gerufen. Diese führten zunächst einen Kleinkrieg gegen die Römer und die jüdischen Großgrundbesitzer und blieben auch nach dem Tod des Judas (vgl. Apg 5,37) als nationalreligiöse Bewegung präsent. Eine Splittergruppe, die „Dolchleute" (lat. = sicarii), war für Dolchattentate auf führende Persönlichkeiten bekannt. Zum Zwölferkreis Jesu gehörte Simon „Kananäus" (vgl. Mt 10,4); möglicherweise ist auch der Beiname des Judas Iskariot von „Sikarier" herzuleiten.

Daß auch die Essener in Jerusalem eine Rolle spielen, wird durch den Hinweis des Josephus auf ein sogenanntes „Essenertor" in der Südmauer deutlich. Möglicherweise hat sich also auf dem Südwesthügel ein essenisches Viertel befunden. Es ist nicht ganz eindeutig, ob diese Essener mit der Gemeinde von Qumran identisch sind – sicher sind sie als sehr rigorose Gruppe innerhalb des Judentums anzusehen, die das Reinheitsideal besonders ernst nahm und die Feste nach einem eigenen Kalender feierten. Die Ähnlichkeit mancher Bräuche (Waschungen, Mähler) mit denen der frühen Christen hat dazu geführt, zwischen beiden Gruppen Verbindungen zu vermuten – tatsächlich haben die verschiedenen Versuche, die jüdische Tradition für die damalige Gegenwart auszulegen, manche Berührungspunkte. Möglicherweise hat Jesus sogar Beziehungen zu den Jerusalemer Essenern unterhalten – der Hin-

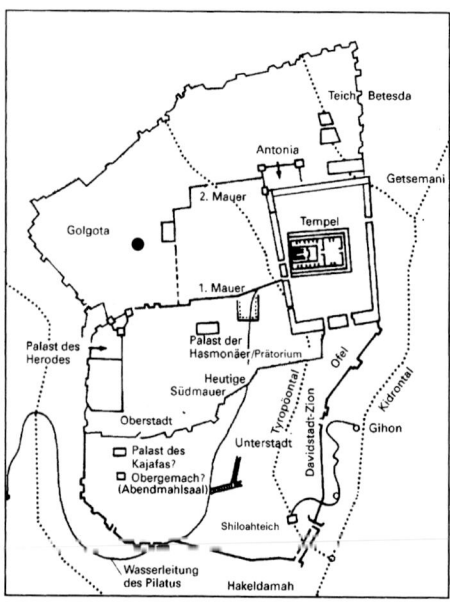

Jerusalem zur Zeit Jesu.

weis auf den Mann mit einem Wasserkrug, der den Weg zum Saal für das Mahl weist (vgl. Mk 14,13), könnte sich auf einen (ehelosen) Essener beziehen – sonst ist Wasserholen nämlich Frauensache.

Bei den ersten von Johannes erwähnten Aufenthalten Jesu in Jerusalem berichtet das Evangelium u.a. von zwei Zeichenhandlungen. Die erste findet am Teich Betesda statt (vgl. Joh 5,1-18). Erwähnt werden fünf Säulenhallen, die zu dem Teich gehören; Ausgrabungen haben ergeben, daß die beiden Teiche von vier Säulenhallen umgeben waren, eine fünfte trennte die beiden in der Mitte. Der hier erstmals erwähnte Name könnte „Haus der Gnade" (hebr. = Bet Hesed) bedeuten. Der geschil-

derte Vorgang, daß das Wasser in regelmäßigen Abständen aufwallte, hängt wohl mit der Art der Quelle zusammen, die Wasser nur schubweise spendete. Die Zeichenhandlung illustriert zum einen Jesu abweichende Deutung des Shabbatgebotes, zum anderen wird der Mann, der seit 38 Jahren krank ist, geheilt, indem er aus einer falschen Erwartungshaltung befreit und auf seine eigene Kraft verwiesen wird.

Der Teich Schiloach wird erwähnt im Zusammenhang mit der Heilung eines Blindgeborenen, der sich im Schiloach waschen soll (vgl. Joh 9). Hier wird der Name des Teiches, der von „senden, leiten" abgeleitet wird und eigentlich „Leitung" bedeutet, mit „Gesandter" übersetzt. Auch dieses Zeichen ist somit Vorbild einer immer wiederkehrenden Heilung: Wer sich im Wasser des Gesandten wäscht, lernt, neu zu sehen. Die Pharisäer verstehen das und fragen: „Sind etwa auch wir blind?" (vgl. Joh 9,40). Gleichzeitig wird die alte Vorstellung vom Tun-Ergehens-Zusammenhang durch Jesus endgültig durchbrochen: *„Weder er noch seine Eltern haben gesündigt..."* (Joh 9,3). Solches Leid ist nicht die Folge von Sünde.

Auch das Gespräch mit Nikodemus (vgl. Joh 3) und Jesu Rede am letzten Tag des Laubhüttenfestes (vgl. Joh 7,37-38) spielen bei Johannes in Jerusalem. Durch letztere wird die Verheißung des zweiten Jesaja für die Endzeit, daß alle Durstigen zum Wasser kommen sollen (vgl. Jes 55,1), mit Jesus als „Quelle lebendigen Wassers" in Verbindung gebracht.

Der Aufenthalt Jesu im Tempel spielt bei allen Evangelisten eine große Rolle. Johannes berichtet von der Rettung der Ehebrecherin mit Hilfe des Satzes: *„Wer von euch ohne Sünde ist, werfe als erster einen Stein auf sie"* (vgl. Joh 8), und von einem Streitgespräch in der Halle Salomos beim Tempelweihfest (vgl. Joh 10,22-39).

Vor dem Einzug Jesu in die Stadt und in den Tempel berichtet Lukas: *„Als er näher kam und die Stadt sah, weinte er über sie und sagte: Wenn doch auch du an diesem Tag erkannt hättest, was dir Frieden bringt. Jetzt aber bleibt es vor deinen Augen verborgen"* (Lk 19,41-42). So symbolisiert der Blick vom Ölberg sehr treffend die Skepsis und Distanz Jesu gegenüber der Stadt, der er sich dennoch nicht entziehen kann und die auch für ihn der Inbegriff des ganzen Volkes ist. Auch nach seinem Einzug kehrt Jesus zum Ölberg zurück – er wohnt nicht in der Stadt, sondern bei Freunden in Betanien.

Die Erzählung vom Einzug selbst gehört trotz ihrer Schlichtheit zu den bedeutendsten des Neuen Testaments (vgl. Mk 11,1-19 parr; Joh 12,12-19). Denn in ihr verbinden sich zahlreiche Bilder der Jerusalemer Tradition zu einer Vision davon, wer Jesus ist und was mit ihm beginnt. Ezechiel hatte in einer Vision den Einzug der „Herrlichkeit" Gottes in seinen Tempel von Osten her geschaut; das Buch Sacharja hatte vom Einzug eines neuartigen Königs auf einem Esel gesprochen und von „jenem Tag", an dem man das Laubhüttenfest feiert und an dem kein Wechsler mehr im Tempel sein wird. Das zweite Makkabäerbuch schließlich hatte die erneute Weihe des Tempels mit den Palmzweigen des Laubhüttenfestes in Verbindung gebracht. All diese Bilder kommen nun zusammen und werden zu einem Bild komponiert, das Jesus sichtbar werden läßt als neuartigen Herrscher, als Gestalt, in der die „Herrlichkeit" Gottes Gestalt angenommen hat und mit der die Zeit beginnt, von der die Propheten geträumt haben. Ob sich das nun alles genau so abgespielt hat, wie es die Evangelien berichten, oder nicht, – Johannes beispielsweise erzählt die Vertreibung der Händler unabhängig vom Einzug in die Stadt (vgl. Joh 2,13-22) – es geht den biblischen Geschichten um solche Bilder, die allein erfahrbar machen, wer Jesus war. Daß er selbst sich in der prophetischen Tradition sah und auch die Tempelreinigung als Symbol des Neuanfangs verstand, machen seine Worte deutlich: Das Jesajazitat vom Haus des Gebetes für alle Völker (vgl. Jes 56,7; Mk 11,17) stammt aus der Endzeitvision des dritten Jesaja.

Im Tempel lokalisieren die Evangelisten auch die Auseinandersetzungen Jesu mit den „Hohenpriestern, Schriftgelehrten und Ältesten" (vgl. Mk 11,27 parr). Wenn dabei von mehreren Hohenpriestern die Rede ist, sind wohl die Mitglieder der hohenpriesterlichen Familien gemeint. Er wirft ihnen in Gleichnissen vor, daß sie zwar behaupten, den Willen Gottes zu tun, aber durch ihre Art der Auslegung oder des Lebens seine Erfüllung verhindern. Den Sadduzäern gegenüber begründet er die Lehre von der Auferstehung aus der Tora, die sie anerkennen (vgl. Mk 12,18-27 parr). Den Pharisäern gegenüber (und den Zeloten, die jede Steuer ablehnen, weil sie die Anerkennung des Kaisers beinhaltet) beantwortet er die Fangfrage nach der Steuer auf unnachahmliche Weise. Ein Bekenntnis zur Steuer hätte ihm als Römerfreundschaft ausgelegt werden können, eine Ablehnung als Ungehorsam. So aber zeigt er, daß es nicht um solch äußerliche Fragen geht, sondern daß es vor allem darauf ankommt, Gott zu geben, was das Bild Gottes trägt, nämlich den Menschen (vgl. Mt 22,15-22). Bei Matthäus endet die Auseinandersetzung in einer gewaltigen Rede gegen die Schriftgelehrten und Pharisäer: *„Die Schriftgelehrten und Pharisäer haben sich auf den Stuhl des Mose gesetzt ... Sie schnüren schwere Lasten zusammen und legen sie den Menschen auf die Schultern, wollen selber aber keinen Finger rühren, um die Lasten zu tragen. Alles, was sie tun, tun sie nur, damit die Menschen es sehen. ... Weh euch ihr Schriftgelehrten und Pharisäer, ihr Heuchler! Ihr verschließt den Menschen das Himmelreich. Ihr selbst geht nicht hinein; aber ihr laßt auch die nicht hinein, die hineingehen wollen"* (Mt 23,2.4-5.13). Und da in Jerusalem zahlreiche Gräber von Propheten gezeigt werden, von denen man zur Zeit Jesu annimmt, daß sie ermordet wurden, kann er hinzufügen: *„Ihr errichtet den Propheten Grabstätten und schmückt die Denkmäler der Gerechten und sagt dabei: Wenn wir in den Tagen unserer Väter gelebt hätten, wären wir nicht wie sie am Tod der Propheten schuldig geworden. Damit bestätigt ihr selbst, daß ihr die Söhne der Prophetenmörder seid. Macht nur das Maß eurer Väter voll. Ihr Nattern, ihr Schlangenbrut!"* (Mt 23, 29-33).

Die Kritik am Tempel – Jesus zitiert ganz bewußt den prophetischen Vers *„Barmherzigkeit will ich, nicht Opfer"* (vgl. Mt 12,7) – und die Hoffnung auf einen neuen Tempel wird auch der Grund für die Verhaftung Jesu gewesen sein: Sie stellte die Grundfesten des Gemeinwesens in Frage. Seine Aussage: *„Ich werde diesen von Menschen erbauten Tempel niederreißen und in drei Tagen einen anderen errichten, der nicht von Menschenhand gemacht ist"* (Mk 14,58), wird ihm beim Prozeß vorgehalten (vgl. Mk 15,29). Von einem ähnlichen Prozeß berichtet später Josephus. Spätestens in Jerusalem scheint sich Jesu Erwartung des Neuanfangs auch mit den prophetischen Bildern vom Untergang der alten Welt zu verbinden.

Bevor es zur Verhaftung Jesu kommt, hält er noch einmal mit seinen Jüngern Mahl. Unklar ist, wann das genau geschah. Markus, Lukas und Matthäus berichten von einem Pesachmahl; wahrscheinlicher erscheint es, daß es sich (wie bei Johannes) um ein Abschiedsmahl handelt, Jesus noch am Vortag des Pesach verurteilt wird und stirbt, als im Tempel die Pesachlämmer geschlachtet werden. Jesus versucht beim letzten Mahl, mit Hilfe von Brot und Wein seinen eigenen drohenden Tod zu verstehen: Das vergossene Blut soll das Blut eines „neuen Bundes" sein (vgl. Jer 31,31; Mk 14,24 parr). So wie das Blut des alten Bundes das Volk auf das Gesetz verpflichtete (vgl. Ex 24,8), so soll der neue Bund, die Erfahrung mit ihm, das Gesetz endlich ins Herz der Jünger legen. Möglicherweise stehen auch die Bilder von der „Opferung Isaaks" und vom Pesachlamm im Hintergrund: Der Geopferte wird gerettet; das gemeinsame Mahl, das Essen des Opferlammes, schafft die Gemeinschaft des neuen Bundes. Nun ist es das Mahl mit Jesus, der geschlachtet wird wie das Pesachlamm, das die Gemeinschaft neu begründet.

Der Weg Jesu führt dann zum Ölbaumgarten Getsemani auf der anderen Seite des Kidrontales, wo er durch die jüdische Tempelpolizei verhaftet wird. Die darauf folgenden Stationen sind nicht sicher zu lokalisieren. Wahrscheinlich ist er zunächst durchs Kidrontal geführt und dann in die Oberstadt zur Residenz des Hohenpriesters – möglicherweise hat diese auf dem Gelände der heutigen Kirche St. Peter in Gallicantu gelegen. Nachdem er dort die Nacht verbracht hat, wird er am Morgen zum Palast des Procurators überstellt – da an großen Festen immer Unruhen zu befürchten waren, hielt sich Pontius Pilatus in Jerusalem auf. Ob er im Herodespalast residierte (d.h. bei der heutigen Zitadelle) oder im alten Königspalast der Hasmonäer am Tyropoiontal (wo später die Byzantiner die Ruinen des Prätoriums zeigten), ist unklar. Nach der Verurteilung wird Jesus aus der Stadt herausgeführt, wahrscheinlich durch das von Josephus erwähnte Gartentor. Westlich der zweiten Mauer befand sich ein aufgelassener Steinbruch mit der Hinrichtungsstätte Golgota. Der dabeiliegende Garten wurde gleichzeitig als Friedhof genutzt.

Die Erzählung von Hinrichtung und Tod Jesu schildert einen vollkommen weltlichen Vorgang draußen vor der Stadt (vgl. Hebr 13,12); dieser Tod scheint zunächst das Ende der Botschaft vom anbrechenden „Tag des Herrn" zu sein. Möglicherweise ist Jesus mit dem Gefühl der Gottverlassenheit gestorben. *„Mein Gott, mein Gott, warum hast du mich verlassen?"* (Mt 22,2; Ps 22,2) sind nach dem Matthäusevangelium seine letzten Worte.

In der Erzählung wird dieser Tod jedoch bald mit dem Jerusalemer Tempel in Verbindung gebracht: *„Da riß der Vorhang im Tempel von oben bis unten entzwei"* (Mk 15,38 par). Gemeint ist der Vorhang vor dem Allerheiligsten, und wieder will die biblische Erzählung deuten: Jetzt erst wird das Allerheiligste wirklich offenbar. Dieser Tod zerreißt den Schleier, der bisher verdeckt hat, daß auch solch ein Leben, das scheinbar sinnlos endet, ein Weg zu Gott ist. Jetzt ist das Göttliche, die Herrlichkeit Gottes, endgültig nicht mehr ausgegrenzt und nicht mehr nur im Heiligtum, sondern in der Welt zu finden. Kein Ort ist wirklich gott-los; vor nichts muß man wirklich Angst haben.

Die Ostererfahrung scheint aber zu Beginn nicht mit dem Grab, das plötzlich leer gefunden wird, ja nicht einmal mit Jerusalem verbunden zu sein. In Galiläa, so deuten es die ältesten Überlieferungen an, erfahren die Jünger, die in ihren Alltag

Das sogenannte „Grab des Josef von Arimatäa" im westlichen Teil der Grabeskirche gehörte zum Friedhof in der Nähe des Golgotahügels.

zurückgekehrt sind, zum ersten Mal, daß er erneut, wenn auch anders, da ist (vgl. Mt 28,7). Erwartet hatten sie das nicht; noch in der späteren Überlieferung vermag nicht einmal die Nachricht vom leeren Grab sie zu bewegen. Erst die Erfahrungen, für die die Erscheinungsgeschichten Bilder suchen, vermögen sie zu überzeugen. Und die Geschichten sagen auf immer neue Weise: Die Hoffnung, daß „jener Tag", an dem sich alles wendet, schon da ist, diese Hoffnung, mit der Jesus nach Jerusalem kam, ist nicht enttäuscht worden. Der Neuanfang ist da; Jesu „Untergang" hat ihn herbeigeführt. Dies Neue gehört zwar einer anderen Welt an, ist aber jetzt schon zu erleben: Die Toten sind nicht tot – Matthäus spricht von vielen Auferstehungen und Erscheinungen in der „Heiligen Stadt" (vgl. Mt 27,52-53) – und die Lebendigen, die wie tot sind, werden aus ihren Gräbern herausgeholt und erleben „jenen" Tag wie eine Erneuerung des ersten Schöpfungstages: Maria Magdalena, die weint und nur vom Herrn spricht, den man fortgenommen hat, wendet sich um, erfährt, daß sie beim Namen gerufen wird, und erlebt im Garten eine geheimnisvolle Nähe, die sie jedoch nicht festhalten kann (vgl. Joh 20,11-18). Die Jünger, die hinter verschlossenen Türen sitzen wie Jesus im verschlossenen Grab, werden angehaucht und empfangen „Heiligen Geist" wie die ersten Menschen im Paradies, denen der Lebensatem eingehaucht wird (vgl. Joh 20,19-23).

Die Emmauserzählung (vgl. Lk 24,13-35) schließlich schlägt die Brücke von der österlichen Erfahrung der Jünger zur Lebens- und Gottesdiensterfahrung späterer Gemeinden: Schon beim Hören der ganzen Schrift, ausgehend von Mose und allen Propheten, kann man begreifen, daß alles so geschehen mußte, weil es das Schicksal des Gerechten ist zu leiden – und auf unsichtbare Weise ist dabei schon Jesus zugegen, spürbar am brennenden Herzen, wenn man das Leben plötzlich versteht. Besonders aber, wenn sich die Jünger zum Mahl versammeln, erleben sie das wie seinerzeit als Anbruch einer neuen Welt, dann ist Jesus erneut gegenwärtig – aber so, daß er nicht zu greifen ist. Es gibt für diese merkwürdige Erfahrung von Wirklichkeit, von Dasein und Nicht-Dasein keine anderen Bilder als die der Geschichte, in der Jesus in dem Moment verschwindet, da man ihn erkennt.

Die Emmauserzählung endet deshalb auch im Grunde auf dem Ölberg mit dem Segen vor der Himmelfahrt – so wie der christliche Gottesdienst. Diese Himmelfahrtserzählung aber erschließt sich von der Geschichte des Berges her ebenfalls neu: Vor dem erneuten Einzug der Herrlichkeit Gottes in den Tempel hatte Ezechiel in einer Vision gesehen, wie diese die Stadt verließ: *„Die Herrlichkeit des Herrn stieg aus der Mitte der Stadt empor; auf dem Berg im Osten der Stadt blieb sie stehen"* (Ez 11,23). Die Situation, in der Ezechiel diese Vision hat, ist gekennzeichnet von der Überzeugung der Jerusalemer, daß die Exilierten „fern vom Herrn" sind (vgl. Ez 11,15). Nun weiß er, daß dem nicht so ist; die Herrlichkeit des Herrn zieht mit ihnen. Dieses Bild wird jetzt umgekehrt. Nachdem mit Jesus die Herrlichkeit kurzzeitig in den Tempel eingezogen ist, verläßt sie nun wieder die Stadt. Auf dem Berg im Osten der Stadt bleibt sie noch einmal stehen. So wird in diesem Bild die Gewißheit sichtbar, daß er bei ihnen ist alle Tage bis ans Ende der Welt (vgl. Mt 28,20).

Jerusalem wird nach diesen Erfahrungen zum Ort der Urgemeinde. Die Apostelgeschichte des Lukas entwirft das Bild der urchristlichen Gemeinschaft, die sich im Obergemach des Abendmahls versammelt. Und während die Evangelien (fast) alle Ostererfahrungen mit dem eigentlichen Ostertag verbinden, auch die Erfahrung des „heiligen Geistes" (vgl. Joh 20,19-22), verteilt die Apostelgeschichte diese Ereignisse auf die fünfzigtägige Zeit bis zum jüdischen Wochen- oder Pfingstfest. Mit diesem Tag, einem ursprünglichen Erntefest, bei dem die Israeliten an die Gesetzgebung auf dem Sinai erinnerten, verbindet Lukas die Erfahrung des Geistes, der eine neue Phase der Geschichte einleitet. Die Bilder für diese Erfahrung entnimmt Lukas der jüdischen Überlieferung: War das Weichen des einheitlichen Geistes von Sprachverwirrung gekennzeichnet (vgl. Gen 11,1-9), so kehrt nun das Verständnis untereinander zurück (vgl. Apg 2,6). War JHWH am Sinai im Feuer erschienen (vgl. Ex 19,18), so erscheinen nun Zungen wie von Feuer (vgl. Apg 2,3). Als Deutung aber wird in der Pfingstpredigt des Petrus die Joelverheißung von den letzten Tagen herangezogen: Noch einmal erscheint es so, als würden die Hoffnungen auf das Anbrechen „jenes Tages" jetzt schon auf gewisse Weise erfüllt. *„Ich werde von meinem Geist ausgießen über alles Fleisch ... Und es wird geschehen: Jeder, der den Namen des Herrn anruft, wird gerettet"* (Apg 2,17.21; Joel 3,1.5).

Im Buch Joel ist diese Verheißung mit dem Zion verbunden: *„Denn auf dem Berg Zion und in Jerusalem gibt es Rettung ...* (Joel 3,5). Möglicherweise hat man auch deshalb dieses „Ereignis" auf dem Zion angesiedelt und den Berg dadurch zum Ort der Urgemeinde gemacht. Auch die Verheißung des Jesaja, daß von Zion die Weisung des Herrn ausgehen werde (vgl. Jes 2,3), bot den Christen möglicherweise Anlaß, den Berg mit dem Ereignis zu verbinden, das die Erfüllung dieser Verheißung andeutet.

Denn sicher ist, daß mit der Erfahrung des neuen Geistes die Ausweitung des Bundes mit Israel – so verstehen es die frühchristlichen Theologen – verbunden ist. Alle, die glauben und durch den Geist erfahren, daß mit Jesus die letzten Tage begonnen haben, daß die neue Welt schon da ist, werden in den Bund aufgenommen.

In manchen Jerusalemer Kreisen ist man zwar lange Zeit der Meinung, das könne nur geschehen, wenn man sich auch verpflichte, das gesamte Gesetz zu befolgen. Von dort kommen die Brüder, die in der Gemeinde von Antiochia am Orontes, wo die Jünger zum ersten Mal Christen genannt werden (vgl. Apg 11,26), die Beschneidung der „Heidenchristen" fordern (vgl. Apg 15,1; Gal 2,12).

Gleichzeitig aber wird in Jerusalem beim sogenannten Apostelkonzil, wahrscheinlich im Jahr 48 n. Chr., die Entscheidung gefällt, daß den neu Hinzugekommenen nicht mehr auferlegt werden soll als das, was „gottesfürchtige" Sympathisanten des Judentums beachten sollen: *„Denn der heilige Geist und wir haben beschlossen, euch keine weitere Last aufzuerlegen* *als diese notwendigen Dinge: Götzenopferfleisch, Blut, Ersticktes und Unzucht zu meiden"* (Apg 15,28-29).

Die entscheidende Rolle bei dieser Entscheidung spielt Jakobus, „der Herrenbruder", der mit Petrus und Johannes zu den „Säulen" der Gemeinde gehört (vgl. Gal 2,9). Er hatte als Verwandter Jesu die Leitung des Jüngerkreises übernommen, und wahrscheinlich stammt auch noch sein Nachfolger Simeon, ein „Herrenonkel", der die Leitung der Gemeinde nach dem Tod des Jakobus im Jahr 62 n. Chr. übernimmt, aus der Familie Jesu. Dann wird dieses traditionelle Prinzip der Nachfolgeregelung aufgegeben.

So ist mit der Entscheidung von Jerusalem die Entwicklung des Christentums, das als eine jüdische Gruppierung entstanden war, zu einer Weltreligion verbunden – aber auch die Ablösung vom Judentum. Denn die Mehrheit der Juden ist den „Judenchristen" in der Deutung von Jesu Person nicht gefolgt – hatten sie doch nicht die gleichen Erfahrungen gemacht. Nach der Zerstörung Jerusalems kommt es zur „offiziellen" Trennung auch von jüdischer Seite, aber spätestens zu Beginn des Aufstandes gegen Rom hatte sich gezeigt, in welch unterschiedlichen Welten Juden und Judenchristen inzwischen lebten: Nach dem Zeugnis des ersten Kirchenhistorikers Eusebius (+ 339) verlassen die Christen die Stadt und fliehen nach Pella ins Ostjordanland. Eine der großen Tragödien der Kirchengeschichte beginnt damit: Das Verständnis für das Judentum, die eigene Wurzel, schwindet im Christentum von nun an immer mehr.

Äußerlich haben Jesus und die Urgemeinde kaum Spuren hinterlassen. Noch viel weniger haben sie irgendwelche Bauten errichtet. Spätere Zeiten haben dagegen die Orte, die mit Jesus verbunden sind, als „heilige Stätten" verehrt und sehr verändert. So gibt es nur wenige Spuren und Orte in Jerusalem, an denen noch etwas von der Welt Jesu zu sehen ist:

Der Ort des Betesdateiches und der Ort des Schiloachteiches sind eindeutig zu identifizieren; Reste aus der Zeit Jesu finden sich dagegen nicht. Auch am Ölberg gibt es im Grunde keine Spuren mehr – dennoch ist er einer der Orte, der das zwiespältige Verhältnis Jesu zu dieser Stadt symbolisiert. Denn die Stelle, an der Lukas das Weinen Jesu über die Stadt lokalisiert, ist die Passhöhe des Ölbergs – dort, von wo man, von Osten kommend erstmals die heilige Stadt erblickt. Und anders als Josephus (und heutige Besucher) bricht Jesus nicht in Bewunderung aus, sondern sieht nur den Untergang dieser Stadt und dieser Welt.

So hat es eine gewisse Konsequenz und „Nähe" zum Verhältnis Jesu zu Jerusalem, daß man schon am Ende des 1. Jh. in den apokryphen Johannesakten (einer Schrift, die nicht ins Neue Testament aufgenommen wurde) von einer Höhle am Ölberg spricht, in der Jesus seine Jünger belehrt habe. Wahrscheinlich ist sie mit der Höhle unter der späteren Eleonakirche identisch.

Der Blick vom Ölberg auf den Tempelplatz zeigt darüber hinaus (zumindest in einem kleinen Detail), wie die urchristliche Sicht des Einzugs Jesu in die Stadt erhalten geblieben ist: Das Osttor des Tempels, durch das Ezechiel die Herrlichkeit des Herrn einziehen sah, sollte, seiner Vision entsprechend, deshalb verschlossen bleiben (vgl. Ez 44,1-3). Tatsächlich verschlossen wurde das Tor vermutlich von den Arabern, aber gehalten hat sich die jüdisch-christliche Deutung: Es werde erst wieder geöffnet, wenn der Messias die Herrlichkeit Gottes, (wie der) nach Jerusalem komme ...

Schließlich zeigt man etwas unterhalb des Ölberggipfels die sogenannten „Prophetengräber". Nach jüdischer Tradition sind hier die für Jerusalem so wichtigen Propheten Haggai und Sacharja sowie Maleachi begraben. Mag auch unsicher sein, welche Prophetengräber Jesus im Auge gehabt hat (vgl. Mt 23,29), die hier gezeigten Gräber, die in Fächerform angeordnet sind, stammen wahrscheinlich aus seiner Zeit.

Am Fuß des Ölbergs findet sich auch Getsemani, das auf andere Weise nahe an Jesus heranführt. Nach dem Mahl geht Jesus über das Kidrontal in den Garten, der „Gat Shemanim" (hebr.: Ölpresse) genannt wird. Tatsächlich hat man, in der heutigen Verratsgrotte, Ölpressen aus der Zeit Jesu gefunden, die noch zu sehen sind. Die gezeigten Bäume bei der Kirche der Nationen stammen zwar sicher nicht aus der Zeit Jesu (spätestens die Kreuzfahrer fällten alle verfügbaren Bäume für Belagerungswerkzeuge), sind aber sehr alt. Insgesamt vermittelt der noch immer mit Ölbäumen bestandene Hang des Berges ein besseres Bild vom Getsemani zur Zeit Jesu als die Anlage bei der Kirche. Doch entscheidend ist etwas anderes. Der Ort ist Beginn des üblichen Weges nach Betanien, wo Jesus übernachtet. Die Lage am Fuß des Ölbergs macht aber auch deutlich, worum es im Gebet von Getsemani (vgl. Mk 14,32-42 parr) geht: Kann, darf Jesus noch einmal fliehen, wie er es oft getan hat (vgl. z.B. Joh 8,59; 10,39; 11,54-57)? Jenseits des Berges beginnt die Wüste, und er wäre in Sicherheit. Oder muß er diesmal bleiben, um sich selbst, seiner Botschaft, seinem Gott treu zu sein? Nicht ob Gott seinen Tod will, ist die Frage im Gebet von Getsemani, sondern ob er seine Treue will, selbst wenn nicht zu sehen ist, wofür das gut sein soll.

Vom Weg Jesu nach seiner Verhaftung ist am ehesten bei der Kirche St. Peter in Gallicantu (lat.: beim Hahnenschrei) am Abhang des SW-Hügels etwas zu sehen. Neben der Kirche, die an die Verleugnung des Petrus erinnert, befindet sich eine antike Treppe, die vom Kidrontal in die Oberstadt führte. Wenn der Palast des Hohenpriesters sich, wie vermutet, auf dem SW-Hügel befand, könnte Jesus sehr gut diesen Weg geführt worden sein. Vom Palast selbst und vom Prätorium (wo immer es gelegen hat) sind keine eindeutigen Spuren vorhanden – es sei denn, man hält die aus dem Felsen geschlagenen Bauten unter der Petruskirche oder die Fundamente von herrschaftlichen Bauten vor dem Zionstor für die Überreste des Kajaphaspalastes.

Da der Verlauf des Kreuzwegs von der Lokalisierung des Prätoriums abhängig ist, können auch von ihm keine Spuren gefunden werden. Ziemlich sicher aber kann man in der heutigen Grabeskirche den tatsächlichen Ort der Kreuzigung und des Grabes Jesu sehen. Die Untersuchungen zur Lage der ersten und zweiten Mauer

Römische Treppe, die vom Kidrontal auf den SW-Hügel führt, bei St. Peter in Gallicantu.

haben ergeben, daß das Gelände zur Zeit Jesu außerhalb der Mauer, aber „nahe bei der Stadt" lag, wie es das Johannesevangelium beschreibt (vgl. Joh 19,20). Um das Jahr 150 n. Chr. dagegen spricht Bischof Meliton von Sardes, nachdem er Jerusalem besucht hat, in einer Osterpredigt davon, Jesus sei mitten in der Stadt gekreuzigt worden. Das widerspricht zwar dem Bericht der Evangelien, entspricht aber der Lage von Golgota und Grab in der von Hadrian *neu* erbauten Stadt! Zu seiner Zeit befanden sich dort Forum und Haupttempel!

Rechts vom Eingang der Grabeskirche selbst befindet sich noch heute ein Block aus gewachsenem Felsen, der sich mehrere Meter über den Fußboden erhebt. Er ist zwar von den Bauleuten der konstantinischen Grabeskirche würfelförmig behauen worden, um in die Anlage eingepaßt zu werden, aber noch immer handelt es sich um einen Rest des einst wohl schädelförmigen Felsens, der Golgota (hebr.: Schädel) genannt wurde und sich besonders gut für das öffentliche Schauspiel der Hinrichtung eignete.

In die Felswände des nicht mehr benutzten Steinbruchs sind mehrere Gräber geschnitten worden. Eines dieser Gräber wurde in konstantinischer Zeit mit dem Grab Jesu identifiziert und so behauen, daß ein freistehender Block mit der Grabkammer im Innern entstand. Er befand sich genau an der Stelle der heutigen Grabkapelle in der Rotunde der Grabeskirche. Nach der vollkommenen Zerstörung des Blocks durch den Kalifen el-Hakim im Jahr 1009 n. Chr. ist nur noch an der Rückseite in der koptischen Kapelle etwas vom ursprünglichen Felsen sichtbar. Insgesamt spricht zumindest nichts dagegen, daß es sich wirklich um Golgota und Grab handelt.

Am nächsten kommt man diesen Orten wohl in der sogenannten Adamskapelle „unter" Golgota bzw. an der Westseite des Felsens. Dort blickt man durch ein Fenster auf den nackten, gespaltenen Felsen. Möglicherweise war dieser Spalt einer der Gründe, warum der Block ungenutzt im Steinbruch stehenblieb; später wurde der Spalt mit dem Erdbeben beim Tod Jesu (vgl. Mt 27,51) in Verbindung gebracht, das die „erschütternde" Macht dieses Ereignisses symbolisiert. In der sogenannten

I Der älteste „Stadtplan" von Jerusalem. Die Ausführung verbindet Exaktheit in der Darstellung mit deutender Anordnung der Gebäude. (Mosaikkarte von Madaba, Jordanien, 2. Hälfte 6. Jh.)

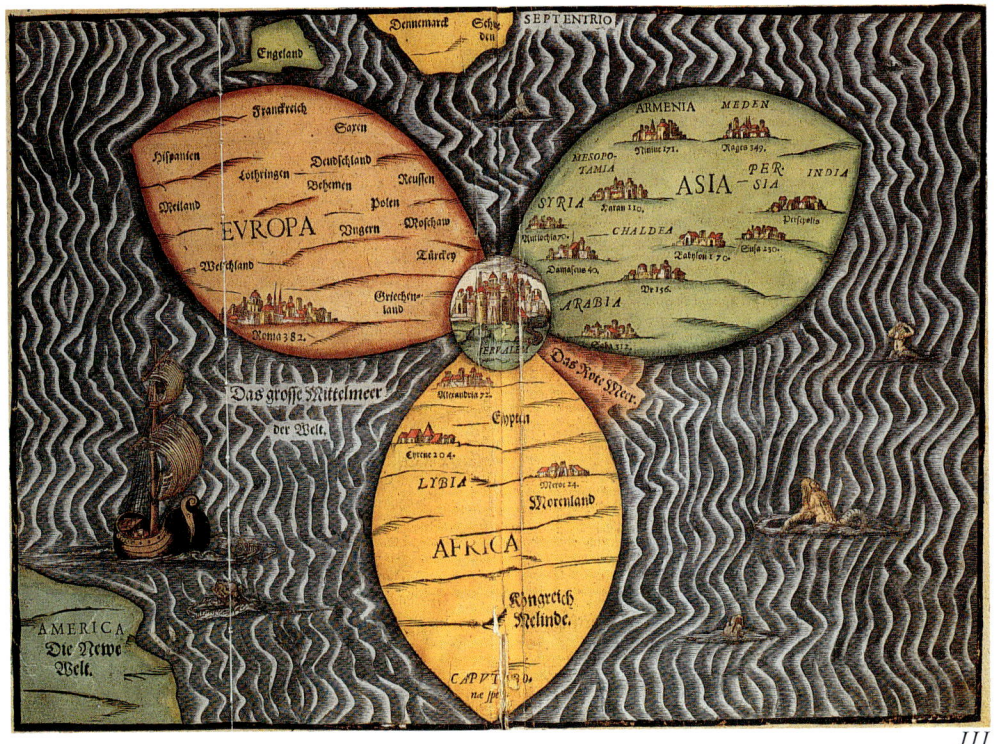

III

III Jerusalem als Mitte der Welt. Die Dreiteilung der Welt und die Vorstellung von Jerusalem als Mittelpunkt entspricht mittelalterlichen Vorstellungen („Die ganze Welt in einem Kleeblatt". Holzschnitte von Heinrich Buenting im „Itinerarium Sacrae Scripturae", 1581).

II Das Jerusalem der Kreuzfahrer. Die Karte ist geostet und zeigt die Stadt als ideale Rundstadt mit vier Stadtvierteln. (Situs Hierusalem in den „Gesta Francorum", um 1100)

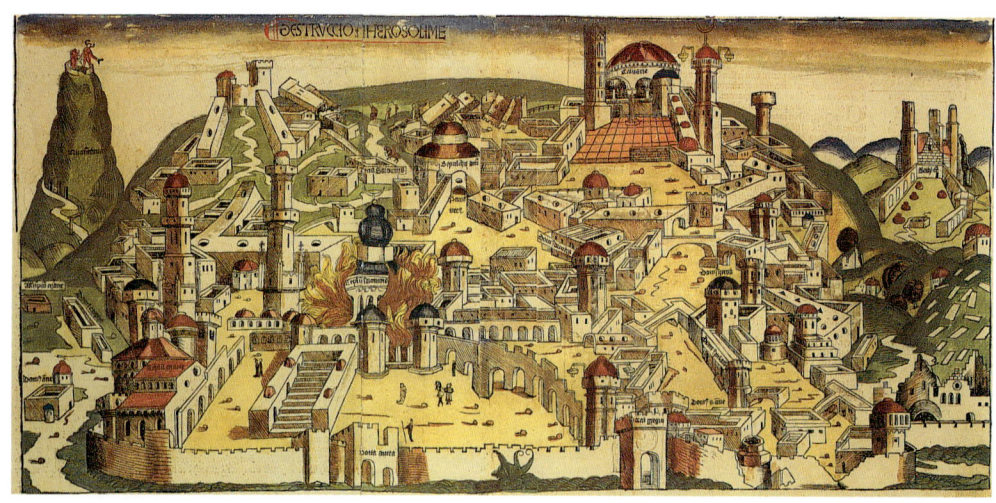

IV

IV Die Zerstörung Jerusalems im Jahr 70 n. Chr. (Hartmann Schedel, Liber Chronicarum 1493)

V Ansicht Jerusalems vom Ölberg aus (Franz Hogenberg, ca. 1570). Die neuzeitlichen Darstellungen Jerusalems versuchen ein realistisches Bild der Stadt zu zeichnen.

VI

VI *Jerusalem von Nordosten (Ulrich Halbreiter 1844)*

Kapelle des Josef von Arimatäa am äußersten westlichen Ende der Kirche haben darüber hinaus die konstantinischen Bauleute weitere Gräber des Friedhofs aus der Zeit Jesu angeschnitten. Später mit dem Grab des Josef in Verbindung gebracht, der laut Matthäus Jesus sein Grab zur Verfügung gestellt hatte (vgl. Mt 27,60), zeigen die zwei sichtbaren Stollen (zu denen ursprünglich acht weitere gehörten) authentisch, wie ein in den Felsen geschlagenes Grab zur Zeit Jesu aussehen konnte. Die Evangelisten scheinen beim Grab Jesu eher an ein begehbares Bankgrab zu denken, bei dem die eigentliche Grabkammer hinter einen Vorraum liegt und der Tote auf einer Felsbank abgelegt wird (vgl. Joh 20,5-8).

Das sogenannte Gartengrab nördlich der Altstadt, das im 19. Jh. vom englischen Hobbyarchäologen General Gordon entdeckt wurde, ist keinesfalls das Grab Jesu. Gordon lehnte das traditionelle Grab ab, weil er dessen Lage innerhalb der heutigen Altstadt nicht mit den Berichten der Evangelien in Verbindung bringen konnte. Heute wird dieses Gartengrab insbesondere von anglikanischen und protestantischen Gruppen besucht. Tatsächlich gibt es von der Anlage und von der Atmosphäre her einen guten Eindruck von einer Grabanlage des 1. Jh. n. Chr. in einem Garten. Ähnliches gilt für das Grab der Königin von Adiabene (heute „Königsgräber" genannt), das ebenfalls nördlich der Altstadt in der Nähe der anglikanischen Georgskirche liegt. Die Witwe des Königs im nordmesopotamischen Adiabene hatte sich im 1. Jh. n. Chr. zum Judentum bekehrt, lange Zeit in Jerusalem gelebt und bei der Hungersnot unter Herodes Agrippa (vgl. Apg 11,27-30) Getreide beschafft. Die gewaltige Grabanlage mit einer eindrucksvollen Fassade zeigt auch einen Eingang mit Rollstein.

Der Zionsberg als Ort der Urgemeinde bleibt umstritten. Von einem Versammlungsort der ersten Christen ist dort nichts zu finden. Dafür gibt es anderswo Reste einer Synagoge aus der Zeit Jesu. In einer Zisterne südlich des Tempelplatzes wurde zu Beginn des 20. Jh. eine Reihe von qualitätvollen Architekturteilen gefunden. Eine ebenfalls dort gefundene Inschrift in griechischer Sprache identifiziert sie als Teil eines Bethauses: „Theodotus, Sohn des Vettenos, Priester und Synagogenvorsteher, Sohn eines Synagogenvorstehers, der auch Sohn eines Synagogenvorstehers war, errichtete die Synagoge für das Lesen des Gesetzes und für das Studium der Gebote ...". Zum ersten Mal war damit bewiesen, daß es auch in Jerusalem schon zu der Zeit, da der Tempel noch stand, Synagogen gegeben hatte; die Gesetzesfrömmigkeit hatte sich (im wahrsten Sinne des Wortes) neben dem Tempelkult behaupten können. Und obwohl die Synagoge im Vergleich zum Tempel bescheiden war, sollte ihr die Zukunft gehören. In die Zisterne gelangten die Teile der Theodotus-Synagoge wahrscheinlich im Zusammenhang mit der Zerstörung der Stadt; ihre sorgfältige Lagerung deutete darauf hin, daß man hoffte, den Bau irgendwann neu errichten zu können. Darüber hinaus deutet der Name Vettenos an, daß es sich um die Syanagoge der Libertiner, Zyrenäer und Alexandriner und Leute aus Zilizien und der Provinz Asien (vgl. Apg 6,9) handelt. In diesem Umfeld bildete sich das „hellenistische" Judenchristentum Jerusalems um Stephanus! Es gab Spannungen zwischen dieser Gruppe und den „einheimischen" Judenchristen (vgl. Apg 6,1), aber gerade die hellenistische Gruppe ist es dann, die für die weitere Ausbreitung des Christentums verantwortlich ist: Der Gefährte des Stephanus, Philippus, predigt erstmals in Samaria (vgl. Apg 8,4-13).

Eindrucksvolle, wenn auch indirekte Spuren vom Jerusalem der Zeit Jesu finden sich schließlich im Israel-Museum. Bei Ausgrabungen südlich der Stadt hat man zahlreiche „Ossuarien", kleine Keramikkästen für die Gebeine Verstorbener, gefunden. Eines von ihnen trug die Aufschrift „Josef Kajaphas". Wahrscheinlich barg es die Gebeine des Hohenpriesters, der für die Verurteilung Jesu mitverantwortlich war (vgl. Mt 26,3; Joh 11,49). Außerdem fand man 1968 in Givat HaMivtar, nördlich von Jerusalem, in einer Grabanlage ein Ossuar, das die Knochen eines etwa 25-jährigen Mannes enthielt, der offensichtlich gekreuzigt worden war. Durch das Fersenbein war ein Nagel geschlagen worden, der ebenfalls erhalten ist. Deutlicher als alle Orte führt dieser Fund zum brutalen Ende des Jesus von Nazareth in Jerusalem zurück.

Im Rahmen seiner Kritik an den Ältesten charakterisiert Jesus bei Matthäus auch die Stadt der Prophetenmörder: *„Jerusalem, Jerusalem, du tötest die Propheten und steinigst die Boten, die zu dir gesandt sind. Wie oft wollte ich deine Kinder um mich sammeln, so wie eine Henne ihre Küken unter ihre Flügel nimmt; aber ihr habt*

Der mit einem Nagel durchbohrte Fersenknochen von Jehohanan, dem gekreuzigten Mann aus Givat HaMivtar.

nicht gewollt. Darum wird euer Haus (von Gott) verlassen" (Mt 23,37-38).

Darüber hinaus wird im Neuen Testament Jesu Kritik am gegenwärtigen Tempel und die Erwartung eines neuen Tempels mit der Ankündigung seiner Zerstörung verbunden. Im Markusevangelium (geschrieben um 70 n. Chr.) findet sich ein – wahrscheinlich echtes – prophetisches Jesuswort: *„Als Jesus den Tempel verließ, sagte einer von seinen Jüngern zu ihm: Meister sieh, was für Steine und was für Bauten! Jesus sagte zu ihm: Siehst du diese großen Bauten? Kein Stein wird auf dem anderen bleiben; alles wird niedergerissen.*

In den Evangelien, die nach 70 n. Chr. entstanden sind, prophezeit Jesus sogar genau das, was geschehen wird bzw. zur Zeit des Aufschreibens bereits geschehen ist. Nach dem Bericht über das Weinen Jesu angesichts der Stadt heißt es im Lukasevangelium: *„Es wird eine Zeit für dich kommen, in der deine Feinde rings um dich einen Wall aufwerfen, dich einschließen* *und von allen Seiten bedrängen. Sie werden dich und deine Kinder zerschmettern und keinen Stein auf dem anderen lassen; denn du hast die Zeit der Gnade nicht erkannt"* (Lk 19,43-44). Nun wird sogar das Bild von den Kindern Babels (vgl. Ps 137,8) von den Christen gegen die eigene Heimatstadt gewandt! So erklären die Christen die Zerstörung der Stadt mit der Ablehnung Jesu, der die Zeit der Gnade dargestellt hatte.

Daneben gibt es jedoch im Neuen Testament andere Tendenzen, mit Jerusalem umzugehen. Gerade Lukas räumt der Stadt in seinem Evangelium einen wichtigen Platz ein: Es beginnt im Tempel mit der Ankündigung der Geburt des Täufers (vgl. Lk 1,5-25), und es endet im Tempel: Nach der Himmelfahrt *„kehrten sie in großer Freude nach Jerusalem zurück. Und sie waren immer im Tempel und priesen Gott"* (Lk 24,52-53). Trotz aller Distanz Jesu zu der Stadt wird sie endgültig in der Apostelgeschichte zum bleibenden Zentrum der Kirche: *„Ihr werdet meine Zeugen sein in Jerusalem und in ganz Judäa und Samarien und bis an die Enden der Erde"* (Apg 1,8). Und die Jerusalemer Gemeinde wird zum Vorbild für alle Zukunft stilisiert: *„Alle, die gläubig geworden waren, bildeten eine Gemeinschaft und hatten alles gemeinsam. Sie verkauften Hab und Gut und gaben davon allen, jedem so viel, wie er nötig hatte. Tag für Tag verharrten sie einmütig im Tempel, brachen in ihren Häusern das Brot und hielten miteinander Mahl in Freude und Einfalt des Herzens"* (Apg 2,44-46).

Bei Paulus dagegen spielt die Stadt eine ganz andere Rolle. Einerseits kennt er sie aus eigener Anschauung: In Jerusalem ist er von Gamaliel im Gesetz unterwiesen worden (vgl. Apg 22,3), später zieht er nach Jerusalem hinauf, um sich seine Sendung zu den Heiden von den „Angesehenen" bestätigen zu lassen (vgl. Gal 2,2). Seine Gemeinden sind verpflichtet, die notleidenden Brüder in Jerusalem zu unterstützen (vgl. Gal 2,9-10); schließlich beginnt auch sein Weg nach Rom auf dem Tempelplatz in Jerusalem. Man wirft ihm vor, einen heidnischen Griechen in den inneren Tempelbezirk eingeschleust zu haben; bei den folgenden Auseinandersetzungen eilt der Oberst aus der „Kaserne" (der Antonia) hinunter. Beim Verhör versucht Paulus, die Meinungsverschiedenheiten zwischen Sadduzäern und Pharisäern bezüglich der Auferstehung für sich auszunutzen (vgl. Apg 21,27-23,35).

Aber schon in seinem Brief an die Galater (geschrieben um 50 n.) hat die Stadt keine Heilsbedeutung mehr. Der Gedanke, daß Gott überall zu finden sei, wird konsequent umgesetzt. So wird die Stadt zur Allegorie (griech.: Bild, das etwas anderes aussagt): Ausgehend von den beiden Söhnen Abrahams, die von der Sklavin Hagar und der freien Ehefrau Sara geboren wurden, schreibt er: *„Darin liegt ein tieferer Sinn: Diese Frauen bedeuten die beiden Testamente. Das eine Testament stammt vom Berg Sinai und bringt Sklaven zur Welt; das ist Hagar – denn Hagar ist die Bezeichnung für den Berg Sinai in Arabien –, und ihr entspricht das gegenwärtige Jerusalem, das mit seinen Kindern in der Knechtschaft lebt. Das himmlische Jerusalem aber ist frei, und dieses Jerusalem ist unsere Mutter"* (Gal 4,24-26).

8.
Das zerstörte (und das himmlische) Jerusalem

Konflikte mit der Römischen Besatzungsmacht hatte es schon sehr früh gegeben. Der Aufstand Judas' des Galiläers anläßlich der Steuerschätzung durch Quirinius war der erste gewesen. Beim Amtsantritt des Procurators Pilatus 26 n. Chr. hatte der die Juden dadurch provoziert, daß die Truppen der Antonia demonstrativ ihre Feldzeichen mit dem Bild des Kaisers am Tempelplatz aufstellten. Nach mehrtägigen Protesten der Juden in Cäsarea mußte Pilatus die Standarten wieder abziehen. Kaiser Caligula hatte dann 40 n. Chr. verordnet, daß ein Kaiserbild im Tempel aufzustellen sei – der syrische Statthalter Petronius verzögerte die Ausführung des Befehls so lange, bis der Nachfolger des Caligula den Befehl widerrief.

Die Herrschaft des Herodes Agrippa über Jerusalem bildet ein kurzes Zwischenspiel in der Geschichte der römischen Provinz. Schon 37 n. Chr., nach dem Tod des Philippus, hatte dieser Enkel des Herodes von Caligula dessen Gebiet und den Königstitel erhalten, drei Jahre später auch das Gebiet des in Ungnade gefallenen Herodes Antipas. Im Jahr 41 n. Chr. erhält er auch Judäa und vereint bis zu seinem Tod im Jahr 44 n. Chr. (vgl. Apg 12,19-23) noch einmal das gesamte Land. Nachdem er zuvor ein ausschweifendes Leben in Rom geführt hat, sucht er nun die Gunst der Juden – möglicherweise ist dies der Grund für die Verfolgung der christlichen Gemeinde im Jahr 42 n. Chr. Jakobus, den Bruder des Johannes, läßt er hinrichten, Petrus wird verhaftet (vgl. Apg 12,1-19). Er läßt auch die nördlich gelegene Neustadt durch die sogenannte „dritte Mauer" in die Stadt einbeziehen – deren Lage allerdings ist bis heute umstritten. Während manche Forscher glauben, diese sei ähnlich verlaufen wie die heutige Nordmauer der Altstadt, hat man nördlich der Stadt Reste einer Mauer gefunden, die teilweise sehr prächtig, teilweise aber so provisorisch gebaut war, daß man sie sogar für die Mauer gehalten hat, mit der Jerusalem im Jahr 70 n. Chr. vor seiner Eroberung von den Römern eingeschlossen wurde. Wahrscheinlich handelt es sich bei ihr um die von Herodes Agrippa begonnene (und von Tacitus erwähnte) Mauer, die aber erst von den Aufständischen in aller Eile fertiggestellt wurde.

Als nach dem Tod des Herodes Agrippa das Land und Jerusalem erneut unter direkte römische Herrschaft geraten, führt die zunehmende Ausbeutung des Landes zu wachsendem Widerstand. Die politisch bisher eher neutralen Pharisäer nähern sich den Zeloten an. Selbst bei den Sadduzäern übernimmt im Jahr 62 n. Chr. die nationalistische Hannas-Partei die Führung. Einer Aktion gegen nicht nationalistische Parteien fällt wahrscheinlich auch der Herrenbruder Jakobus zum Opfer.

Dann kommt es 66 n. Chr. in Cäsarea zu neuen Konflikten zwischen Juden und „Griechen" um die Vormachtstellung in der Stadt. Beim Laubhüttenfest, das seit jeher mit der Idee der Herrschaft JHWHs verknüpft ist, greifen die Unruhen auf Jerusalem über. Menahem, ein Sohn Judas' des Galiläers, übernimmt die Führung des Aufstandes. Soziale, religiöse und politische Motive führen die verschiedenen Gruppen zusammen. Auch die zunächst zögernden Pharisäer – unter ihnen Josephus – schließen sich dem Aufstand an.

Jerusalem war zwar vom Kaiserkult befreit gewesen, im Tempel hatte man allerdings täglich zwei Lämmer und einen Bullen für den Kaiser dargebracht. Dieses Opfer wird nun eingestellt. Der syrische Legat Cestius Gallus, Vorgesetzter des Procurators, greift mit seinen Truppen Jerusalem an, wird aber zurückgeschlagen. Münzen eines jüdischen Staates mit der Aufschrift „Jerusalem, die Heilige" werden geprägt. Erst als mehrere Legionen zusammengezogen werden, verlieren die Aufständischen nach und nach an Boden. Gleichzeitig übernehmen die radikalen Zeloten immer mehr die Führung des Aufstandes. Der Überläufer Josephus betrachtet sie im Nachhinein als eine Art „Bande", die das Volk verführt habe. In Jerusalem selbst übernimmt der Zelot Johannes von Gischala das Kommando über die Stadt. Als im Jahr 69 n. Chr. Simon Bar Giora, der mit seinen Truppen das Umland von Judäa terrorisiert, in die Stadt gelangt, kommt es zum Bürgerkrieg. Johannes hält den SO-Hügel und den Tempelberg, Simon die Weststadt. Beim Kampf der Gruppen werden große Teile des Getreidevorrats vernichtet.

Am ersten Tag des Pesachfestes, also im Frühjahr des Jahres 70 n. Chr., schließt der römische Feldherr Titus, der die Nachfolge seines Vaters Vespasian als Oberbefehlshaber angetreten hat, nachdem dieser zum Kaiser ausgerufen worden ist, den Belagerungsring um Jerusalem. Zahlreiche Pilger befinden sich in der Stadt. Im Norden und Nordwesten der Stadt schlagen die Truppen ihr Lager auf, Titus selbst lagert auf dem Skopusberg.

Bei den folgenden Kämpfen steht der Tempel im Mittelpunkt. Zum einen erfolgt der Angriff nach dem Durchbrechen der dritten Mauer im Westen und der zweiten Mauer im Norden von der Nordwestecke der Stadt aus; zum anderen hat der Ausbau des Tempelplatzes durch Herodes diesen insgesamt zu einer Art Festung gemacht. Ende Juni wird die Antonia genommen, Ende Juli die nördliche Halle, am 6. August (dem 9. Av des jüdischen Kalenders) der innere Tempelbezirk, wohin sich die letzten Truppen des Johannes zurückgezogen hatten. Wohl ohne Absicht geht dabei der Tempel in Flammen auf. Erst Anfang September werden die Weststadt und die Zitadelle erobert. Die Mauern werden geschleift, die meisten Häuser zerstört – nur auf dem SW-Hügel bleibt ein Teil der Befestigung als Mauer eines Lagers der X. Legion erhalten. Aber das Jerusalem des zweiten Tempels existiert nicht mehr.

Die gerettete Ausstattung des Tempels wird nach Rom gebracht und dort im Triumphzug des Siegers mitgeführt, der zum Tempel des Jupiter Capitolinus führt – wegen ihrer Bedeutung ist die Menorah sogar auf dem zu diesem Anlaß errichteten Triumphbogen des Titus zu sehen. Der gefangengenommene Simon wird im Rahmen des Umzuges hingerichtet. Münzen mit der trauernden Personifikation Judäas und der Aufschrift „Judaea capta" (lat.: die eroberte Judäa) werden geprägt.

Römische Münze zur Erinnerung an die Eroberung Judäas.

Zu sehen ist von diesem zerstörten Jerusalem naturgemäß fast nichts mehr: Die Reste der von den Aufständischen fertiggestellten dritten Mauer sind wenig eindrucksvoll. Neben dem bereits erwähnten Herodianischen Viertel erzählt allein das sogenannte „verbrannte Haus" im jüdischen Viertel durch seine Brandspuren von der Zerstörung. Das Skelett einer etwa 20jährigen Frau, die von einer einstürzenden Mauer erschlagen wurde, befand sich noch in den Trümmern. Auf einem der ebenfalls gefundenen Steingewichte fand sich die Aufschrift „Bar Kathros": Die hohepriesterliche Familie Kathros wird auch im Talmud erwähnt – und zwar mit dem Hinweis, daß sie ihren Einfluß auch zum eigenen Nutzen eingesetzt hatte.

Symbol der Zerstörung ist darüber hinaus „HaKotel" (hebr.: die Mauer), die Westmauer des ehemaligen Tempelplatzes. Allein die Umfassungsmauer der Gesamtanlage hat anscheinend die Zerstörung überdauert. Wurde den Juden nach dem zweiten Aufstand auch kurzzeitig das Betreten der Stadt untersagt, so hatten sie doch wohl ab dem 3. Jh. n. Chr. das Recht, zumindest am 9. Av (hebr. = Tisha BeAv) die Zerstörung des Tempels zu beklagen. Frühchristliche Pilger berichten von einem „durchlöcherten Stein" – möglicherweise dem heiligen Felsen –, den die Juden an diesem Tag salben. Später schreibt der Talmud vor, der Platz dürfe nicht betreten werden, um den Ort des Allerheiligsten nicht zu verunreinigen. So beginnt man, an der Mauer zu beten. Ausgehend von diesem Brauch entwickelt man eine theologische Vorstellung von der Zerstörung des Tempels: Die Herrlichkeit JHWHs – oder, wie die Kabbala sagt, die „Schechina" (hebr.: Einwohnung) – sei aus dem Tempel ausgezogen und habe sich auf der Mauer niedergelassen. Der Grund für die Wahl dieser Mauer sei gewesen, daß sie, im Gegensatz zum eigentlichen Tempel, von den einfachen Arbeitern errichtet worden sei …

Für fast 2000 Jahre ist Jerusalem im Judentum vor allem als zerstörte Stadt oder Stadt des zerstörten Tempels präsent. Selbst Josephus, der den Sieg der Römer wünschte, kann einen melancholischen Unterton nicht unterdrücken, wenn er schreibt: *„So fiel Jerusalem im zweiten*

Jahr der Regierung des Vespasianus, am achten des Monats Gorpiaios. Fünfmal war es früher erobert, einmal auch zerstört worden. Der ägyptische König Asochäus (Schischak) nämlich, dann Antiochus, später Pompejus und nach ihm Sosius in Gemeinschaft mit Herodes eroberten die Stadt; doch ließen sie sie stehen. Vor ihnen aber hatte der Babylonierkönig sie eingenommen und zerstört ... Von David, dem ersten jüdischen König in Jerusalem, bis zur Zerstörung durch Titus verflossen 1179 Jahre, von der ersten Gründung bis zur letzten Eroberung 2177 Jahre. Weder das hohe Alter der Stadt, noch ihr ungeheurer Reichtum, noch die Verbreitung des ihr zugehörigen Volkes über die ganze Erde, noch der große Ruf des in ihr gepflegten Gottesdienstes vermochte sie vor dem Untergang zu bewahren" (Der Jüdische Krieg VI, 10,1).

Der Verlust des Tempels bedeutet vor allem aber auch einen tiefen religiösen Einschnitt. Erstmals muß eine Religion ohne jedes Heiligtum auskommen – dazu hat die Konzentration auf Jerusalem geführt. Die Synagogen übernehmen in der Ausstattung zwar einige Elemente des Tempels. So wird der Thoraschrein teilweise als „Allerheiligstes" mit einem Vorhang gestaltet, und auf zahlreichen Mosaikfußböden aus byzantinischer Zeit finden sich die Symbole des Tempelgottesdienstes: Thoraschrein, Menorah, Weihrauchschaufel, Schofarhorn und der Palmzweig des Laubhüttenfestes. Aber zu einem Ort, der mehr ist als ein Versammlungsraum, werden die Synagogen nie. Jerusalem war der einzige Ort, wo JHWH auf eine besondere Art anwesend war; auf ihn bleiben die Synagogen, die alle nach dorthin ausgerichtet werden, bezogen.

Damit wird der Verlust des Tempels gleichzeitig zur Geburtsstunde eines neuen Judentums. Man greift auf die Erfahrungen nach der Zerstörung des ersten Tempels zurück. Unter der Führung der Pharisäer kommt es zu einer Neuordnung. Einerseits deutet man auch diese Katastrophe als Strafe für die Sünden Israels, andererseits entwickeln sich die Elemente weiter, die die jüdische Identität bewahren werden. Das Hebräische wird als Gottesdienstsprache beibehalten. Auf der Synode von Jamnia wird um 100 n. Chr. der Kanon der biblischen Bücher festgelegt. In der Mischna werden die (v.a. pharisäischen) Auslegungen der Gebote gesammelt; sie wird bald zum Grundstock des Talmud. *„Jerusalem wurde zerstört, weil sie ihre Urteile nur nach dem Buchstaben fällten, aber nicht auf den Sinn der Forderungen achteten"*, sagt Rabbi Johanan (Bara Mezia 30 b). Die pharisäische Konzeption von der Gesetzeserfüllung im Alltag der Familie und der Synagogengemeinde bewährt sich jetzt erst richtig und ermöglicht einen religiösen Zusammenhalt auch ohne örtliches Zentrum.

Dabei spielt die Erinnerung an Jerusalem eine entscheidende Rolle. Die Rituale, die sich herausbilden, bestimmen das jüdische Lebensgefühl, das sich zwischen Trauer und Hoffnung bewegt: *„Wenn jemand sein Haus streicht, soll er ein kleines Stück unvollendet lassen – in Erinnerung an Jerusalem. Wenn jemand ein Menu vorbereitet, soll er einen Teil des Menus weglassen – in Erinnerung an Jerusalem. Wenn eine Frau all ihren Schmuck anlegt, soll sie*

Triumphzug mit der erbeuteten Menorah in Rom. Darstellung auf dem Titusbogen (Kopie).

auf ein oder zwei Stücke verzichten – in Erinnerung an Jerusalem", heißt es im Talmud. Bei der Hochzeit wird ein Glas zertreten – denn keine Freude ist vollkommen nach der Zerstörung des Tempels. (Daraus wird später auch der „christliche" Polterabend.)

Gleichzeitig drückt sich in zahlreichen Gebeten die Hoffnung auf die Erneuerung der Stadt aus. Im täglichen Hauptgebet „Schmone Esre" (hebr.: Achtzehnbittengebet) heißt es: *„Erbarme dich, Herr, unser Gott, mit deinem Reichtum an Erbarmen jetzt über Israel, dein Volk, deine Stadt Jerusalem und Zion, die Behausung deiner Herrlichkeit, und deinen Tempel, deine Wohnung, und über das Königtum des Hauses David, deines richtigen Gesalbten! Gepriesen seist du, Herr, Gott Davids, der du Jerusalem erbaust ... Herr, unser Gott, mögest du in Zion wieder wohnen, und deine Knechte mögen zu Jerusalem dir dienen. Gepriesen seist du Herr, dem wir in Ehrfurcht dienen wollen."*

Das erhoffte Jerusalem aber bleibt das neu errichtete irdische Jerusalem – auch wenn sein Bild zeitweise mit den Farben des messianischen Zeitalters gemalt wird. Erst spät tauchen im Judentum erneut Spekulationen über ein „himmlisches Jerusalem" auf. Aber die Verbindung zum irdischen Jerusalem wird nicht aufgegeben. Rabbi Johanan sagt: *„Der Allheilige hat erklärt: Ich will nicht in das himmlische Jerusalem einziehen, bis ich in das irdische eingezogen bin"* (Tanhum Pecundei 1).

Die Christen dagegen deuten die Ereignisse des Jahres 70 n. Chr. anders: Anknüpfend an die prophetischen Worte Jesu, halten sie die Zerstörung für endgültig. In ihr hat sich das göttliche Gericht vollzogen. Der christliche Neuanfang besteht nicht mehr in einem Wiederaufbau der Stadt und des Tempels, sondern im Eintritt in eine andere Welt. Dazu greifen die christlichen Autoren auf das Bild vom himmlischen Jerusalem zurück.

Der sogenannte Hebräerbrief (geschrieben um 90 n. Chr.), der sich an Christen wendet, deren Weltbild vom Gedanken des Opferkultes im Tempel geprägt war, legt ihnen eine Deutung ihres Christseins vor, bei dem ein neues Jerusalem an die Stelle des alten getreten ist und in dem der Tempelkult ein für alle Mal aufgehört hat. Der Mensch darf leben, ohne Gott etwas zu geben, die Gemeinschaft entsteht durch Jesus und nicht durch Teilhabe am Opfer: *„Ihr seid ... zum Berg Zion hingetreten, zur Stadt des lebendigen Gottes, dem himmlischen Jerusalem, zu Tausenden von Engeln, zu einer festlichen Versammlung und zur Gemeinschaft der Erstgeborenen, die im Himmel verzeichnet sind; zu Gott, dem Richter aller, zu den Geistern der schon vollendeten Gerechten, zum Mittler eines neuen Bundes, Jesus, und zum Blut der Besprengung, das mächtiger ruft als das Blut Abels"* (Hebr 12,22-24). Und: *„Denn wir haben hier keine Stadt, die bestehen bleibt, sondern wir suchen die künftige"* (Hebr 13,14).

In der sogenannten Offenbarung des Johannes (geschrieben um 90 n. Chr.) werden dann die prophetischen Bilder vom himmlischen Jerusalem aufgenommen und neu ausgemalt. Durch die Vorstellung einer Stadt ohne Tempel, in der „das Lamm", das Sinnbild Jesu, an die Stelle des Tempels getreten ist, erhalten sie allerdings eine spezifisch christliche Färbung. Der Mensch ist nun Ort, wo Gott wohnt. *„Dann sah ich einen neuen Himmel und eine neue Erde; denn der erste Himmel und die erste Erde sind vergangen, auch das Meer ist nicht mehr. Ich sah die heilige Stadt, das neue Jerusalem, von Gott her aus dem Himmel herabkommen, sie war bereit wie eine Braut, die sich für ihren Mann geschmückt hat. Da hörte ich eine laute Stimme vom Thron her rufen: Seht, die Wohnung Gottes unter den Menschen! Er wird in ihrer Mitte wohnen, und sie werden sein Volk sein; und er, Gott, wird bei ihnen sein. Er wird alle Tränen von ihren Augen abwischen: Der Tod wird nicht mehr sein, keine Trauer, keine Klage, keine Mühsal. Denn was früher war, ist vergangen ... Auf die Tore sind Namen geschrieben: Die Namen der zwölf Stämme der Söhne Israels ... Die Mauer der Stadt hat zwölf Grundsteine; auf ihnen stehen die zwölf Namen der zwölf Apostel des Lammes ... Einen Tempel sah ich nicht in der Stadt. Denn der Herr, ihr Gott, der Herrscher über die ganze Schöpfung, ist ihr Tempel, er und das Lamm. Die Stadt braucht weder Sonne noch Mond, die ihr leuchten. Denn die Herrlichkeit Gottes erleuchtet sie, und ihre Leuchte ist das Lamm* (Apk 21,1-4.12.14.22f).

Das Bild wird auch von den Christen aufgegriffen in einer Zeit der Verfolgung – es ist das Trostbild derer, die auf das endgültige Eintreffen der neuen Welt sehnsüchtig warten. Gleichzeitig hat man in ruhigeren Zeiten immer wieder versucht, das himmlische Jerusalem, zu dem man schon hinzugetreten war, so weit wie möglich auf Erden sichtbar zu machen. Schon in frühbyzantinischer Zeit wird das irdische Jerusalem selbst, das man kurz zuvor noch vor allem wegen der Zerstörung besucht hatte, zum „neuen Jerusalem". Die christliche Liturgie (nicht nur) der byzantinischen Zeit versteht sich als Abbild der Liturgie im himmlischen Jerusalem. Der Kirchenraum wird schließlich in gotischer Zeit mit Hilfe von zwölf Grundsteinen mit den Namen der Apostel zum „Vorbild" der himmlischen Stadt. Das Paradies wird nun in Form einer Stadt vorgestellt – eine bezeichnende Wandlung.

9.
Die Colonia Aelia Capitolina des Hadrian

Nach der Zerstörung der Stadt waren trotz allem einige Einwohner in Jerusalem geblieben und hatten sich in der Nähe des Legionslagers niedergelassen. Wenn die Liste der Jerusalemer Gemeindeleiter bei Eusebius zuverlässig ist, sind auch die Judenchristen in die Stadt zurückgekehrt, er berichtet von elf „Bischöfen aus der Beschneidung".

Einen erneuten Wendepunkt in der Geschichte der Stadt bedeutet die Reise des Kaisers Hadrian in den Osten des Reiches in den Jahren 128-131 n. Chr. Unter seinem Vorgänger Trajan hatte das Reich seine größte Ausdehnung erreicht; nun ist die Zeit der Expansion vorbei. Das Reich wird durch Grenzwälle gesichert, und Hadrian, Verehrer der griechischen Kultur, versucht, auch durch Förderung des „Hellenismus" das Reich zu einen. Als er, von Syrien kommend und auf dem Weg nach Ägypten, 130 n. Chr. Jerusalem besucht, ordnet er den Wiederaufbau der Stadt nach römisch-hellenistischem Muster an. Auf dem Tempelplatz soll ein Heiligtum des Jupiter Capitolinus entstehen. Hadrian ahnt nicht, welche Folgen das haben wird.

Der Statthalter Tineius Rufus vollzieht 132 n. Chr. den Ritus des Umpflügens der neuen Stadt. Münzen mit dem Namen der neuen Stadt, die nach P. Aelius Hadrianus „Colonia Aelia Capitolina" heißen soll, werden geprägt. Der alte Name soll verschwinden – schon im Jahr 70 n. Chr. war der Name Judäa durch den vom ehemaligen Erzfeind „Philistäa" abgeleiteten Namen Palästina ersetzt worden. Der Beginn der Bauarbeiten in Jerusalem führt noch einmal zum Erwachen der nationalistischen Kräfte und Bestrebungen in Judäa. Ob sich die Aufständischen der Stadt Jerusalem bemächtigen können, ist unsicher. Sicher ist, daß noch einmal Münzen mit der Aufschrift „für die Freiheit Jerusalems" geprägt werden – auch wenn die Befreiung vielleicht Wunschtraum blieb.

Aber auch die im südlich von Jerusalem gelegenen Bergland operierenden Guerillakämpfer bereiten den Römern große Probleme. Ihr Anführer ist Simon Bar Kosiba, der von Rabbi Akiba als „Bar Kochba" (hebr.: Sternensohn) ausgerufen wird. Erst drei Jahre später gelingt es dem zurückgekehrten Hadrian, die letzten Aufständischen, die sich in die Höhlen am Westrand des Toten Meeres zurückgezogen haben, auszuheben. Die übliche Formel zu Beginn seiner Briefe, „Mir und dem Heer geht es gut", benutzt er in dieser Zeit nicht, berichtet der römische Historiker Cassius Dio. Gleichzeitig erwähnt er, es habe ein Vorzeichen der jüdischen Niederlage gegeben: Kurz vorher sei das Grabmal des Salomo eingestürzt – wahrscheinlich ein Denkmal bei den Königsgräbern.

Nach der Niederschlagung des Aufstandes wird der ursprüngliche Plan einer (heidnischen) Neugründung Jerusalems in die Tat umgesetzt. Von den Römern wird das Konzept des Architekten Hippodamos aus dem 5. Jh. v. Chr. bei ihren Städtegründungen meist konsequent angewandt: Ein sogenannter Cardo (lat.: Angel) bildet die Hauptstraße in Nord-Südrichtung, ein sogenannter Decumanus die West-Ostachse. Dadurch entstehen vier Stadtviertel, die ihrerseits mit rasterartig angelegten Straßen unterteilt werden.

Um diesen Plan in Jerusalem wenigstens annähernd verwirklichen zu können, wird die Stadt nach Norden verschoben. Der SO-Hügel, der SW-Hügel und das Tyropoiontal bleiben wegen der ungünstigen Höhenverhältnisse weitgehend außerhalb der neuen Stadt. Dennoch weist die Stadtplanung einige Besonderheiten auf: Am Nordtor (an der Stelle des heutigen Damaskustores) wird ein repräsentativer Platz angelegt, von dem aus ein Cardo Richtung Süden führt, während ein weiterer, sogenannter Talcardo, in südöstlicher Richtung dem Verlauf des Tyropoiontal folgt. Vom westlichen Tor aus (an der Stelle des heutigen Jaffatores) führt der Decumanus möglicherweise nur bis zum Cardo. Die besondere Lage Jerusalems erfordert eine Anpassung des Idealplans.

Im Südwesten der zunächst unbefestigten Stadt liegt weiterhin das Lager der X. Legion. Das Haupttheiligtum der Stadt befindet sich aber nun anscheinend nicht mehr auf dem Tempelplatz. Ob die Erfahrungen beim Beginn der Arbeiten im Jahr 132 n. Chr. die Planer umgestimmt haben, ist unklar. Jedenfalls berichten spätere Pilger nur von zwei Statuen des Hadrian und seines Nachfolgers Antoninus Pius, die dort aufgestellt sind.

Ähnlich wie in der von Hadrian besuchten ostjordanischen Stadt Gerasa werden Forum und Tempel nun westlich der Hauptstraße angelegt. Während der Marktplatz direkt nördlich des Lagers, an der Kreuzung von Cardo und Decumanus, liegt, wird der Tempel direkt über dem ehemaligen Steinbruch angelegt. Deshalb wird das Gelände, das nach Westen hin abfällt, mit Erde aufgefüllt und mit einer mächtigen Umfassungsmauer umgeben. Auf der so entstandenen Plattform wird ein Tempel errichtet, der der capitolinischen Trias (Jupiter, Juno und Minerva) geweiht ist. Möglicherweise ragt nur der Golgotafelsen aus der Plattform hervor und wird eigens als Heiligtum der Venus verehrt. Der ehemalige Schafteich wird in ein Heiligtum des Heilgottes Asklepios umgewandelt; an der Stelle der Antoniafestung liegt ein weiteres Forum.

Kaiser Hadrian. Statue aus Cäsarea Philippi (heute im Israel-Museum).

In der „Kolonie" werden Veteranen aus allen Teilen des Reiches angesiedelt. Die Kolonie besitzt, da sie die höchste Form des Stadtrechts darstellt, einen Senat; das ihr unterstellte Gebiet reicht von der Grenze Samarias bis nach Hebron. Im Jahr 201 n. Chr. wird sie erneut von einem Kaiser, Septimius Severus, besucht; wenig später erhält sie zusammen mit Rom, Alexandria und Karthago von Kaiser Commodus den Beinamen Commodiana.

Ob, wie christliche Quelle behaupten, Juden verboten wird, die Stadt zu betreten, ist unklar. Jüdische Quellen wissen von einem solchen Verbot nichts. Auch von einer „Synagoge" aus der Zeit Hadrians berichten spätere Pilger. Sicher ist, daß die Juden nur eine untergeordnete Rolle in der neuen Stadt spielen – ebenso wie die Christen. Eusebius berichtet davon, daß die Gemeinde nun von einem heidenchristlichen Bischof geleitet wird – wahrscheinlich sind auch die Gemeindemitglieder größtenteils neu angesiedelte Heidenchristen. Sicher ist, daß bereits „Pilger" nach Jerusalem kommen. Der schon erwähnte Meliton kommt, um am „Schauplatz der Predigten und Taten" Erkundigungen über die (kanonischen) Bücher des Alten Testaments einzuziehen. Ein gewisser Alexander komt um 220 n. Chr. aus Kappadokien nach Jerusalem, wird zum Bischof gewählt und stirbt später als Märtyrer. Auch Origenes, der vielleicht größte Theologe der frühen Kirche, kommt nach Jerusalem, um die „Spuren Jesu" zu erforschen.

Anders als frühere Epochen hat die hadrianische Neugründung Aelia Capitolina deutliche Spuren im heutigen Stadtbild hinterlassen.

Das nördlich gelegene Neapolistor der noch unbefestigten Stadt, durch das man die Kolonie, von Neapolis (Nablus) oder Cäsarea kommend, betrat, befand sich an der Stelle des heutigen Damaskustores. Östlich unterhalb der heutigen Anlage ist einer der drei Bögen komplett erhalten geblieben. Oberhalb des Bogens befindet sich sozusagen das Ortseingangsschild der römischen Stadt: COL(ONIA) AEL(IA) CAP(ITOLINA) D(ECU-RIO-NUM) D(ECRETO). Innerhalb der Stadtmauer lag der bereits erwähnte Platz mit der Säule, auf der sich wahrscheinlich ein Kaiserbildnis befand. Im heutigen Pflaster ist der vermutete Standort mit einem Stern gekennzeichnet.

Nördlich des Tempelplatzes und der früheren Antonia befand sich ein weiterer Triumphbogen, der im sogenannten Ecce-Homo-Bogen erhalten ist. Möglicherweise handelte es sich ursprünglich um ein Stadttor der dritten Mauer des Herodes Agrippa. In der hadrianischen Stadt stand er jedenfalls frei auf einem gepflasterten Marktplatz. Als im 19. Jh. der Bogen entdeckt wurde, vermutete man in der Antoniafestung noch das Prätorium des Pilatus und hielt deshalb den Bogen auch für das Tor, durch das Jesus von Pilatus hinausgeführt wurde und dem Volk mit dem Hinweis „Seht den Menschen" (lat. = Ecce homo) vorgestellt wurde (vgl. Joh 19,5). Die Deutung wurde durch den Fund des Pflasters zunächst bestätigt, da es mit dem „Platz, der Lithostrotos, auf hebräisch Gabbata, heißt" (vgl. Joh 19,13) identifiziert wurde. Besonders eindrucksvoll war eine Ritzzeichnung auf einem der Pflastersteine, die als „Spielbrett" für das bei römischen Soldaten übliche Königsspiel diente – was

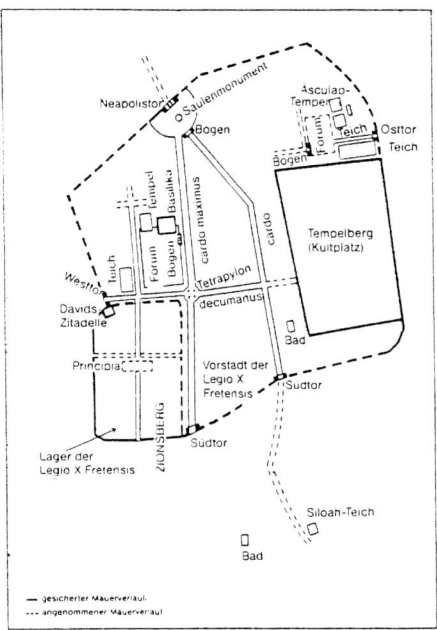

Die Colonia Aelia Capitolina

an die Verspottung Jesu durch die römischen Soldaten erinnerte (vgl. Joh 19,2-3). Leider ließ sich diese Identifizierung nicht halten; auch das Pflaster stammt aus der Zeit Hadrians. Dennoch ist der nördliche Bogen des hadrianischen Tores heute in eine Kirche einbezogen und bildet den unteren Teil des „Triumphbogens" hinter der Apsis – eine architektonische Form, die bald in der christlich-römischen Kunst häufig werden sollte. Während später die römische Herrscherideologie bewußt auf Christus übertragen wurde, wirkt hier vor allem der Kontrast des Bildes: Der leidende Jesus ist das genaue Gegenteil des Triumphators – und das Wort „Seht den Menschen" deutet die Armseligkeit des Menschen an, von dem Christen seit Jesus glauben, daß er dennoch eine göttliche Würde hat.

Die Hauptstraßen der hadrianischen Kolonie sind noch heute die Hauptverkehrswege der Altstadt: Ausgehend vom Nordtor verläuft heute die Straße el-Wad (arab.: Tal) auf der Linie des Talcardo; der Suq (arab.: Basarstraße) Khan ez-Zeit verläuft über dem hadrianischen Hauptcardo. Die David-Straße entspricht dem Decumanus, und auch unter der Christenstraße wurde römisches Pflaster freigelegt. Nicht weit von dort wurde im 19. Jh. eine Säule entdeckt, die in Erinnerung an Marcus Junius Maximus, Präfekt von Judäa und Legat der X. Legion, von seinem Adjutanten Julius Honoratus zu Beginn des 3. Jh. errichtet worden war und heute in der Nähe des Jaffatores aufgestellt ist.

Zwischen Cardo und Christenstraße lag auch das römische Forum – genau dort, wo sich heute (wieder) das Marktviertel Muristan befindet. Nördlich davon befand sich der neue Tempelplatz. Die „Orientierung" des alten Tempels wurde dabei bewahrt: Auch der Eingang des neuen Heiligtums wies nach Osten.

Der neue Kult, dem der Tempel geweiht war, war der römische Staatskult: Der römische Gelehrte Varro meinte schon im 1. Jh. v. Chr., diese „theologia civilis" (den Staatskult) „müssen in den Städten die Bürger, vor allem die Priester, kennen und zur Anwendung bringen. Dahin gehört, welche Götter ein jeder öffentlich durch Dienste und Opfer verehren muß". Ziel der Verehrung ist der des Gemeinwesens durch die dafür zuständigen Mächte.

Reste der Umfassungsmauer des römischen Tempelplatzes sind in den Ausgrabungen des Russischen Alexanderhospizes zu sehen; deutlich sind auch die Säulen des Cardo und die in die Mauer geschnittenen Eingangstore zu erkennen, durch die man die Plattform betrat.

Ob Christen an der Stelle des Tempels bereits Golgota und Grab Jesu verehrt haben, ist unsicher – die Aussage des Meliton deutete zumindest auf Kenntnis des Ortes. Bei Ausgrabungen in einer armenischen Kapelle unterhalb der Grabeskirche wurde eine Ritzzeichnung gefunden, die ein Schiff und die Inschrift DOMINE IVIMUS (lat.: Herr, wir sind gegangen) zeigt. Die Anspielung auf Psalm 122,1 („Zum Haus des Herrn wollen wir gehen"), das Schiff und die lateinische Sprache deuten auf einen Pilger aus dem Westen des Reiches. Und die Tatsache, daß die Zeichnung in einer versteckten Ecke der Anlage angebracht worden ist, könnte darauf hinweisen, daß die Zeichnung zu einer Zeit angebracht wurde, da der Bau noch als Tempel gebraucht wurde ...

Ein direktes Zeugnis der christlichen Gemeinde in Jerusalem gibt es dagegen nicht.

Pilgerzeichnung im Bereich der Grabeskirche

Nur der Raum des heutigen Davidsgrabes auf dem Zion kann unter Umständen mit ihr in Verbindung gebracht werden. Der Raum mit einer noch deutlich zu erkennenden Apsis stammt wahrscheinlich aus der römischen Zeit. Die Apsis ließe eine Verwendung als Synagoge möglich erscheinen – allerdings ist die Apsis nicht nach Nordosten, zum Tempel hin, ausgerichtet, sondern nach Norden, zum Grab Jesu hin! Diese „christliche Orientierung", die mehrfache Erwähnung einer vorkonstantinischen Synagoge auf dem SW-Hügel in byzantinischer Zeit und die Einbeziehung des Raumes in die christliche Zionskirche des 4. Jh. könnten auf ihre Verwendung als frühchristliche Synagogenkirche schließen lassen.

Texte über das hadrianische Jerusalem gibt es kaum – zu gering ist vor allem seine religiöse Bedeutung in dieser Epoche. Erst im 4. Jh. schreiben Christen über die noch oder ehemals heidnische Stadt. Die zumindest auffällige Tatsache, daß der römische Tempel von Hadrian über dem später als Grab Jesu verehrten Ort errichtet wird, deutet Hieronymus als bewußten Versuch, die christlichen Stätten vergessen zu machen: „Von den Zeiten Hadrians bis zur Regierung Konstantins, also etwa 180 Jahre, verehrte man an der Stätte der Auferstehung ein Bild Jupiters und auf dem Felsen des Kreuzes eine Marmorstatue der Venus, welche die Heiden errichtet hatten. Die Urheber der Verfolgung meinten nämlich, sie könnten uns den Glauben an die Auferstehung und an das Kreuz nehmen, wenn sie die heiligen Orte durch Götzenbilder entweihten" (Brief 58).

Selbst der alte Name ist vergessen: Im

Jahr 310 antworten einige Christen aus Ägypten, die einen Zug von Gefangenen in die Bergwerke Palästinas begleitet haben, auf die Frage des Statthalters in Cäsarea nach ihrer Heimat: „Jerusalem"! Nicht ahnend, daß sie vom himmlischen Jerusalem sprechen, vermutet der Richter dahinter eine geheime Stadt östlich des Jordan – so Eusebius, Bischof von Cäsarea in seiner Schrift über die Märtyrer Palästinas. Aber auch für die Christen selbst hat die Stadt nur eine geringe Bedeutung. Jerusalem wird besucht, um zu erkennen, daß die Prophezeiungen Jesu wahr geworden sind. Das Heiligtum der Christen liegt nicht mehr in der Stadt, sondern ist der Ölberg, wo sich die Höhle der Belehrung anscheinend in christlicher Hand befindet. Eusebius schreibt – noch vor dem Toleranzedikt des Konstantin – um 306 n. Chr., ohne eine christliche Stadt Jerusalem für möglich zu halten: *„Vom Ölberg heißt es, er liege Jerusalem gegenüber, weil er an die Stelle des alten, irdischen Jerusalem und der dort ausgeübten Religion getreten ist und von Gott eingesetzt worden ist nach der Zerstörung Jerusalems. Nachdem er zuvor über Jerusalem vorausgesagt hat, daß die Stadt erobert wird, daß die feindlichen, gegnerischen Völker gemeinsam gegen sie ziehen und ihre Beute unter sich aufteilen, sagt er mit Recht, daß die Füße des Herrn nicht in Jerusalem stehen werden (vgl. Sach 14,4). Denn wie sollte das auch geschehen können, nachdem sie einmal zerstört worden ist? Stattdessen gingen sie von der Stadt fort zu dem Berg gegenüber von Jerusalem, der Ölberg genannt wird. Er lehrt, daß er dort stehen wird, denn auch der Prophet Ezechiel hat das, vom Heiligen Geist im voraus belehrt, gesehen. Er sagt:*

‚Dann hoben die Kerubim ihre Flügel. Die Räder bewegten sich zugleich mit den Kerubim, und die Herrlichkeit des Gottes Israels war über ihnen. Die Herrlichkeit des Herrn stieg aus der Mitte der Stadt empor; auf dem Berg im Osten der Stadt blieb sie stehen' (Ez 11,22-23).

Das ist auch auf neue Weise, wie man sehen kann, wörtlich erfüllt worden, wenn heute alle, die die christliche Religion und den Glauben angenommen haben, aus allen Ländern zusammenkommen und dort einkehren, um die Zerstörung und Verödung Jerusalems gemäß der Verheißung zu sehen und um auf dem Ölberg gegenüber von Jerusalem zu beten, wo die Herrlichkeit Gottes stehenblieb, nachdem sie die frühere Stadt verlassen hatte. Denn der deutlichen und klaren Erzählung zufolge standen die Füße des Herrn, unseres Erlösers, des Logos, durch den er den menschlichen Leib angenommen hatte, auf dem Ölberg – bei der Höhle, die man dort zeigt, wo er betete, und als er seinen Jüngern auf der Spitze des Berges die Geheimnisse der Vollendung lehrte" (Demonstratio evangelica 6,18).

Wenig später berichten Pilger, auf der Spitze des Ölbergs (in der heutigen Himmelfahrtskapelle) sei tatsächlich der Fußabdruck Jesu zu sehen. Auf dem beschriebenen Hintergrund wird aus dieser scheinbar naiven Überlieferung ein Stück frühchristlicher Theologie, die einerseits um die Bedeutung der prophetischen Bilder für das Verständnis Jesu weiß und andererseits sehr konkret danach fragt, wo die „Herrlichkeit Gottes" in dieser Welt Spuren hinterläßt.

10.
Das Jerusalem des Konstantin

Seit dem 3. Jh. n. Chr. befindet sich das römische Reich in der Krise. Ab 235 n. Chr. herrschen „Soldatenkaiser", die vom Heer, dem wichtigsten Machtfaktor im Reich, bestimmt werden. Mit verschiedenen Mitteln versuchen sie, die Einheit des Reiches zu wahren – auch mit Religionspolitik. Kaiser Decius (249-251 n. Chr.) beispielsweise setzt auf die Verehrung der alten römischen Götter – und verfolgt deshalb die Christen. Auch Origenes wird grausam gefoltert. Kaiser Gallienus (260-268 n. Chr.) greift auf das Griechentum zurück. Der Denker Plotin schafft mit einer Neuinterpretation der Lehren Platons eine moderne Philosophie, die den Zustand der Welt erklärt und den Menschen eine Rückkehr zum Göttlichen ermöglichen will. Auch Theologen denken „neuplatonisch" und verbinden die christlichen Vorstellungen mit philosophischen Begriffen.

Die Grenzprovinzen werden wieder zunehmend durch selbständige Grenzreiche gesichert. Man versucht, das Reich im Stil orientalischer Herrscher zu leiten: Seit Aurelian (270-275 n. Chr.) gebührt dem Kaiser der Titel „Dominus et Deus" (lat.: Herr und Gott). Er herrscht im Auftrag und nach Art des „Sol invictus" (lat.: Der unbesiegte Sonnengott). Der Sonnenkult der syrischen Stadt Emesa wird von Aurelian im Bewußtsein der Universalität dieses Symbols in Rom eingeführt. So wird der Kaiser durch militärische Erfolge und seine religiöse Reform zum Neubegründer des Imperiums und schafft die Voraussetzung für die grundlegende Erneuerung unter Diokletian und Konstantin. Denn so unterschiedlich der Christenverfolger und der erste christliche Kaiser auf den ersten Blick erscheinen, so ähnlich sind sie sich in vieler Hinsicht.

Diokletian, der erste Innenpolitiker unter den Soldatenkaisern, gibt dem Reich eine neue Verfassung und gestaltet es zu einer „absoluten" Monarchie um – auch wenn ein Mitkaiser und zwei Augusti an der Herrschaft beteiligt werden. Die Bürger werden zu „subiecti" (lat: Untertanen), die an ihre Scholle gebunden und in Berufsgenossenschaften organisiert sind, um die Versorgung von Heer und Beamten sicherzustellen. Das Reich wird in 12 Diözesen und 101 Provinzen eingeteilt. Die neuen Statthalter haben nur noch zivile Befugnisse, für das Militär ist jeweils ein „dux" zuständig. Mit der Weigerung, am staatlichen Kult teilzunehmen, verweigern die Christen die Einordnung in dieses „System" – und werden konsequent verfolgt wie selten zuvor.

In der Provinz Palästina wird die in Jerusalem stationierte X. Legion nach Aila (das heutige Eilat) verlegt. Jerusalem wird stattdessen durch eine neue Stadtmauer geschützt, die in etwa dem heutigen Mauerring der Altstadt entspricht. Auch der

Konstantin. Reste einer Kolossalstatue in Rom.

südwestliche Teil der Stadt kann nun bebaut werden.

Konstantin, Sohn eines der Augusti des Diokletian, setzt sich wenige Jahre nach dessen Abdankung als Herrscher im Westen des Reiches durch: Bei der Schlacht an der Milvischen Brücke nahe Rom besiegt er seinen Rivalen Maxentius – und ist seitdem überzeugt, daß ihm der Christengott diesen Sieg ermöglicht hat. Gemeinsam mit dem Herrscher des Ostens erläßt er 313 n. Chr. das Toleranzedikt von Mailand, in dem das Christentum zur „erlaubten Religion" erklärt wird – ein Status, der

dem Judentum von Anfang an eingeräumt worden war. Im Jahr 324 n. Chr. besiegt Konstantin auch Licinius und wird Alleinherrscher: „totius orbis Imperator". Nun versucht er, die Reichsreform Diokletians nicht gegen das Christentum, sondern mit seiner Hilfe durchzuführen. Konstantin verzichtet auf den Titel „Dominus et Deus", baut aber gleichzeitig das Hofzeremoniell weiter aus: Dem Kaiser gebührt kniefällige Verehrung. Da Konstantin überzeugt ist, daß der Christengott der Mächtigste ist, ein Gott über alle Menschen, kann er sich nur als Herrscher in seinem Auftrag verstehen – der in der Politik jedoch die Methoden seiner Vorgänger beibehält. Nun wird der christliche Kult begünstigt, und Konstantin versucht beim Konzil von Nizäa, auch die innerkirchlichen Streitigkeiten beizulegen. Dort findet die Erfahrung, daß in Jesus die „Herrlichkeit" Gottes sichtbar wird, Ausdruck in der Formulierung, daß diese Göttlichkeit Jesu „eines Wesens" mit Gott selbst ist.

Auf diesem Konzil begegnet Konstantin auch den Bischöfen Eusebius von Cäsarea und Makarius von Jerusalem. Dem Jerusalemer Bischof wird ein Ehrenrang zuerkannt. Im Zusammenhang mit dem Konzil muß der Plan entstanden sein, Jerusalem zu einem neuen „Reichsheiligtum" auszubauen. Zwar errichtet Konstantin seine neue Hauptstadt am Bosporus: Konstantinopel wird als „neues Rom" erbaut; er selbst wird nach seinem Tod in der dortigen Apostelkirche als „dreizehnter Apostel" beigesetzt. Aber ein neuer „Haupttempel" des Reiches entsteht in Jerusalem: Kurz nach dem Konzil beginnt der syrische Architekt Zenobius mit den Bauarbeiten für eine christliche Kirche an der Stelle des römischen Tempels. Das alte Heiligtum wird niedergerissen, nur die Umfassungsmauer im östlichen Teil und der Eingangsbereich am Cardo bleiben erhalten. Hinter diesem Eingangsbereich wird eine fünfschiffige Basilika als eigentliche Kirche errichtet und von Konstantin kostbar ausgestattet. Westlich davon wird die hadrianische Aufschüttung entfernt und der ehemalige Steinbruch mit Golgota und den Gräbern freigelegt. Dort, unterhalb der Plattform, entsteht zunächst ein offener, säulenumstandener Hof, in dessen Ecke der (behauene) Golgotafelsen steht. Noch weiter westlich wird der Felsblock mit dem Grab, das als Grab Jesu identifiziert wird, so behauen, daß nur ein freistehender Block übrigbleibt – wahrscheinlich wird der Rundbau mit der goldenen Kuppel über dem Grab erst nach der Weihe der Anlage am 13. September 335 fertiggestellt.

Die Anlage über Golgota und Grab ist nicht der einzige unter Konstantin errichtete Bau. Auch in Betlehem und auf dem Ölberg werden Kirchen gebaut. Eusebius von Cäsarea beschreibt sie in seinem Werk „Das Leben Konstantins" als Stiftungen Helenas, der Mutter des Kaisers, die 326 n. Chr. nach Palästina kommt. Daß aber gerade diese Orte für einen Kirchenbau gewählt werden, spricht für die Annahme, daß dem gesamten Programm ein einheitliches Konzept zugrunde liegt, handelt es sich doch um jene Orte, die zumindest indirekt im Glaubensbekenntnis des Konzils von Nizäa erwähnt sind: Die Geburtskirche steht über der Höhle, die schon seit dem 2. Jh. n. Chr. als Ort verehrt wird, wo Jesus *„geboren wurde von der Jungfrau Maria";* die Anlage in Jerusalem erinnert an Jesus, *„gekreuzigt, gestorben und begraben, hinabgestiegen in die Scheol, am dritten Tage auferstanden von den Toten";* und die Ölberg-Kirche steht an dem Ort, von dem man glaubt, hier sei Jesus *„aufgefahren in den Himmel".*

Bald darauf wird Helena, die ihre Reise kurz nach Beginn der Bauarbeiten an der Grabeskirche unternimmt, auch mit der Auffindung des Kreuzes Jesu in Verbindung gebracht. Sie habe das Kreuz und auch den Kreuzestitel („Jesus von Nazaret, König der Juden") in einer Zisterne nahe Golgota entdeckt, heißt es erstmals in einer Grabrede des Ambrosius von Mailand für Kaiser Theodosius (gest. 395 n. Chr.). Das deutet darauf hin, daß diese Legende erst nach der nie vergessenen Reise der Helena entstanden ist und den Pilgern verständlich machte, warum man plötzlich, nach drei Jahrhunderten, das Holz des Kreuzes in Jerusalem verehrte.

Wenn bei Eusebius der Kaiser als Initiator und Auftraggeber beim Bau der Grabeskirche erscheint, so steht dahinter auch das deutende Konzept von Konstantin als dem neuen Salomo. Wie Salomo als Bauherr des ersten Tempels stellt Konstantin das Geld für Handwerker, Marmor, Säulen und Täfelung zur Verfügung. Und wenig später berichten Pilger, daß in der Kirche der Ring Salomos und das Salbhorn, mit dem die Könige in Israel gesalbt wurden, gezeigt werden. Auch die Weihe der Kirche erfolgt nicht zufällig im Herbst. Der 13. September ist einerseits der Weihetag des Jupiter-Tempels auf dem Kapitol, andererseits knüpft man an das Laubhüttenfest, das alte Fest der Tempelweihe, an, und behauptet, die Grabeskirche sei am gleichen Tag geweiht worden wie der salomonische Tempel. So symbolisiert die neue Kirche zugleich die Ablösung des JHWH-Tempels und des Jupiter-Kultes in Rom – und wird selbst zum „neuen Tempel".

Zu sehen ist von den konstantinischen Anlagen nicht mehr viel. Die Geburtskirche in Betlehem zeigt sich heute im großen und ganzen in der Form, die Kaiser Justinian ihr im 6. Jh. n. Chr. gegeben hat – jener Justinian, der bei der Vollendung der Hagia Sophia in Konstantinopel ebenfalls eine Beziehung zum Jerusalemer Tempel herstellte, als er ausrief: „Salomo, ich habe dich übertroffen!" Andererseits ist diese Kirche die einzige im Land, die mit den ursprünglichen Säulen noch eine ungefähre Vorstellung vom Aussehen einer konstantinischen Basilika gibt. Unterhalb des heutigen Fußbodens finden sich auch noch Reste des ursprünglichen Mosaikbodens. Beinahe ausschließlich geometrische Motive werden als Schmuck verwandt. Aber unter einer Holzklappe findet sich nördlich vor dem Chor ein Mosaikfeld, in dem ganz klein die Buchstaben ΙΧΘΥΣ zu erkennen sind, die griechischen Anfangsbuchstaben des Glaubensbekenntnisses „Jesus Christus, Gottes Sohn, Erlöser" (zusammengelesen bedeuten sie „Fisch"). Erstmals konnte das alte Zeichen der Christen hier offen gezeigt werden!

Auf dem Ölberg ist von der konstantinischen Kirche „Eleona" (griech.: Oliven) noch weniger zu sehen. Erst im 19. Jh. wurden die Grundmauern der 614 n. Chr. zerstörten Kirche entdeckt. Heute sind sie so weit wieder aufgebaut, daß man den Grundriß der Kirche erkennen kann. Unter dem Chorraum befindet sich die schon vor Konstantin als Ort der (nachösterlichen) Jüngerbelehrung verehrte Höhle. Nachdem man die Himmelfahrt (schon kurz nach Konstantin) auf der nahegelegenen Spitze des Ölbergs verehrte, wurde die Grotte zum Ort, an dem Jesus die Jünger das Vaterunser lehrte – bei Lukas steht der Bericht darüber hinter der Episode vom Besuch bei Marta und Maria, die man in Betanien lokalisierte (vgl. Lk 10,38-11,4). So sind die Ruinen heute mit der „Pater-Noster-Kirche" identisch.

Die Frauen am Grabe. Darstellung auf dem Deckel eines Reliquienkästchens aus Palästina. Im Hintergrund eine Darstellung der byzantinischen Anastasis (heute in den Vatikanischen Museen).

Vor allem an der Grabeskirche gibt es zahlreiche Spuren, die helfen, sich ein Bild von der Anlage und ihrer theologischen Konzeption zu machen. Unter der Kirche befindet sich die bereits erwähnte Zisterne. Die Eingangstore zum Tempelplatz der Aelia Capitolina, im Russischen Alexanderhospiz zu sehen, sind mit dem Eingang zum Atrium der konstantinischen Basilika identisch (1). Von der fünfschiffigen Halle (2) selbst ist leider nichts erhalten. Auch der Golgotafelsen (3) liegt heute nicht mehr in dem offenen Hof (4), den man über einige Stufen von den Seitenschiffen der Kirche aus erreichte. Allerdings sind im Nordteil der heutigen Kirche noch einige Säulen mit byzantinischen Korbkapitellen vorhanden, die den Hof umstanden. Am besten erhalten ist die zuletzt fertiggestellte Rotunde über dem Grab (5), die noch heute den westlichen Abschluß der Grabeskirche bildet. Sie wurde in byzantinischer Zeit „Anastasis" (griech.: Auferstehung) genannt. Die Pfeiler und Säulen stehen dort, wo sie auch beim Bau der Kirche gestanden haben; auch die kleinen Apsiden (in der westlichen befindet sich das erwähnte „Grab des Josef von Arimatäa") stammen aus konstantinischer Zeit. Der eigentliche Grabbau, der wahrscheinlich sechseckig behauen war – so schließt man aus frühchristlichen Darstellungen –, ist seit 1009 zerstört; der heutige Bau ist nach einem Brand Anfang des 19. Jh. errichtet worden, hat aber wahrscheinlich den ursprünglichen Aufbau mit Vorkammer und Grabkammer beibehalten. (Ein Bild vom ursprünglichen Zustand des Grabes kann man sich heute eher anhand der Darstellungen auf Pilgerandenken machen, wie z.B. dem Deckel eines Reliquienkästchens aus dem 6. Jh. n. Chr.)

Die architektonischen Formen, in denen Konstantin bauen ließ, waren – ganz bewußt – nicht die Formen des antiken oder jüdischen Tempels. Die von den Christen für ihre ersten Kirchen übernommene Basilika diente im römischen Reich als Markt- und Gerichtshalle; nur ein solcher Bau eignete sich für die gottesdienstlichen Versammlungen der Christen, während in den Tempeln diese Versammlungen ja außerhalb des Heiligtums, in dem nur das Kultbild stand, stattfanden. Durch das breite Mittelschiff und die halbrunde Apsis am Ende, in der der Bischof thront, bekommt die Basilika auch das Gepräge einer Thronhalle. Die „Verlegung" der Säulen, die bei den antiken Tempeln die Cella umgaben, hat man auch als Sinnbild für die „Verinnerlichung" des christlichen Kultes angesehen. Die Form der Rotunde dagegen wurde von den römischen Gedächtnisbauten für bedeutende Persönlichkeiten übernommen – auch das Mausoleum des Augustus oder Hadrians (die heutige Engelsburg) waren Rundbauten.

Gleichzeitig ist die Funktion des Baus als „neuer Tempel" nicht zu übersehen. Wie der alte Tempel, aber anders als die meisten frühchristlichen Kirchen, ist die Kirche nach Osten hin offen. Die aufgehende Sonne gibt die Richtung an, in die sich die Christen beim Gebet wenden. Dahinter steht nicht nur der römische Sonnenkult. Auch das alte Jerusalemer Bild von der „Sonne der Gerechtigkeit" (vgl. Mal 3,20) wird nun auf Christus bezogen. So wie er von Osten nach Jerusalem kam, so erwartet man auch sein Wiederkommen wie einen Sonnenaufgang von Osten. Man könnte die Abweichung von der üblichen Bauweise, ähnlich wie bei der konstantinischen Peterskirche in Rom, noch mit der Lage der Anlage westlich des Cardo erklären – obwohl man bei der Umwand-

Das Jerusalem des Konstantin

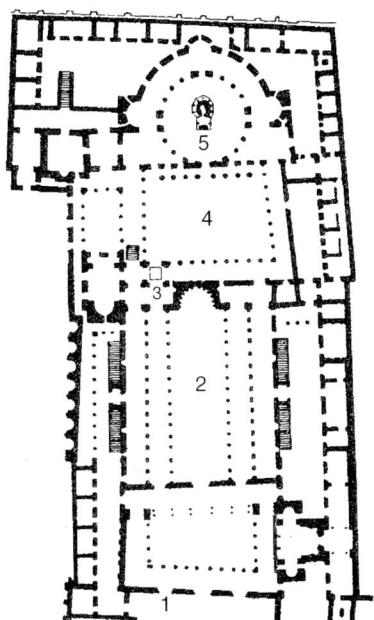

Rekonstruierter Grundriß der Grabeskirche zur Zeit Konstantins (nach Coüasnon).

lung des Tempels von Gerasa, der ja möglicherweise als Vorbild für Jerusalem gedient hat, anders verfuhr. Aber die Übereinstimmung mit dem Jerusalemer Tempel, die der eigentliche Grund ist, geht weiter.

Das Allerheiligste des Tempels lag im Westen der Anlage; davor, etwas aus der Achse verrückt, befand sich der Altar, und östlich von Tempel und Altar, im Vorhof, versammelte sich die Gemeinde. Das ist exakt die Anordnung von Grab, Golgotafelsen und Basilika! Tatsächlich bezeichnet Eusebius das Grab mehrfach als „Allerheiligstes" und die Gesamtanlage als „neuen Tempel". So wird mit Hilfe von Architektur die Gemeinde als „neues Israel" beschrieben, der Tod Jesu als Opfer gedeutet und die Auferstehung als neuer Inbegriff des Göttlichen definiert. Der Bischof übernimmt in dieser Konzeption die Rolle des Hohenpriesters: Wie dieser betritt er im Verlauf der Liturgie mehrfach allein das Allerheiligste zum Gebet und segnet von den Stufen aus das Volk. Das alles ist auf der einen Seite mit einer deutlichen Absetzung vom „alten Tempel" und dem Judentum verbunden, zeigt aber auf der anderen Seite auch, daß es die jüdischen Bilder sind, die von den Christen auf neue Weise interpretiert werden.

Insbesondere das „leere Grab" als das Allerheiligste weist eine erstaunliche Parallele zum leeren Raum jenseits des Vorhangs im Tempel auf. Es vermittelt eine ähnliche Vorstellung vom Heiligen: Das Göttliche selbst ist gerade nicht an einem konkreten Ort zu greifen! Es gehört einer anderen Welt an und ist nur zu ahnen in demjenigen, der Bild und Gleichnis Gottes ist. Auch die Deutung Golgotas als Altar, als neuer „heiliger Felsen", stellt einen Bezug zwischen der „Opferung Jesu" und der „Opferung Isaaks" her: Beide werden auf wunderbare Weise gerettet. Tatsächlich verehren Christen wenig später den Golgotafelsen als Ort, an dem Abraham seinen Sohn opfern wollte.

Auch die anderen Traditionen des Tempelplatzes, der ganz bewußt als Trümmerhaufen erhalten bleibt, „wandern" zur Grabeskirche: Sie gilt nun als Ort, von dem die Schöpfung ihren Ausgang nahm. In einem Spalt des Golgotafelsens hört ein

Pilger sogar die Wasser der Urflut rauschen. So wird die Anastasis zur neuen „Mitte der Welt" – der Jerusalemer Bischof Cyrill verweist auf den Psalmvers „*Er hat das Heil gewirkt in der Mitte der Erde*" (Ps 74,12 LXX). Noch heute zeigt man gegenüber vom Grab, am Eingang zum Kirchenschiff, den „Omphalos", den Nabel der Welt. Die alte Vorstellung vom Gottesberg als Mittelpunkt wird neu bestimmt durch die Person Jesu, die die Welt und die Menschheit „im Innersten zusammenhält".

Deshalb „muß" auch Adam unterhalb von Golgota begraben liegen. Die jüdische Tradition hatte das Grab (zumindest teilweise) am Tempelberg gesucht. Nun bringt man die Tat des „letzten Adam" (vgl. 1 Kor 15,45) mit dem „alten Adam", der Verkörperung der ganzen Menschheit, in Verbindung. Ausgehend von dem theologischen Bild, daß „Adam" durch den Christus Jesus erlöst wird, sucht man nun das Grab Adams unterhalb des Kreuzes. Die Kapelle am Fuß des Felsens wird zur Adamskapelle, auf vielen Kreuzesdarstellungen findet sich der Schädel Adams zu Füßen des Kreuzes.

So werden seit konstantinischer Zeit die konkreten Orte Jerusalems in eine theologisch-mythologische Geographie eingeordnet. Auch mit ihrer Hilfe werden nun die christlichen Erfahrungen gedeutet, die bisher auf Bilder und Erzählungen allein angewiesen waren.

Vor allem mit der Grabeskirche befassen sich auch die Schriften aus konstantinischer Zeit. Eusebius leitet die Auffindung des Grabes mit einer grundsätzlichen Betrachtung ein: „*Die Unseligen konnten ja nicht begreifen, daß es unnatürlich wäre, wenn derjenige, der über den Tod den Siegespreis errungen hat, sein herrliches Werk in Verborgenheit ließe, nicht weniger unnatürlich, als wenn die Sonne, die strahlend über die Erde hinaufzieht und ihre angewiesene Bahn am Himmel durchläuft, den Menschen auf dem ganzen Erdkreis verborgen bliebe; denn viel heller als die Sonne erleuchtet die Macht des Erlösers die Seelen und nicht die Leiber der Menschen, mit ihren lichten Strahlen die ganze Welt erfüllend*" (Leben Konstantins III, 26). Auffällig ist vor allem die Benutzung der Sonnensymbolik – der Kult der unbesiegten Sonne war ja der bisherige Staatskult gewesen. Daß der Sonnenkult auch am Anfang des Jerusalemer Tempels gestanden hatte, war allerdings zu seiner Zeit nicht mehr bekannt.

Dann berichtet er von der überraschenden Auffindung des Grabes. Er benutzt dieses gebräuchliche Muster, um eine neue „Auferstehungsgeschichte" zu erzählen: „*Als sich aber statt des beseitigten Fußbodens ein anderer in der Tiefe der Erde zeigte, da zeigte sich auch gegen aller Erwarten das hehre und hochheilige Denkmal der Auferstehung des Heilands, und der heiligsten Höhle sollte da ein ähnliches Wiederaufleben beschieden sein wie dem Erlöser selbst: Nachdem sie lange Zeit im Dunkel verborgen gewesen war, kam sie wieder ans Licht und gab denen, die sie zu sehen herbeigekommen waren, deutliche Kunde von den daselbst geschehenen Wundern; denn sie bezeugte die Auferstehung des Erlösers durch Tatsachen, die lauter sprachen als jeder Mund*" (Leben Konstantins III, 28).

Und schließlich sieht Eusebius in dieser Anlage sogar das himmlische Jerusalem verwirklicht, denn für ihn hat mit der konstantinischen Wende bereits die erhoffte endzeitliche Wende begonnen: *„Am Grabmal des Erlösers wurde das neue Jerusalem gebaut, jenem altberühmten gegenüber, das, nach der schrecklichen Ermordung des Herrn, die Gottlosigkeit seiner Einwohner mit völliger Verwüstung hatte büßen müssen. Diesem also gegenüber ließ der Kaiser den Sieg unseres Erlösers über den Tod mit reicher und großartiger Pracht verherrlichen, so daß leicht dieser Bau jenes von prophetischen Aussprüchen verkündete neue, zweite Jerusalem sein kann, über das große, vom göttlichen Geist eingegebene Weissagungen so viel Herrliches verkünden"* (Leben Konstantins III, 33).

Sehr viel nüchterner schreibt der erste Pilgerbericht, der uns erhalten geblieben ist, der Bericht eines Pilgers aus Bordeaux aus dem Jahr 333 n. Chr., über die Stadt: *„Wenn du von da aus, außerhalb der Mauer, den Zion verläßt, in Richtung auf das Neapolis-Tor, sind auf der rechten Seite unten im Tal Wände, wo das Haus oder Prätorium des Pilatus stand; dort wurde der Herr vor seiner Passion verhört. Auf der linken Seite aber ist der kleine Hügel Golgota, wo der Herr gekreuzigt wurde. Ungefähr einen Steinwurf weit davon entfernt befindet sich die Höhle, wo sein Leib bestattet war und am dritten Tage auferstand. Dort ist auf Befehl des Kaisers Konstantin eine Basilika, d.h. eine Kirche, von wunderbarer Schönheit errichtet worden. Sie hat Becken an der Seite, aus denen Wasser entnommen wird, und hinten ein Bad, in dem die Kinder getauft werden"* (Reisebericht 594).

Ungeachtet des Überschwangs des Eusebius bleibt die Vorstellung lebendig, daß das „neue Jerusalem", der Ort der Gegenwart Gottes, die christliche Gemeinschaft ist. So schreibt wenige Jahre später Hilarius, Bischof von Poitiers (gest. 361), unbeeindruckt vom Wiederaufbau in Jerusalem: *„Gott hat Zion zum Wohnsitz und zur Stätte seines Ruhens gewählt. Nun aber ist Zion, wo sich der Tempel befand, zerstört. Wo bleibt also der ewige Sitz des Herrn? Wo bleibt seine ewige Ruhestätte? Wo ist der Tempel, in dem er wohnen kann? Es bleibt ihm jener, von dem gesagt wurde: ‚Ihr seid der Tempel Gottes, und der Geist Gottes wohnt in euch.' Das ist das Haus, das ist der Gottestempel, erfüllt von Gottes Offenbarungen und Machtzeichen und durch Heiligkeit des Herzens fähig, eine Wohnstätte für Gott zu sein, von der der Prophet bezeugt: ‚Heilig ist dein Tempel, wunderbar an Gerechtigkeit'* (Ps 64,5). *Die Heiligkeit, Gerechtigkeit und Mäßigkeit des Menschen ist Gottes Tempel. Dieses Haus aber muß von Gott selbst erbaut werden ... Die Vollendung dieses Baus wird Israel, das jetzt in Gefangenschaft gehalten wird, nach der Erreichung der Vollzahl der Heiden zuteil werden. Und das eine Haus wächst zu einer Vielzahl von Häusern aus, durch das vielfache Bauen der Gläubigen, in einem jeden von uns, und weitet sich so zur Schönheit und zum Umfang jener seligen Stadt Jerusalem"* (Traktat über Psalm 126).

11.
Die Heilige Stadt der Pilger und Theologen

Wenige Jahrzehnte nach Taufe und Tod Konstantins im Jahr 337 versucht sein Neffe Julian (361-363) noch einmal die Wiederherstellung der alten religiösen Ordnung. Die Verehrung der alten Götter wird wieder vorgeschrieben, die griechische Philosophie gefördert, Christen der Zugang zu den öffentlichen Schulen verboten. Zu der neuen Politik gehört auch die Förderung des Judentums, das unter der christlichen Gesetzgebung Konstantins Beschränkungen seiner Rechte hinnehmen mußte.

Julian erlaubt sogar den Wiederaufbau des Tempels. Die Arbeiten in Jerusalem beginnen im Frühjahr 363 – anscheinend mit großen Hoffnungen. Man greift auf die Verheißung des dritten Jesaja aus der Zeit nach dem babylonischen Exil zurück, von der man glaubt, daß sie nun Wirklichkeit wird: *„Wie eine Mutter ihren Sohn tröstet, so tröste ich euch; in Jerusalem findet ihr Trost"* (Jes 66,13). Und in die westliche Umfassungsmauer ritzt man, nicht weit von der SW-Ecke, den darauffolgenden Vers: *„Wenn ihr das seht, wird euer Herz sich freuen, und ihr werdet aufblühen wie frisches Gras"* (Jes 66,14). Doch schon im Mai desselben Jahres werden die Arbeiten nach einem Erdbeben wieder eingestellt – für die Christen ein göttliches Zeichen. Dem Kaiser Julian, der im Juni bei einer Schlacht gegen die Perser umkommt, geben sie den Beinamen „Apostata" (griech.: der Abtrünnige).

Unter Kaiser Theodosius (379-395) wird das Christentum dann „Staatsreligion", d.h. alle nichtchristlichen Kulte werden verboten. Nach dem Tod des Kaisers wird das Reich unter seine Söhne aufgeteilt; Jerusalem gehört nun zum oströmischen Reich. Auch Aelia Capitolina wird endgültig eine „christliche Stadt"; der Name Jerusalem taucht wieder auf, wird aber häufig durch die Bezeichnung „Heilige Stadt" ergänzt – so beispielsweise auf der Mosaikkarte, die 1884 im ostjordanischen Madaba gefunden wurde und das byzantinische Jerusalem zeigt (s. Tafel I).

Am Nordtor findet sich auf diesem Mosaik die schon unter Hadrian aufgestellte Säule. Pilger sind überzeugt, daß sie um die Mittagszeit keinen Schatten wirft – was ihnen die Lage der Stadt in der Mitte der Welt beweist. Und obwohl Jerusalem im Laufe der Zeit politisch immer weiter an den Rand gedrängt wird, erweist sich diese „theologische Geographie" im religiösen Sinne zunehmend als richtig. Zahllose Pilger strömen von überall her nach Jerusalem, das die Mitte ihres Glaubens bildet. Zwar bringen Theologen Gegenargumente vor, so schreibt zum Beispiel Gregor von Nyssa an einen Abt: *„Erteile du den Brüdern den Rat: Sie sollen den Leib verlassen und zum Herrn pilgern und nicht von Kappadokien nach Palästina"*

(Brief 2,18). Auch Hieronymus verweist auf den rein weltlichen Charakter der Stadt: *„Die Stätten der Kreuzigung und Auferstehung liegen in einer hektisch belebten Stadt, in der es Behörden, Garnisonen, Dirnen, Schauspieler und Witzbolde gibt"* (Brief 58,4). Auf Dauer aber haben sie keinen Erfolg – und auch Gregor schreibt, *nachdem* er in Jerusalem gewesen ist, und Hieronymus lebt in Betlehem ...

Die Stadt wird weiter ausgebaut. Pilgerhospize werden errichtet für die Gäste, die nicht mehr, wie zunächst üblich, in den Galerien über den Säulenhöfen der Grabeskirche untergebracht werden können. Im Vordergrund aber steht der Bau neuer Kirchen für die Feier von Leiden und Erhöhung Jesu, die bis dahin im Grunde nur in zwei Kirchen stattfand. So wird im Garten Getsemani noch unter Theodosius eine Kirche errichtet, später folgen auch Heiligtümer über dem Haus des Kajaphas und dem ehemaligen Prätorium. Auf der anderen Seite wird, ebenfalls unter Theodosius, auf dem SW-Hügel die „Hagia Sion" errichtet, die mit dem Pfingstereignis verbunden wird – möglicherweise im Zusammenhang mit dem Konzil von Konstantinopel im Jahr 381, bei dem auch der Geist Gottes als vollkommene Erscheinungsweise Gottes herausgestellt wird. Und auf dem Ölberg wird der Eleona-Kirche Ende des 4. Jh. ein Rundbau hinzugefügt: Auf der „Imbomon" („en bouno" – griech.: auf dem Hügel) genannten Spitze des Berges errichtet die vornehme Römerin Poimenia über den „Fußspuren Jesu" einen Bau, der an die Himmelfahrt erinnert.

Damit hat die Architektur die „Aufspaltung" von Tod und Auferstehung, wie sie im Laufe der Zeit in den neutestamentlichen Schriften zum Ausdruck kommt (erst Lukas berichtet ja von Himmelfahrt und Pfingsten nach Ostern), nachvollzogen. Der gleiche Prozeß findet in der Liturgie statt, und zwar in der Art, wie in Jerusalem Gottesdienst gefeiert wird. Grundgedanke (nicht nur) des christlichen Gottesdienstes ist – in Anknüpfung an das Judentum – die Überzeugung, daß durch die Feier eine vergangene Erfahrung gegenwärtig wird – wie zum Beispiel das Mahl Jesu mit den Jüngern. Und während anfangs allein diese eine Mahlfeier in der Osternacht die Erinnerung an Tod und Auferstehung Jesu wachrief, beginnt man nun, die einzelnen Stationen seines Weges nachzugehen und nachzuahmen. Die Pilgerin Egeria, eine vornehme Dame aus dem Westen des Römischen Reiches kommt gegen Ende des 4. Jh. nach Palästina und beschreibt die erlebten Gottesdienste.

Am Palmsonntag ziehen alle vom Ölberg aus in die Stadt und spielen so den Einzug Jesu nach: *„Alle Kinder, die es hier gibt, auch die, die noch nicht zu Fuß gehen können, weil sie zu klein sind, und sich bei ihren Eltern am Hals festhalten, tragen Zweige – die einen von Palmen, die anderen von Ölbäumen. So wird der Bischof in der Weise geleitet, wie der Herr begleitet worden ist"* (Reisebericht 31,3). Am Gründonnerstag zieht man wieder zum Ölberg und nach Getsemani und durchwacht – wie Jesus – die Nacht. Am Karfreitag versammelt man sich genau zur Todesstunde Jesu im Hof vor dem Golgotafelsen und liest die Schriftstellen über das Leiden Jesu. Nach der Osternachtfeier geht man, wie jeden Sonntag, in der Frühe zum Grab. Egeria berichtet, wie dieser Moment zu einer dramatischen Nachahmung des Ostermorgens ausgestaltet wird: Dann „*bringt man auch Weihrauchgefäße in die Grotte der Anastasis hinein, so daß die ganze Anastasisbasilika von den Düften erfüllt wird. Dann nimmt der Bischof innerhalb des Gitters, wo er steht, das Evangelium ‚trägt es bis zur Tür und liest dort selbst die Auferstehung des Herrn. Wenn er begonnen hat zu lesen, brechen alle in ein solches Jammern und Klagen aus, daß selbst der Härteste zu Tränen darüber gerührt werden kann, daß der Herr so Großes für uns auf sich genommen hat*" (Reisebericht 24,10). Während zunächst nur der Weihrauch die wohlriechenden Salben nachahmt und der Bischof den Auferstehungsengel „spielt", entwickelt sich im Laufe der Zeit auch die noch heute vollzogene Zeremonie des „heiligen Feuers": Im verschlossenen Grab wird auf wunderbare Weise neues Licht entzündet und verbreitet sich in Windeseile in der Kirche ... Am Pfingsttag zieht man zum Zion und feiert dort zur dritten Stunde (vgl. Apg 2,5) die Ausgießung des Geistes.

Damit werden die eigentlich „übergeschichtlichen" Erfahrungen von Auferstehung und Geist zwar einerseits zu historischen Ereignissen gemacht, die zu einem ganz bestimmten Zeitpunkt und an einem ganz bestimmten Ort stattgefunden haben, andererseits aber soll gerade die liturgische Nachahmung die gleiche Erfahrung in der Gegenwart ermöglichen. Die Reaktion der Gläubigen zeigt denn auch, daß das gelingt. Diese Form des Gottesdienstes strahlt im Laufe der Zeit von Jerusalem auf die ganze Kirche aus: Überall bestimmt der Gedanke der Vergegenwärtigung durch Nachahmung die Liturgie.

Im Laufe der Zeit treten aber auch die anderen Ereignisse des Lebens Jesu ins Bewußtsein. Über den Teichen Betesda und Schiloach werden Kirchen errichtet. Und je mehr Jesus in die Ferne rückt und nicht nur der Mensch ist, der Gottes Herrlichkeit sichtbar macht, sondern zum göttlichen Menschen wird, treten auch die Heiligen in den Vordergrund, die ihrerseits sichtbar machen, was geschieht, wenn ein Mensch sich dem Göttlichen überläßt. Von dem Grab, das zur Jakobuskirche umgewandelt wird, war bereits die Rede. Im Jahr 415 werden die Gebeine des ersten Märtyrers Stephanus aufgefunden und zunächst in der Zionskirche aufbewahrt, bevor nördlich des Neapolistores eine eigene Stephanuskirche errichtet wird. Und nach dem Konzil von Ephesus im Jahr 431, bei dem Maria der Titel „Gottesgebärerin" zuerkannt wird, entstehen auch Marienkirchen. Da das Kindheitsevangelium des Jakobus (das nicht ins Neue Testament aufgenommen worden ist) erzählt, Maria sei in Jerusalem geboren, errichtet man nördlich des Tempels eine „Geburtskirche" an der Stelle der späteren Kreuzfahrerkirche St. Anna. Ferner verehrt man seit dieser Zeit das Grab der Maria im Kidrontal. Auf dem Konzil von Chalkedon 451 überzeugt der Jerusalemer Bischof Juvenal die Versammelten, daß die Tradition vom Tod der Maria in Jerusalem gegenüber der Überlieferung von ihrem Tod in Ephesus den Vorzug verdient. Im Jahre 543 wird unter Kaiser Justinian die größte Kirche der Stadt eingeweiht, die „Nea Maria". Bei den Pilgern äußert sich diese Veränderung in der Frömmigkeit darin, daß sie nicht mehr in erster Linie den Weg Jesu nacherleben, sondern von den Orten und Reliquien selbst Segen erhoffen – so bringt der Pilger von Piacenza um 570 Öl vom heiligen Grab mit nach Hause, und andere Pilger berichten viel von heilsamen Gegenständen wie der hl. Lanze und dem Abendmahlskelch. Schon Egeria berichtete von der Bewachung der Kreuzreliquie am Karfreitag, weil kurz zuvor ein Gläubiger bei der Kreuzverehrung zugebissen hätte, um sich so in den Besitz eines Teils der Reliquie zu bringen.

Pilgerfläschchen aus Jerusalem aus byzantinischer Zeit (heute im Domschatz zu Monza).

Frauen spielen für die Entwicklung der Stadt eine nicht unbedeutende Rolle: Neben Helena und Poimenia sind es vor allem Melania die Ältere und Melania die Jüngere, die durch von ihnen gestiftete Klöster und Hospize das Stadtbild prägen. Um 440 kommt die geschiedene Frau des Kaisers Theodosius II., Eudokia, nach Jerusalem, und veranlaßt neben dem Bau der Stephanuskirche auch eine Erweiterung der Stadtmauer. Noch einmal werden der SO-Hügel, die alte Davidstadt, und der Zion in das ummauerte Stadtgebiet einbezogen, der Cardo wird in Richtung Süden verlängert.

Beim Konzil von Chalkedon erreicht Juvenal schließlich, daß Jerusalem nicht länger dem Bischof von Cäsarea unterstellt ist – anfangs hatte man die politische Unterordnung auch für die kirchliche Organisation übernommen –, sondern als Sitz eines eigenen Patriarchats anerkannt wird. Damit gehört die Stadt mit Rom, Konstantinopel, Alexandrien und Antiochien zu den fünf Zentren der Kirche.

In die auf das Konzil folgenden Lehrstreitigkeiten wird auch Jerusalem hineingezogen. Die Konzilsversammlung hatte versucht, das Verhältnis von Göttlichkeit und Menschlichkeit in Jesus näher zu bestimmen, und sich zu einer paradoxen Formulierung durchgerungen: Ungetrennt und unvermischt existiert beides in der einen Person. Nun gibt es auch in Jerusalem viele, durchaus religiöse Menschen, die demgegenüber glauben, das Göttliche habe Jesus ganz und gar bestimmt; sie sehen darin das Vorbild für das eigene Leben, wo das Göttliche ebenfalls das Menschliche mehr und mehr dominieren soll. Zum anderen gibt es in Jerusalem, seit Konstantin eine internationale Stadt, Niederlassungen von Kirchen, die der Linie des Konzils als ganze nicht folgen.

Diese Kirchen wollen sich endgültig vom oströmischen Reich lösen, zu dem sie teilweise politisch schon gar nicht mehr gehören. Die Armenier, Syrer und Ägypter (Kopten) beispielsweise bilden seitdem unabhängige Kirchen. Aus Sprachunterschieden werden nun Konfessionsunterschiede: Schon zu Zeiten der Egeria verstanden nicht mehr alle Bewohner Jerusalems Griechisch; das Aramäische setzt sich erneut als Volkssprache durch, und auch die Lateiner, Kopten und Armenier beginnen, in ihrer eigenen Sprache Gottesdienst zu feiern. Das Erstarken der „nationalen" Elemente und die Unterdrückung der andersdenkenden Bevölkerung wird eine der Voraussetzungen für die spätere arabische Eroberung sein.

Daß Palästina und Jerusalem im Gegensatz zu allen umliegenden Ländern „orthodox" im Sinne von Chalkedon bleiben, liegt nicht nur an der besonders engen Bindung der Stadt an den Kaiser, sondern vor allem an den Mönchen der judäischen Wüste. Das Oberhaupt der Mönche, Euthymius, hält die Formulierungen des Konzils für fremd, aber nicht für falsch. Er überzeugt die Mönche und auch Eudokia. Zum ersten und einzigen Mal in der Geschichte Jerusalems gehört die Wüste im Grunde zum Stadtgebiet. Denn obwohl die Mönche seit Anfang des 4. Jh. zunächst in die Wüste gegangen waren, um dem Weltlichen zu entfliehen und dem Göttlichen mehr und mehr Raum zu geben, prägen sie das Leben der Welt entscheidend mit. Zum einen siedeln immer mehr Mönche auch in Jerusalem, zum anderen werden die Wüstenmönche bei wichtigen Situationen immer wieder in die Stadt geholt – nicht zuletzt als Bischöfe und Patriarchen. Vom Schüler des Euthymius, Sabas, heißt es gar, er habe durch seine zahlreichen Klostergründungen „aus der Wüste eine Stadt gemacht".

Das Ende der byzantinischen Blütezeit kommt in Gestalt der Perser. Anfang des 3. Jh. hatte in Persien, das nie zum Römischen Reich gehörte, die Dynastie der Sassaniden die Macht übernommen und sich zum Rivalen Ostroms entwickelt. Schon im Jahre 540 erobern die Perser Antiochia, die drittgrößte Stadt des Reiches. Justinian erreicht durch Zahlung hoher Tribute noch einmal eine Friedensperiode, aber nachdem 611 Antiochia erneut gefallen ist, erobern die Perser 614 Palästina. Zahlreiche Kirchen in Jerusalem, u.a. die Grabeskirche und die Hagia Sion, werden zerstört, die Kreuzesreliquie wird geraubt, und Tausende von Bewohnern finden den Tod. Ihre Gebeine wurden westlich der Stadt entdeckt.

Doch ist die Herrschaft der Zarathustraanhänger nur ein Zwischenspiel. Nachdem sie im Jahre 626 sogar Konstantinopel bedroht haben, werden sie von Kaiser Heraklius kurz darauf bei Ninive vernichtend geschlagen. In Jerusalem hat der Wiederaufbau zu diesem Zeitpunkt schon begonnen – einer der von Ostrom getrennten persischen Christen hat das am Hof der Sassaniden erreicht. Kaiser Heraklius bringt nun auch die Kreuzesreliquie zurück und zieht 628 feierlich in die Stadt ein. Niemand ahnt, daß zehn Jahre später, noch zu seinen Lebzeiten, die Stadt endgültig für das oströmische Reich verlorengeht.

Es ist ein wenig paradox: Obwohl das byzantinische Bauprogramm die Stadt Jerusalem bis heute prägt, die ja noch immer (auch) eine Stadt der Pilger ist, ist nur an wenigen Stellen die ursprüngliche Bausubstanz erhalten. Zu oft sind die damals errichteten Gebäude in der Folgezeit überbaut und erneuert worden. So ist beispielsweise von der Hagia Sion, einer der byzantinischen Hauptkirchen, die an der Stelle der heutigen Dormitio stand, im Grunde nichts mehr zu sehen.

An der SO-Ecke des Tempelplatzes ist der Ansatz der Mauer der Eudokia zu erkennen, die Richtung Süden führte und das Stadtgebiet erheblich vergrößerte. Bei den Ausgrabungen im jüdischen Viertel ist ein Teil des byzantinischen Cardo ans Licht gekommen – unterhalb der neuen Bebauung kann man einen guten Eindruck von der repräsentativen Straße bekommen, von dem breiten, gepflasterten Fahrweg, dem Säulengang an den Seiten und den dahinterliegenden Läden. Am nördlichen Ende der Ausgrabung ist zudem eine (leicht vergrößerte) Kopie der Jerusalem-Darstellung auf der Mosaikkarte von Madaba angebracht, die kurz nach Vollendung der Neakirche fertiggestellt wurde: Auf der Karte, die ebenfalls „orientiert", d.h. nach Osten (und nicht nach Norden) ausgerichtet ist, sind die säulenbestandenen Hauptstraßen gut zu erkennen, ebenso die zahlreichen Kirchen, die durch rote Dächer gekennzeichnet sind. Im Süden liegt die Hagia Sion mit dem Anbau des Pfingstsaales, nordöstlich davon die Nea-Kirche und im Zentrum der Stadt (auf dem Kopf) die Anastasis mit Stufen, Portal, Basilika und goldgedeckter Rotunde. Dabei stellt die Karte ein bemerkenswertes Beispiel „religiöser Geographie" dar: Einerseits gibt sie zahlreiche exakte Informationen, andererseits ordnet sie diese nach einem theologischen Prinzip: Obwohl sich die Grabeskirche in der nordwestlichen Ecke der Stadt befindet, bildet sie hier die eigentliche „Mitte" der Stadt, während der Tempelplatz, der faktisch ein Viertel der Stadtfläche ausmacht, gar nicht vorkommt!

Ein byzantinisches Mosaik aus Jerusalem selbst befindet sich heute in Istanbul: Es wurde zu Beginn des 20. Jh. nördlich des Damaskustores entdeckt, gehörte zu

Orpheus als Sänger. Byzantinisches Mosaik aus Jerusalem (Archäologisches Museum Istanbul).

einer kleinen Grabkapelle und zeigt den musizierenden Orpheus inmitten von wilden Tieren, die bei seiner Musik friedlich werden, ein Kentaur und Pan zu seinen Füßen. Das mythische Bild war auch noch in byzantinischer Zeit beliebt: In der Synagoge von Gaza war David als Orpheus dargestellt und symbolisierte die Sehnsucht nach dem davidischen Friedensreich. In der christlichen Kunst wird Orpheus wegen seines Gangs in das Totenreich, aus dem er seine Frau Eurydike zurückzuholen versucht, zum „Propheten" der Unsterblichkeit; wegen seines Gesangs ist er Symbol Christi, der aus Wilden friedfertige Menschen macht – so Eusebius in seiner Schrift „Lob Konstantins".

Im jüdischen Viertel wurden auch Reste der Nea gefunden, der gewaltigsten Kirche der Stadt und Gegenstück zur Anastasis, die vom Cardo aus zu erreichen war. Aber nur von der Nordapsis sind einige Reste erhalten geblieben, die man besichtigen kann. Beeindruckende architektonische Überreste sind auch die Unterbauten der byzantinischen Kirche am Teich Betesda. Der schmale Steg zwischen ihnen wurde mit Hilfe von Pfeiler-Substruktionen so verbreitert, daß die Kirche sozusagen über den Teichen stand.

Die älteste erhaltene Kirche der Stadt dagegen ist wahrscheinlich ein kleines Gebäude östlich der Christenstraße. Die sogenannte „Kirche Johannes' des Täufers" mit ihrer silbernen Kuppel steht auf einer Kirche des 5. Jh., die als „Kleeblattchor" mit drei Apsiden um einen Zentralraum gestaltet war. Ebenfalls aus dem 5. Jh. stammt die Menaskapelle in der armenischen Jakobuskathedrale; da sie als Schatz-

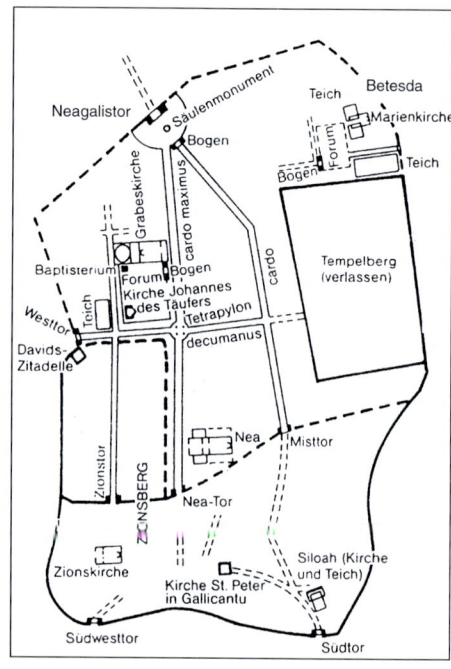

Jerusalem in byzantinischer Zeit.

kammer benutzt wird, ist sie nur mit Sondergenehmigung zugänglich.

Am Anfang des Kidrontales liegt das Mariengrab. Zwar stammen Fassade und Treppe aus der Kreuzfahrerzeit, aber der Felsblock des eigentlichen Grabes wurde in byzantinischer Zeit bearbeitet und gibt eine Vorstellung auch von der Anastasis. Zugleich gibt der Bau Zeugnis von der Geistigkeit der byzantinischen Epoche: Auch hier zeigt man ein leeres Grab; auch hier erzählt man von einer Himmelfahrt; drei Tage nach dem Tod Mariens hätten die Apostel nur noch ein Meer von Blumen und Kräutern gefunden, erzählen byzantinische Legenden. Dahinter steht die Überzeugung, daß Maria Bild der ganzen Kirche ist. An ihr wird sichtbar, was mit dem Menschen geschieht, der sich auf Gott einläßt. Jesus verkörpert in der byzantinischen Welt als Christus sozusagen das Göttliche, Maria das Menschliche, das durch Christus emporgehoben und verwandelt wird. (Die Erzählungen werden später zum Ursprung der Kräuterweihe am Fest der Himmelfahrt Mariens, die bis ins 20. Jh. praktiziert wird.)

Einen Eindruck von der Geistigkeit Jerusalems in byzantinischer Zeit vermitteln auch die Wüstenklöster in der Umgebung der Stadt. Noch bewohnt sind das Georgskloster im Wadi Kelt, das Sabaskloster im Kidrontal und das Theodosiuskloster südlich von Betlehem. Besonders eine Wanderung zu einem dieser Klöster kann Verständnis wecken für den Versuch, *„in der Wüste den Weg des Herrn zu bereiten"* (vgl. Jes 40,3; Mk 1,3), sich in der Wüste von allem Weltlichen zu befreien und schon jetzt, so weit wie möglich, das Hereinbrechen der neuen Welt zu erleben oder sich zumindest dafür bereitzumachen.

Schließlich ist das „Goldene Tor" ein Sinnbild für die letzte Blüte des byzantinischen Jerusalem. Man hält es damals für das Tor des Einzugs Jesu in Jerusalem und auch für die „Schöne Pforte", an der Petrus einen Gelähmten heilte (vgl. Apg 3,2). Kaiserin Eudokia oder Kaiser Justinian gibt ihm wahrscheinlich die heutige Form. Als Kaiser Heraklius das „herrliche und wahre Kreuz" in einem feierlichen „Einzug in Jerusalem" zurückbringt, benutzt er dieses Tor und ahmt so noch einmal den Einzug der „Herrlichkeit Gottes" nach. Da das Tor bald darauf von den Muslimen zugemauert wird, um Ungläubigen den Zugang zu verwehren, erzählt man seither folgende Geschichte: Als der Kaiser im Prunkgewand und zu Pferde durch das Tor reiten wollte, seien auf einmal die Steine des Tores herabgekommen und hätten eine Mauer gebildet. Erst als er vom Pferd stieg und das Königsgewand ablegte, habe er weitergehen können. Auch nach der byzantinischen Verbindung des Christentums mit der kaiserlichen Macht ist das Bild vom „anderen König" lebendig.

Hieronymus, der streitbare Mönch in Betlehem, ist, wie gesagt, einerseits skeptisch gegenüber dem Pilgerziel Jerusalem. An den britannischen Prebyter Paulinus schreibt er: *„Die Stätten der Kreuzigung und Auferstehung sind denen nützlich, die ihr Kreuz tragen und täglich mit Christus auferstehen, die sich einer so hehren Wohnstätte würdig machen. Die jedoch, die sagen ‚Der Tempel des Herrn, der Tempel des Herrn', mögen das Wort des Apostels hören: ‚Ihr seid der Tempel des Herrn, und in euch wohnt der Heilige Geist' (1 Kor 3,17). Sowohl von Jerusalem wie auch von Britannien aus steht der Himmel in gleicher Weise offen, ‚denn das Reich Gottes ist in euch' (Lk 17,21)"* (Brief 58).

Andererseits kann er die Pilgerreise, die er 385/386 zusammen mit der vornehmen Römerin Paula unternahm, durchaus als geistliches Ereignis beschreiben: *„Sie zog in Jerusalem ein, in die Stadt mit den drei Namen Jebus, Salem und Jerusalem, die Aelius Hadrianus später aus Schutt und*

Asche als Aelia wiederaufgebaut hat. Obwohl ihr der Proconsul von Palästina, der ihre Familie sehr gut kannte, Unterbeamte entgegengesandt und das Prätorium hatte herrichten lassen, wählte sie lieber eine bescheidene Hütte und besuchte alle Stätten immer wieder mit solcher Begeisterung, daß sie sich nur dadurch von den einen losreißen konnte, indem sie zu den anderen eilte. Vor dem Kreuz warf sie sich nieder und betete an, wie wenn sie den Herrn noch daran hängen sähe. Im Grabe küßte sie den Auferstehungsstein, den der Engel vom Eingang des Grabes weggewälzt hatte, und drückte ihre Lippen voller Glaubensdurst nach erwünschter Labung auf die Stelle, an der der Leichnam des Herrn geruht hatte." Hieronymus berichtet an anderer Stelle, er selbst sehe beim Betreten der Anastasis jedesmal vor seinem geistigen Auge den Erlöser in Binden dort liegen, und wenn er verweile, auch den Auferstehungsengel … Gleichzeitig bewahrt er das Bild eines anderen Jerusalem: *"Von dort aus stieg sie zum Zion hinauf, was ‚Festung' oder ‚Warte' bedeutet. Diese Stadt hatte einst David erobert und wiederaufgebaut. Von der eroberten steht geschrieben: ‚Wehe dir, Ariel' – das heißt ‚Gotteslöwe' und ‚einst sehr stark' –, ‚die David eroberte' (Jes 29,1 LXX). Und von der wiederaufgebauten heißt es: ‚Der Herr liebt Zion, seine Gründung auf heiligen Bergen, mehr als all seine Stätten in Jakob liebt der Herr die Tore Zions' (Ps 87,1). Gewiß sind nicht die Tore gemeint, die wir jetzt in Schutt und Asche sehen, sondern die Tore, die die Hölle nicht überwindet (vgl. Mt 16,18) und durch die die Menge der Christusgläubigen einzieht"* (Brief 108).

Sophronius, geboren um 550 in Damaskus, wird als junger Mann Mönch im Theodosiuskloster bei Jerusalem. Als Greis wird er um 630 Patriarch der Stadt und muß sie bald darauf den Araber übergeben. Zuvor hat er in mehreren Gedichten seine Sehnsucht nach Jerusalem besungen und in Gedanken einen Rundgang durch die heilige Stadt unternommen.

„Heilige Gottesstadt / Jerusalem, wie verlangt mich jetzt, / bei deinen Toren zu sein, / daß ich mit Freuden einziehe!

Die göttliche Leidenschaft für das hehre Salem / überwältigt allezeit mein Herz …"

„Aus dem berühmten Tale / jene Treppe ersteigend, / werde ich den Ölberg küssen, / von wo er zum Himmel emporstieg.

Nachdem ich die unermeßliche Tiefe der göttlichen / Weisheit, durch die er mich rettete, / aufs höchste gepriesen habe, werde ich / eilends wieder dorthin laufen,

wo er die ehrwürdigen Schüler / göttliche Geheimnisse lehrte, / verborgene Tiefen erleuchtend: / unter das Dach möchte ich kommen.

Durch das große Portal / auf die Stufe vortretend, / möcht' ich die Schönheit der heiligen / Stadt im Westen schauen.

Wie süß ist dein Anblick zu schauen / vom Ölberg aus, du Gottesstadt!" (Gedicht 19/20, übersetzt von H. Donner)

12.
Bait al-Maqdis der frühen Araber

Schon unter Kaiser Justinian (527-565) wird das oströmische Reich im Südosten von arabischen Gruppen bedrängt. Wie schon früher werden die Stämme an der Grenze mit der Verteidigung beauftragt. Den Ghassaniden wird die Sicherung der Grenze Palästinas zur Wüste hin anvertraut, ihr Führer wird von Kaiser Justinian zum „Herrscher aller Araber" ernannt.

Auch in der Umgebung Jerusalems leben arabische Stämme. Schon Euthymius hatte den arabischen Scheich Aspebet bekehrt und zum ersten Bischof seines Stammes gemacht; Patriarch Elias (gest. 518), der den Bau der Nea begann, war selbst arabischer Abstammung.

Im Jahr 622 gelingt es Mohammed, zwei arabische Stämme in Medina von seiner Sendung zu überzeugen. Sie verpflichten sich zum „Islam" (arab.: Hingabe) an Allah (arab.: Gott). Zehn Jahre später, beim Tod des Propheten, ist nicht nur seine Heimatstadt Mekka erobert, sondern die Stämme der ganzen arabischen Halbinsel sind unter seiner Führung geeint. Die dem Mohammed offenbarten Vorschriften, im Koran (arab.: Rezitationsbuch) gesammelt, regeln das Leben der islamischen Umma (arab.: Gemeinschaft), in der Stammesrivalitäten keine Rolle mehr spielen sollen. Ein „Vertreter" (arab.: Kalif) tritt an die Stelle des Propheten. Angetrieben von der Überzeugung, das „Haus des Islam" vergrößern zu müssen, erobern die Araber innerhalb weniger Jahre den Vorderen Orient und machen aus dem arabischen Reich ein Weltreich.

Durch zwei Schlachten im Jordantal gegen das byzantinische Heer unter Kaiser Heraklius, 635 bei Pella und 636 bei Bet Schean, fällt Palästina in ihre Hand. 12.000 christliche Araber sollen während des Kampfes zu den Muslimen übergelaufen sein. Bald darauf gelangt auch Jerusalem in die Hand der Muslime; wahrscheinlich wird es von einem unbekannten Scheich namens Tabit al-Fahmi eingenommen. Erst die spätere Überlieferung weiß von der Übergabe der Stadt im Jahr 638 durch den Patriarchen Sophronius, der damals Stadtoberhaupt war, an Omar, den zweiten Kalifen und Schwiegervater des Propheten. Die Erzählung berichtet auch von Omars Besuch der Grabeskirche und seiner Weigerung, in der Kirche zu beten: Seine Nachfolger würden die Kirche in eine Moschee umwandeln. Deshalb habe er im Vorhof der Kirche gebetet. Schließlich habe der Patriarch den Kalifen auf dessen Bitte hin zum Tempelplatz geführt, wo dieser sofort eigenhändig begonnen habe, den Schutt vom heiligen Felsen zu entfernen und ein neues Bethaus zu errichten.

Diese Geschichte spiegelt zum einen die Toleranz des frühen Islam gegenüber den Christen (und Juden), den „Leuten des Buches", die unter anderen damit zusammenhängt, daß die arabischen Muslime anfangs nur eine sehr kleine Oberschicht in dem eroberten Gebiet darstellten. Zum anderen deutet sie die theologische und architektonische Inbesitznahme Jerusalems durch die Muslime an.

Mohammed hatte in Mekka ausdrücklich an die jüdische und christliche Tradition angeknüpft und sich als Verkünder der gleichen Wahrheit gesehen: Sein Protest gegen Götzendienst und Egoismus in der reichen kaufmännischen Oberschicht lag ganz auf der Linie der jüdischen Propheten. Als es dann in Medina zu Konflikten mit jüdischen Gruppen kommt, werden diese nach einer folgenreichen Schlacht 628 aus der Stadt vertrieben, und Mohammed sieht nun Juden und Christen als Verfälscher der Wahrheit. *„Sie, denen wir die Schrift gaben, kennen ihn (d.h. Allah), wie sie ihre Kinder kennen; und siehe, ein Teil von ihnen verbirgt die Wahrheit, obwohl sie sie kennen"* (Sure 2:146). Die Muslime aber sind diejenigen, die den ursprünglichen Glauben Abrahams bewahren oder wiederherstellen: *„Sie sprechen: Werdet Juden oder Nazarener, damit ihr recht geleitet seid. Du sprich: Nein. Die Religion Abrahams, der den rechten Glauben bekannte und kein Götzendiener war, ist unsere Religion. Wir glauben an Allah und was er zu uns niedersandte, und was er niedersandte zu Abraham, Ismael, Isaak, Jakob und den Stämmen, und was gegeben ward Mose und Jesus, und was gegeben ward den Propheten von ihrem Herrn. Wir machen keinen Unterschied zwischen einem von ihnen. Wahrlich, wir sind Muslime"* (Sure 2:135-136).

Die Absetzung von den Juden zeigt sich in der Änderung der Gebetsrichtung (arab. = Kibla). Hatte Mohammed in Medina zunächst eineinhalb Jahre lang (wie die Juden) in Richtung Jerusalem gebetet, wendet man sich nun zur Ka'aba, einem alten Heiligtum in Mekka. In diesem würfelförmigen Bau befand sich ursprünglich auch ein Bild Abrahams und ein Bild Jesu mit Maria, das zunächst sogar erhalten blieb. Die Änderung geht anscheinend nicht ohne Schwierigkeiten vonstatten, am Ende aber ist Mekka „die Mitte" der islamischen Welt: *„Die Toren unter dem Volk werden sagen: ‚Was wendet er sie ab von ihrer Kibla, die sie früher hatten?' Sprich: ‚Allah gehört der Westen und der Osten; er leitet, wen er will, auf rechtem Pfad.' Und so machten wir euch zu einem Volk in der Mitte, auf daß ihr Zeugen seid für die Menschen ... Wende dein Angesicht zur heiligen Moschee, und wo immer ihr seid, wendet eure Angesichter in ihre Richtung"* (Sure 2:142-144).

Der sogenannte „Kettendom" neben dem Felsendom.

So wird denn auch die erste Moschee auf dem Jerusalemer Tempelplatz in Richtung Mekka gebaut. Von der Zerstörung des Tempels ist im Koran die Rede gewesen (vgl. Sure 17:7). Nun werden am Südende des Platzes wahrscheinlich einige Säulen der alten königlichen Halle neu gedeckt: Um 670 sieht ein Pilger, der Bischof Arculf, diesen einfachen Bau in den Trümmern. Dann wird, genau in der Mitte des Platzes, der sogenannte Kettendom errichtet.

Als der dritte Kalif, Othman, stirbt, kommt es zu Auseinandersetzungen zwischen Ali, dem Schwiegersohn des Propheten, und dem Omajaden Muawija (gest. 680), der sich schließlich durchsetzt und die Hauptstadt des arabischen Reiches nach Damaskus verlegt. Sein Nachfolger Abd el-Malik (gest. 743) steht noch immer im Gegensatz zu den Herrschern von Mekka und Medina. Er ist es, der ab 685 neben dem Kettendom die sogenannte „Qubbat as-Sachra" über dem heiligen Felsen errichten läßt. Christliche Architekten sind es, die diesen achteckigen Zentralraum nach byzantinischen Vorbildern schaffen. Auch die Moschee am Südende des Platzes wird um 705 neu errichtet.

Erst in omajadischer Zeit wird der Tempelplatz in Jerusalem mit der Himmelfahrt des Mohammed in Verbindung gebracht. Im Koran ist nur von der „fernsten Moschee" (arab. = Masdschid al-Aqsa) die Rede gewesen: *„Preis dem, der seinen Diener des Nachts entführte von der heiligen Moschee zur fernsten Moschee, deren Umgebung wir gesegnet haben, um ihm unsere Zeichen zu zeigen"* (Sure 17:1). Nun gestaltet man diesen Hinweis zur Erzählung von der Reise des Propheten aus: In Mekka habe die Reise unter Führung des Engels Gabriel begonnen, auf seinem Pferd Buraq (arab.: Blitz) sei Mohammed nach Jerusalem gelangt, habe das Pferd an der Westmauer angebunden und den Tempelplatz betreten, wo er gemeinsam mit den Propheten Abraham, Mose und Jesus gebetet habe. Dann sei er auf einer goldenen Leiter in den Himmel aufgestiegen und habe dort unter anderem die Anweisungen für das tägliche Gebet erhalten. Der Felsen habe ihm folgen wollen, Gabriel habe ihn zurückgehalten und dabei einen Fingerabdruck hinterlassen. Nach einer anderen Überlieferung soll Mohammed mit dem Pferd in den Himmel geritten sein und Buraq den Abdruck im Felsen hinterlassen haben.

Später erzählt man, Abd el-Malik habe seine Untertanen an der Pilgerfahrt ins verfeindete Mekka hindern wollen und auf einen angeblichen Ausspruch Mohammeds verwiesen: *„Man reist nur zu drei Moscheen: dieser meiner Moschee (in Medina), der al-Haram-Moschee (in Mekka) und zur Bait al-Maqdis von Iliya (arab.: Haus der Heiligkeit von Aelia)."* Und er habe hinzugefügt: *„Dieser Ort wird euch die heilige Betstätte ersetzen und der Fels, von dem überliefert ist, der Gesandte Gottes habe seinen Fuß darauf gesetzt, als er zum Himmel aufstieg, die Ka'aba."* In Wirklichkeit handelt es sich dabei wohl um Propaganda der späteren Abbasiden gegen die Omajaden. Richtig ist allerdings, daß diese Bauten tatsächlich ein Gegengewicht gegenüber den Moscheen von Mekka und Medina bilden und Jerusalem (erst) unter

Abd el-Malik zur dritten heiligen Stadt des Islam, zu einem Ort der islamischen Offenbarung wird. Aus dieser Zeit der Auseinandersetzung zwischen Syrien und Arabien stammt wohl auch der Grundsatz, daß der wahre Kalif die beiden Moscheen (von Medina und von Jerusalem) besitzen muß.

In der Folgezeit wird Jerusalem weiter theologisch aufgewertet: Das Kidrontal ist nun auch für Muslime das Tal der Auferstehung, hier besiegt Jesus den Antichrist, hält Gericht und übergibt dann Mohammed das Amt des Imam (Vorbeter) beim Gebet aller Propheten und Gläubigen am Ende der Zeiten.

Politisch wird Jerusalem dagegen entmachtet. Zwar sind an der Südwestecke des Tempelplatzes, der nun „Haram es-Sherif" (arab.: edles Heiligtum) genannt wird, omajadische Paläste errichtet worden, aber im Jahr 711 wird die Hauptstadt der Provinz Palästina nach Ramla verlegt. Weiter an Bedeutung verliert Jerusalem, als 750 die Abbasiden das Kalifenamt übernehmen. Sie verlegen ihre Hauptstadt nach Bagdad – das übrigens als ideale Rundstadt mit Moschee und Palast in der Mitte angelegt wird. Damit wird Palästina mit Jerusalem zu einer Randprovinz. In der Wüste Juda kommt es zu Überfällen auf die Klöster.

Positive Auswirkungen auf die Stadt haben die Kontakte zwischen Karl dem Großen und dem abbasidischen Kalifen Harun al-Raschid um 800, als der Kaiserthron in Byzanz zeitweise vakant ist. Am Vorabend seiner Kaiserkrönung erhält Karl vom Jerusalemer Patriarchen einen Schlüssel der Grabeskirche und der Stadt. Karl errichtet einen Nonnenkonvent am heiligen Grab; auch das bald darauf errichtete Hospiz mit der Kirche Sancta Maria Latina an der Stelle der heutigen Erlöserkirche werden später auf Karl zurückgeführt.

Gleichzeitig wird anscheinend der Sitz des jüdischen Gaon, der die Gemeinschaft der Juden Palästinas leitet, von Tiberias nach Jerusalem verlegt. Auch die Karaiten, eine jüdische Gruppe, die – beeinflußt vom Islam und möglicherweise auch von Schriftfunden am Toten Meer – nur die Bibel, nicht aber die späteren Auslegungen als Autorität anerkennen, wählen Jerusalem als ihr Zentrum. Im jüdischen Viertel finden sich noch heute Reste einer karaitischen Synagoge.

Die folgenden Jahrzehnte sind jedoch von einer langsamen Verschlechterung der allgemeinen Lage gekennzeichnet. Beduinische Stämme überfallen immer wieder die Klöster der judäischen Wüste. In Jerusalem bekennen sich inzwischen größere Teile der Bevölkerung zum Islam; auch dort kommt es zu Kirchenzerstörungen. Die Marienkirchen am Teich Betesda und im Kidrontal, die Nea Maria, die Kirche an der Stelle des Prätoriums – sie alle gehen für immer verloren. Das bedeutet unter anderem eine Verlagerung des Kreuz-weges. Da die Kirchen im östlichen Teil nicht mehr zur Verfügung stehen, zieht man am Gründonnerstag und Karfreitag vom Zion aus, wo man jetzt das Prätorium lokalisiert, zur Grabeskirche.

Im Jahr 935 wird im Vorhof der Grabeskirche eine Moschee eingerichtet – man beruft sich dabei auf das Gebet des Omar an dieser Stelle. Dagegen schreibt der christliche Autor Eutychius von Alexandrien seine Version der Geschichte, in der Omar versichert, die Muslime würden an dieser Stelle seines eigenen Gebetes nur einzeln beten. Tatsächlich wird diese Moschee mehrfach zum Ausgangspunkt von Unruhen; 939 werden Atrium und Portal der Grabeskirche in Brand gesteckt; 966 geht die ganze Anlage in Flammen auf, auch der Patriarch wird vom Mob verbrannt.

All dies hängt unter anderem mit der Schwächung der abbasidischen Herrschaft zusammen. Schon 878 hat der ägyptische Gouverneur Ahmad Ibn Tulun seine weitgehend selbständige Herrschaft auf Palästina und Jerusalem ausgedehnt. 940 übernehmen die in Damaskus residierenden Ischiden die Macht, 970 schließlich die ägyptischen Fatimiden. Spätestens unter ihnen wird auch die Stadtmauer der Eudokia wieder aufgegeben; Jerusalem hat damit in etwa die Größe der heutigen Altstadt.

Auch die Byzantiner nutzen die Schwäche der Abbasiden: 969 wird Antiochia zurückerobert, 976 steht das Heer, das in Richtung Jerusalem marschiert, bei Tiberias und Cäsarea, als der Kaiser stirbt. Natürlich verstärkt diese Entwicklung die Gegensätze zwischen Christen und Muslimen in Jerusalem. Im Jahr 1009 wird die zuvor nur notdürftig reparierte Grabeskirche, angestiftet vom fatimidischen Herrscher el-Hakim (der sich auch Kalif nennt), vollkommen zerstört. Der Grabblock wird dem Erdboden gleichgemacht. Ein Erdbeben im Jahr 1033 tut ein Übriges. Erst als es zu einer Verständigung zwischen dem byzantinischen Kaiser und den Fatimiden kommt, wird die Grabeskirche wiederaufgebaut, ist aber am Ende nur noch ein Schatten ihrer selbst: Atrium und Basilika werden ganz aufgegeben, der Haupteingang wird an die Südseite des Hofes verlegt, der im Osten durch drei Kapellen abgeschlossen wird. Damit ist auch die Grabeskirche geostet. Nur die Anastasisrotunde, die bis zur Höhe der ersten Galerie erhalten geblieben war, bewahrt einigermaßen den alten Zustand. Südlich davon werden drei Kapellen errichtet, die noch heute links vor dem Eingangs zur Grabeskirche zu sehen sind.

Darstellung Jerusalems aus dem 8. Jh. (Stephanuskirche von Umm er-Rasas in Jordanien).

Als 1055 Bagdad, die Hauptstadt des

abbasidischen Kalifen, von den türkischen Seldschuken erobert wird, richtet man sich in Jerusalem auf die Verteidigung der Stadt ein. Nach der Zerstörung Ramlas durch Erdbeben und Beduinenüberfälle wird Jerusalem wieder zum Zentrum des Landes. Der byzantinische Kaiser unterstützt die Erneuerung der Stadtmauer. Dabei bilden sich erstmals die verschiedenen Wohnviertel der Stadt heraus: Der Kaiser hatte seine Finanzhilfe an die Bedingung gebunden, daß in dem damit befestigten Viertel nur Christen wohnen sollten. So siedeln seitdem im westlichen Teil der Stadt Christen. Im Nordosten dagegen scheint sich zu dieser Zeit das jüdische Viertel zu befinden: Noch die Kreuzfahrer bezeichnen dieses Gebiet, auch nach ihrer Vernichtung der jüdischen Gemeinschaft, als „Juiverie". Die Muslime wohnen offenbar im Südosten, in der Umgebung des Haram.

Trotzdem erobern die Seldschuken, nach der vernichtenden Niederlage der Byzantiner beim ostanatolischen Mandzikert, im Jahr 1073 Jerusalem. Der Verteidigungskampf der Byzantiner gegen die Seldschuken bildet den Hintergrund für das Hilfeersuchen des Kaisers an den Westen, das zum Anlaß der Kreuzzüge wird. In Jerusalem selbst werden nach blutiger Niederschlagung eines Aufstandes zahlreiche Einrichtungen der islamischen Gelehrsamkeit gegründet, u.a. an der Stelle der späteren Kreuzfahrerkirche St. Anna. Ungeachtet aller politischen Wirren kommen weiterhin Pilger in Scharen nach Jerusalem. Nicht zuletzt die Tausendjahrfeier des Todes Jesu, die man 1033 begeht, sorgt für einen Aufschwung. Im Jahr 1065 beispielsweise bringt allein der Bischof von Bamberg 7000 Pilger in die Stadt. Bald darauf werden sie Waffen tragen.

Sichtbar wird die frühe islamische Zeit naturgemäß vor allem am Haram. Dort vollzieht sich die politisch-religiöse Inbesitznahme der Stadt unter den Omajaden. Spätere Zeiten haben dem nur wenig hinzugefügt.

Die ältesten islamischen Bauwerke auf dem Platz sind heute eher unscheinbar. In der sogenannten Sakristei der el-Aqsa-Moschee befindet sich noch der „Mihrab" der ersten, kurz nach der Eroberung errichteten Moschee (1), der die Gebetsrichtung anzeigt. Von Anfang an wurde er als Mihrab des David verehrt. Der Kettendom im Zentrum des Platzes (2) sieht aus wie ein Modell des danebenliegenden Felsendomes. Daß es sich nicht, wie manchmal behauptet wird, um ein Schatzhaus handelt, zeigt die offene Bauweise. Die islamische Legende, an dieser Stelle habe Salomo eine Kette zwischen Himmel und Erde aufgehängt, die der Unschuldige berühren konnte, der Schuldige aber nicht, geht möglicherweise auf die kettengeschmückten Säulen Jachin und Boas im Tempel zurück. Ganz sicher spiegelt sich darin die alte Ansicht, dieser Ort sei der Gerichtsplatz Davids gewesen: Die Funktion als „Davidstadt" ist der erste Anknüpfungspunkt für die muslimische Beziehung zu Jerusalem.

Der auf einem großen Podest gelegene Felsendom (3) beherrscht heute den Haram. Die mathematische Ausgewogenheit seiner Proportionen macht ihn zu einem Bau von unvergleichlicher Harmonie. Alle Maße leiten sich dabei von dem Kreis ab,

Bait al-Maqdis der frühen Araber

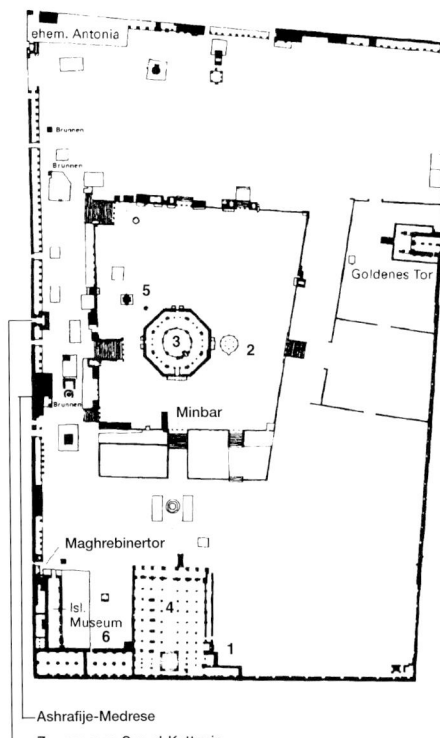

Der islamische Haram es-Sharif.

der um den Felsen geschlagen wurde. Der achteckige Zentralbau ist dabei, wie gesagt, eine aus der byzantinischen Baukunst übernommene Form. Vor allem aber der obere Teil, wo aus dem Achteck eine Rotunde wächst, von einer goldenen Kuppel gekrönt, war ein bewußtes Gegengewicht zur goldenen Kuppel der Anastasis. Die Mosaiken unterhalb der Kuppel mit vornehmlich pflanzlichen Motiven stellen byzantinische Herrscherinsignien dar. Folgerichtig wendet sich einer der Koranverse in der Kuppel an die Christen: „*Ihr vom Volk des Buches, treibt es in eurer Religion nicht zu weit; von Gott sprecht nur die Wahrheit. Der Messias, Jesus, Sohn der Maria, ist nur ein Gesandter Gottes ... Daher glaubt an Gott und seine Gesandten und sagt nicht Drei. Es wird besser für euch sein. Gott ist ein einziger Gott. Er ist darüber erhaben, ein Kind zu haben*" (Sure 4,171).

Der Ort des Felsendoms aber steht ganz in der jüdischen Tradition. Es ist der Ort des alten Tempels, und so wird auch der Felsendom zu einem „neuen Tempel". Eine spätere Legende berichtet, ein Jude habe geraten, die Moschee nördlich des Felsens zu errichten, damit der Felsen des Allerheiligsten in der Linie des Gebetes liege. Das wird bewußt abgelehnt. Dennoch dokumentiert die Übernahme des Felsens Christen und Juden gegenüber die Wiederherstellung der Religion Abrahams. Das Opfer Abrahams, der seinen Sohn – nach muslimischer Tradition Ismael – darbringen will, wird ebenfalls (wieder) am heiligen Felsen lokalisiert. Jedes Jahr erinnert das Fest Id el-Adha an das Ereignis, bei dem viele Muslime ein Lamm schlachten. So kehren auch ganz folgerichtig die anderen, zur Grabeskirche „gewanderten" Traditionen zum heiligen Felsen zurück: Der heilige Felsen ist der Ort, an dem die Schöpfung begann, an dem die Wasser des Paradieses entspringen. Sogar der Platz, an dem die Arche Noach landete (vgl. Gen 8,4) und Jakob den Himmel offen sah (vgl. Gen 28,10-22), wird nun mit dem Felsen verbunden.

Die Konzeption des neuen Tempels und der neuen Grabeskirche prägt aber über den Felsendom hinaus die Gesamtanlage des Haram. Schon die Erzählung vom Kalifen Omar, der das Heiligtum (eigenhändig) wieder freilegt, erinnert an die Überlieferung von der Freilegung des Grabes und der Auffindung des Kreuzes durch Helena und die Bauleute Konstantins. Die erste Moschee am Südende des Platzes stand baulich noch ganz in der Tradition der Hofmoschee, wie sie sich in Medina entwickelt hatte: An einer Seite des offenen Hofes war mit Hilfe von Palmstämmen ein breiter, überdachter Raum errichtet worden. In Jerusalem übernahmen die Säulen der herodianischen Halle die Funktion der Palmen. Nach Fertigstellung des Felsendomes aber tritt eine Basilika mit fünfzehn Schiffen an ihre Stelle. Die breite Halle dient zunächst als Raum des Gebetes, bei dem die Beter gleichberechtigt nebeneinander stehen. Darüber hinaus macht aber die Verlegung der alten Gebetsnische an den heutigen Platz deutlich, daß die Moschee (4) ganz bewußt hierher verlegt worden ist: Sie soll in der Achse des Felsendoms liegen. Damit ist der Komplex nach Art der Grabeskirche gegliedert: Basilika – offener Hof – Heiligtum. Auf dem Umweg über die Grabeskirche ist so auch die Konzeption des Tempels übernommen – mit Ausnahme seiner „Orientierung": Die Gebetsrichtung bleibt Mekka südlich der Stadt.

Der Gebetsplatz aber übernimmt den im Koran genannten Namen „Masdschid el-Aqsa"; die Überlieferung von der Himmelfahrt Mohammeds, die das Konzept des neuen Tempels bald überlagert, ist anfangs mit der el-Aqsa-Moschee verbunden, wie die entsprechenden Inschriften dort mit Hinweisen auf die 17. Sure bewei-

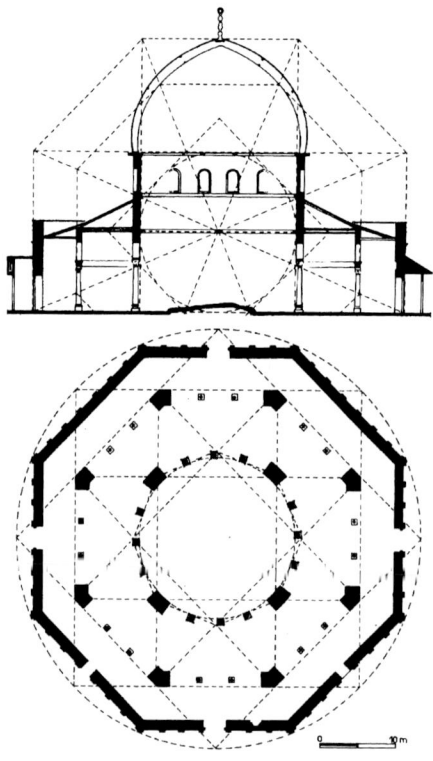

Die Proportionen des Felsendoms (nach Creswell / Wilkinson).

sen. Nachdem die Moschee beim Erdbeben von 1033 teilweise zerstört wurde, wird sie mit fünf Schiffen wiederaufgebaut; die Kuppel und die Mosaiken im Innern stammen aus dieser Zeit. Gemeinsam unterstreichen die Kuppeln von Moschee (ehemals silbern) und Felsendom (golden) als Symbole von Sonne und Mond auch die „kosmische Bedeutung" des Platzes.

Neben den beiden Hauptbauwerken erinnern auch die verzierten Bögen über dem (damals noch offenen) Südtor des Tempelplatzes an die omajadische Erneuerung. Sie sind den Ornamenten des Goldenen Tores nachgebildet. Dieses Osttor selbst wird mit dem Vers des Koran verbunden, in dem von einer Mauer und einem Tor die Rede ist, das nach innen Erbarmen und nach außen Buße verkörpert. Schließlich sind südlich des Haram die gewaltigen Grundmauern von zwei omajadischen Bauten zu sehen. Aus Steinen der alten Umfassungsmauer errichtet, waren es vermutlich mehrstöckige, komfortable Paläste, die um einen offenen Hof herum angelegt waren. Sie dokumentieren die kurze Blütezeit Jerusalems unter omajadischer Herrschaft.

Mehrere, „Hadith" genannte, angebliche Aussprüche des Propheten sprechen in früher arabischer Zeit von Jerusalem: *„Ein Tag in Jerusalem ist wie tausend Tage; ein Monat in Jerusalem ist wie tausend Monate, ein Jahr wie tausend Jahre." – „Wer in Bait al-Maqdis stirbt, für den ist es, als wäre er im Paradies gestorben."* In manchem Hadith spricht Gott selbst zu Jerusalem: *„Du bist mein Garten Eden, mein heiliges, erwähltes Land. Wer in dir lebt, dessen will ich mich erbarmen, wer dich verläßt, dem will ich zürnen." – „Sechs göttliche Dinge habe ich dir gegeben: meine Wohnung, meinen Richterstuhl, meinen Versammlungsplatz am Tag des Gerichtes, meinen Garten Eden, meine Hölle und meine Stufen der Gerechtigkeit. Du bist der Sitz meines irdischen Königreiches. Von dir stieg ich nach der Erschaffung der Welt in den Himmel empor."*

Zumindest eine islamische „Heilige" dieser Epoche stammt aus Jerusalem. Um 714 geboren, geraubt und als Sklavin verkauft, verehrt man heute das Grab Rabiahs auf dem Ölberg in der Nähe der Himmelfahrtskapelle. Al-Ghazzali, einer der Begründer der islamischen Mystik, der sich gegen Ende des 11. Jh. in Jerusalem aufhält, überliefert ihre Antwort auf die Frage, worin die Grundlage ihres Glaubens bestehe: *„Ich habe nie aus Furcht vor der Hölle oder aus Liebe zum Paradies Allah angebetet, sondern weil ich ihn allein liebe und mich nach ihm sehne."*

Ebenfalls aus Jerusalem stammt der arabische Geograph el-Muqadasi, der um 947 in einer Architektenfamilie geboren wird und nach zahlreichen Reisen um 985 eine Schrift über die arabischen Länder verfaßt. Darin berichtet er nicht nur, daß der Felsendom errichtet worden sei, damit die Pracht der Grabeskirche die Muslime nicht verwirre, sondern er singt auch das Lob des „Hauses der Heiligkeit": *„Bait el-Maqdis ... hat weder starke Kälte noch Hitze, und selten fällt in ihr Schnee. Als mich der Kadi Abulkasim nach ihrem Klima fragte und ich antwortete: ‚Gemäßigt, nicht heiß und nicht sehr kalt', sagte er: ‚So ist die Beschaffenheit des Paradieses.' Ihre Bauten sind von Stein; schönere und solidere Bauart sieht man nirgends. Nirgends finden sich sittlichere Einwohner, besseres Leben, sauberere Basare, eine größere Moschee, mehr heilige Stätten. Ihre Trauben sind trefflich, ihre Quitten haben nicht ihresgleichen. In ihr finden sich Kundige und Ärzte, auf sie ist der Sinn jedes Verständigen gerichtet und an keinem Tag ist sie ohne Fremde. Ich war eines Tages im Salon des Kadi Abu Jahja ibn Bahram in Basra; man sprach von Alt-Kairo und fragte mich,* *welche Stadt wohl ansehnlicher sei. Ich sagte: Unsere Stadt. ‚Welche angenehmer?' Unsere. ‚Welche verdienstreicher?' Unsere. ‚Welche schöner?' Unsere. ‚Welche hat mehr gute Dinge?' Unsere. ‚Welche ist größer?' Unsere. Da wunderten sich die Anwesenden und sagten: ‚Du bist ein verständiger Mann und behauptest doch, was man von dir nicht annehmen kann ...' Da antwortete ich: Wenn ich sage ‚ansehnlicher', so ist es, weil in ihr diese und jene Welt zusammenkommen, denn wer von den Söhnen dieser Welt ist und nach jener strebt, findet dazu den Antrieb in ihr, und wer zu den Söhnen jener Welt gehört und von seiner Begierde doch zu den Annehmlichkeiten dieser Welt getrieben wird, findet sie. Und was die Annehmlichkeit ihres Klimas betrifft, so ist ihre Kälte nicht giftig, ihre Hitze nicht schädlich. Und was die Schönheit betrifft, so gibt es keine besser gebaute, sauberere und mit einer anmutigeren Moschee versehene. Und was die Menge guter Dinge betrifft, so hat Gott darin die Früchte der Tiefebenen, der Ebene und des Gebirges vereinigt und entgegengesetzte Dinge, wie Zitronen, Mandeln, Datteln, Nüsse, Feigen, Bananen. Und was das geistliche Verdienst betrifft, so ist sie der Schauplatz der Auferstehung, zu ihr kommt die Versammlung der Auferstandenen, von ihr beginnt das neue Leben. Mekka und Medina dagegen sind durch die Ka'aba und den Propheten verdienst-reich und eilen am Auferstehungstag zu ihr, so daß sie alles Verdienst umfaßt. Und was die Größe betrifft, so strömen alle Kreaturen zu ihr, und welches Land ist also weiter als sie? Da billigten sie dies und fanden sich überzeugt. – Aber Jerusalem hat auch eine Anzahl Fehler. Man sagt, daß in der Tora geschrieben steht: Jerusalem ist eine goldene Schüssel voll von Skorpionen. Sodann gibt es keine unreinlicheren und unbequemer ausgestatteten als ihre Bäder. In ihr sind wenig Gelehrte und viele Christen, die im öffentlichen Verkehr unhöflich sind. Auf dem, was in den Khanen verkauft wird, liegen schwere Abgaben, Polizisten stehen an den Toren, und niemand kann Nahrungsmittel ohne Abgaben kaufen – trotz des geringen Reichtums. Der Vergewaltigte findet keinen Helfer, der Vornehme ist in Sorgen und der Reiche beneidet. Der Rechtsgelehrte ist verlassen, der Wissenschaftler wird nicht besucht ... Christen und Juden haben die Oberhand, und die Moscheen bleiben ohne gottesdienstliche und gelehrte Versammlungen."*

Außerdem zeigt er, obwohl selbst Jerusalemer, daß die Tradition von Auferstehung und Gericht im Kidrontal aus „lokalpatriotischen" Kreisen kommt und nicht zum Wesen des Islam gehört, der theologisch weiter ist: *„Die Muslime sagen, daß die Toten auferweckt und in Jerusalem versammelt werden. Diese Tradition wird dem Propheten zugeschrieben. Viele Juden halten am gleichen Glauben fest. Ich habe jedoch jemanden gehört, der sagte, daß dies nichts als Erfindungen der Leute von Sham (d.h. Palästina) sind. Gott aber wird die Toten an jedem Ort, wo er will, auferwecken."*

13.
Das Jerusalem der Kreuzfahrer

Das 11. Jh. ist in Europa geprägt von der Auseinandersetzung zwischen Papst und Kaiser. Vom Kloster Cluny aus hat sich eine Bewegung formiert, die die Freiheit der Kirche zum Ziel hat. Auf der Grundlage des Gedankens, daß es keinen weltlichen Einfluß auf das Religiöse geben dürfe, kommt es zur Forderung nach Überordnung der Kirche über den Kaiser (und die Könige) als Vertreter einer nur weltlichen Macht. Verbunden mit diesem Anspruch ist der Versuch, die religiösen Gebote im Alltag durchzusetzen – so geht beispielsweise von Cluny die Bewegung des „Gottesfriedens" aus, die Fehden und Kriege unter Christen verbietet. Andererseits wird dieses Ideal mit einem Absolutheitsanspruch vertreten, der auch Gewalt nicht ausschließt. Da man davon ausgeht, daß dieses Konzept offensichtlich dem Willen Gottes entspricht, muß sein Gegner entweder dumm oder böswillig sein. Und in dem Maße, wie sich die Idee eines christlichen Staates unter Führung des Papstes herausbildet, der die himmlische Ordnung auf Erden spiegelt, kann auch die Rückeroberung der einst christlichen Gebiete im Osten in den Blick geraten.

Die konkrete politische Situation gegen Ende des 11. Jh. wird zum Anlaß, diese Idee, die bereits Gregor VII., der im „Dictatus Papae" den kirchlichen Führungsanspruch unüberbietbar formuliert hatte, aufzugreifen: Nachdem der byzantinische Kaiser den Papst um Hilfe gegen die Seldschuken gebeten hatte, ruft Papst Urban 1095 auf dem Konzil von Clermont zum Kreuzzug gegen die Ungläubigen auf. Dabei knüpft er an die Idee des Gottesfriedens an und versucht, den Kampfeswillen der Ritter in eine neue Richtung zu lenken. Das Echo ist ungeheuer. „Deus lo vult" (lat.: Gott will es), heißt es allenthalben. Viele „nehmen das Kreuz" – mit Berufung auf das Wort des Evangeliums (vgl. Mt 10,38) –, d.h. sie heften sich Stoffkreuze auf die Kleidung und versprechen, so bald als möglich zum Kreuzzug aufzubrechen.

Wie weit bei dem Aufruf Jerusalem schon im Blick lag, ist unsicher. Im Zuge der Vorbereitungen setzt sich aber Jerusalem als Ziel des Weges durch; dabei veschwimmt in den Erwartungen vor allem der einfachen Teilnehmer, die ihre elende Situation verbessern wollen, das irdische Jerusalem mit dem in der kirchlichen Gedankenwelt stets präsenten himmlischen Jerusalem. Von der konkreten Stadt machen sich die wenigsten eine Vorstellung, aber für viele ist der ganze Zug so etwas wie eine (bewaffnete) Massenwallfahrt zum Ziel ihrer Sehnsucht.

Verschiedene Gruppen machen sich auf den Weg. Petrus der Einsiedler beispielsweise, ein großer Prediger, bricht bereits im Frühjahr 1096 auf. Er versucht sogar, die Juden zur Unterstützung des Kreuzzuges aufzurufen – im Gegenzug verspricht er, auf die Massen einzuwirken, damit sie Juden schonen. Denn schnell werden Stimmen laut, die fordern, mit dem Kampf gegen die Ungläubigen gleich vor Ort zu beginnen. Trotz des Versuchs vieler Bischöfe und Päpste, die Juden zu schützen, bringt der Mob Tausende um.

Erst im Januar 1099 erreicht das Hauptheer nördlich von Beirut fatimidisches Gebiet. Der geistliche Führer und Legat des Papstes war während der langwierigen Belagerung Antiochias gestorben. Der Zug entlang der Küste trifft kaum auf Gegenwehr; von Jaffa aus zieht die Streitmacht ins Gebirge nach Jerusalem. Nachdem sie vom Berg Nebi Samwil erstmals die Stadt erblickt hat und ihn fortan „Montjoie" (frz.: Berg der Freude) nennt, erreicht sie am 7. Juni die Mauern Jerusalems.

Wie wenig inzwischen der Kreuzzug noch mit dem byzantinischen Hilfegesuch zu tun hat, zeigt sich daran, daß Jerusalem belagert wird, obwohl es seit einem Jahr wieder in fatimidischer Hand ist. Aber die Verteidiger haben sich darauf vorbereitet. Die Christen sind vorsorglich aus der Stadt vertrieben worden, die Brunnen der Umgebung verstopft oder vergiftet, Holz für Belagerungsmaschinen gibt es in der Umgebung der Stadt nicht mehr.

Die Belagerer hoffen jedoch, Gott selbst werde ihnen die Stadt öffnen. Wie sie es im Buch Josua über die Eroberung Jerichos gelesen hatten (vgl. Jos 6), ziehen sie barfuß um die Stadt in Hoffnung auf das Einstürzen der Mauern. Als das nicht geschieht, werden mit Hilfe von drei zerlegten genuesischen Schiffen und einem Zimmermann drei Belagerungstürme gebaut. Sie werden auf dem Zion, vor allem aber an der Nordmauer aufgestellt – an der NW-Ecke und östlich des Säulentores, wie die Araber das Damaskustor nach der hadrianischen Säule nennen.

Nach einer fanatischen Predigt Petrus' des Einsiedlers beginnt in der Nacht zum Donnerstag, dem 14. Juni, der Angriff. Aber erst am Nachmittag des Freitags – später heißt es zur Todesstunde Jesu – gelingt es den Angreifern, an der nordöstlichen Ecke die Mauer zu erstürmen. Das Heer dringt durch das geöffnete Säulentor in die Stadt ein und richtet ein fürchterliches Blutbad an. Kaum ein Araber überlebt. Selbst diejenigen, die sich in den Felsendom geflüchtet haben, werden niedergemacht. Die Juden, die sich in die Hauptsynagoge zurückgezogen haben, werden in dem Bethaus verbrannt. Das Massaker bleibt unvergessen. Der christliche Fanatismus entfacht den muslimischen: Seit diesem Tag sind die Muslime nicht bereit, die (westlichen) Christen als einen legitimen Partner auf Dauer zu akzeptieren. Die Kreuzritter ziehen nach dem Blutbad zur Grabeskirche, waschen ihre Kleidung und feiern einen Dankgottesdienst.

Als es darum geht, das Leben in der eroberten Stadt neu zu organisieren, wirkt sich das Fehlen des päpstlichen Legaten verhängnisvoll aus. Es wird nicht, wie ursprünglich möglicherweise geplant, ein Kirchenstaat unter dem (griechischen) Patriarchen eingerichtet, der dem byzantinischen Reich untersteht, sondern ein lateinisches Königreich. Zwar weigert sich das erste Oberhaupt der Stadt, Gottfried von Bouillon, noch, den Titel eines Königs anzunehmen. Er nennt sich „Advocatus Sancti Sepulchri" (lat.: Anwalt des heiligen Grabes). Und auch sein Nachfolger, König Balduin I., läßt sich noch in Betlehem krönen, weil er in der Stadt, in der Jesus eine Dornenkrone trug, keine Königskrone tragen will. Tatsächlich aber wird das Land in Form eines westlichen Lehensstaates aufgebaut, und auch kirchlich setzt sich mehr und mehr ein Konfrontationskurs mit den einheimischen Christen durch. Der griechische Patriarch wird durch einen lateinischen ersetzt, und im Jahr 1101 wird der griechische Klerus aus der Grabeskirche ausgeschlossen. Als jedoch im nächsten Jahr zu Ostern das Wunder des heiligen Feuers ausbleibt, wird er wieder zugelassen.

Da viele Kreuzfahrer nach Beendigung ihrer „Wallfahrt" sehr bald wieder in die Heimat zurückkehren, bleiben nur wenige Ritter in Jerusalem zurück. Um die Stadt wieder zu bevölkern, werden 1115/16 Christen aus dem Ostjordanland nach Jerusalem geholt. Ab 1120 leben auch wieder Muslime in der Stadt, und um 1170 gibt es sogar eine kleine jüdische Gemeinde. Zumindest in den unteren Rängen der Kreuzfahrer kommt es zu zahlreichen Heiraten mit einheimischen Christinnen. Besonders eng sind die Beziehungen zu den Armeniern, denen die Menaskapelle im Südwesten der heutigen Altstadt überlassen wird. Nach und nach wird die Stadt – vielfach von westlichen Bauleuten – zu einer „lateinischen Stadt" umgestaltet.

Zentrum der Stadt wird (bzw. bleibt) zunächst bemerkenswerterweise der Tempelplatz. Die el-Aqsa-Moschee wird zum Palast des Kreuzfahrerkönigs, der Felsendom wird in eine Kirche umgewandelt. Ein Pilger dieser Jahre berichtet, daß man die Höhle unter dem Felsen für den Ort der Bundeslade hält, und daß Jesus bei der Darstellung im Tempel (vgl. Lk 2,22-38) den Abdruck seines Fußes im Felsen hinterlassen habe. So wenig die Kreuzfahrer teilweise von den alten Traditionen im Land wissen, hier übertragen sie die Vorstellung der Muslime von den Spuren im Fels, die diese vom Himmelfahrtsfelsen auf dem Ölberg übernommen hatten, in veränderter Form auf Jesus zurück.

Die Grabeskirche, auch für die Kreuzfahrer der religiöse Mittelpunkt der Stadt, wird nun in westlichem Stil vollkommen neu errichtet. An die Stelle des Hofes mit

Kreuzritter. Darstellung aus der Burg Montfort in Galiläa (heute im Rockefeller-Museum).

Kapellen tritt ein romanisches Kirchenschiff mit Chorumgang; das südlich gelegene Portal wird von französischen Künstlern zu einer eindrucksvollen Fassade gestaltet. Auch ein Glockenturm wird erstellt. Im Osten, dort, wo einst die Basilika gestanden hatte, wird ein Kreuzgang angefügt, denn nach westlichem Muster wird aus der Grabeskirche nun eine Stiftskirche, bei der Priester in der Art einer klösterlichen Gemeinschaft zusammenleben. 50 Jahre nach der Eroberung der Stadt wird der Neubau feierlich eingeweiht.

Weitere Kirchenbauten entstehen oder werden renoviert: Die Kirchen auf dem Zion und auf dem Ölberg werden ebenfalls zu Stiftskirchen, über dem Geburtsort Mariens, am Mariengrab und in Getsemani sowie an der Stelle der karolingischen Marienkirche werden Benediktinerklöster gestiftet.

Politisch wird das Jerusalem der Kreuzfahrerzeit im Laufe der Zeit mehr und mehr von den italienischen Händlern bestimmt, die mit ihren Flotten einerseits die Verbindung zur Heimat herstellen und andererseits ihre eigenen wirtschaftlichen Interessen verfolgen.

Im Norden der Stadt wird die Mauer mit Graben und Vormauer verstärkt, im Westen wird eine neue Zitadelle errichtet. Aber auch diese Schutzmaßnahmen können nicht verhindern, daß die Stadt, die inzwischen wieder etwa 20.000 Einwohner hat, im Jahr 1187, nach der Schlacht bei den Hörnern von Hattin am See Genezaret, nach kurzer Belagerung übergeben werden muß.

Der Erfolg der Kreuzfahrer ist nur möglich gewesen, weil die Araber uneins waren. Im Laufe des 12. Jh. erreicht dann Salah ed-Din erneut eine Einigung der Araber. Sein Onkel hatte für Nur ed-Din, den Herrscher Syriens, Ägypten erobert, sich dort aber selbständig gemacht. Sein Nachfolger „Saladin", wie die Kreuzfahrer ihn nennen, vereinigt Ägypten mit Syrien, begründet die Dynastie der Ajubiden und schließt so die Zange um das Kreuzfahrerreich. Bei der Eroberung Jerusalems erweist sich sein von den Kreuzfahrern bewunderter Großmut: Als die Truppen bereits eine Bresche in die Nordmauer geschlagen haben (an der gleichen Stelle wie seinerzeit die Kreuzfahrer), gibt er den fränkischen Bewohnern die Möglichkeit, sich freien Abzug zu erkaufen – obwohl die Verteidiger zuvor noch gedroht hatten, vor der Eroberung Felsendom und el-Aqsa-Moschee zu zerstören. Nur orientalische Christen bleiben in der Stadt zurück.

Schon 1148 hatte die Nachricht vom Fall des Kreuzfahrerstaates Edessa den 2. Kreuzzug, gepredigt durch Bernhard von Clairvaux, ausgelöst. Nach dem Fall Jerusalems beginnt der 3. Kreuzzug unter Führung des Kaisers Friedrich Barbarossa. Er erreicht die Stadt nicht. Nur Akko wird 1191 vom englischen König Richard Löwenherz und Philipp II. von Frankreich eingenommen und neue Hauptstadt des „Königreichs Jerusalem".

Als die Truppen des 5. Kreuzzuges 1219 in Ägypten den Nachfolger Saladins, el-Kamil, bedrängen, eilt ihm der Statthalter Jerusalems zu Hilfe und läßt die Mauern Jerusalems schleifen, damit sie nicht von den Kreuzfahrern genutzt werden können. Denn el-Kamil bietet den Kreuzfahrern Jerusalem und das Westjordanland an, wenn sie sich aus Ägypten zurückziehen. Sie lehnen ab und verlieren alles. Erst Kaiser Friedrich II., der Arabisch besser spricht als Latein, erreicht durch Verhandlungen mit el-Kamil, daß Jerusalem zusammen mit Betlehem und Nazaret noch einmal an die Christen übergeben wird. Er selbst zieht nach Jerusalem und krönt sich in der Grabeskirche zum König. Doch 1244 n. Chr. muß die christliche „Insel" erneut ajubidischen Söldnern überlassen werden, bevor 1250 die Mamelucken die Herrschaft übernehmen.

Sichtbar wird das Jerusalem der Kreuzfahrer nicht nur in der Stadt selbst. Auf zahlreichen Landkarten erscheint nun die Stadt im Mittelpunkt der Welt (s. Tafel III). Theologische und geographische Vorstellungen verbinden sich miteinander. Ähnliches ist bei der Darstellung der Stadt als solche festzustellen. In einem Pilgerbericht vom Beginn der Kreuzfahrerzeit heißt es: „*Das Grab des Herrn ist in der Mitte eines Tempels errichtet worden. Der Tempel aber liegt in der Mitte der Stadt, gegen Norden hin, nicht weit vom Davidstor ... Außerhalb, hinter der Kirche, ist der Mittelpunkt der Welt, der Ort, von dem David sagt: 'In der Mitte der Erde hast du das Heil gewirkt' (Ps 74,12). Und ein anderer Prophet sagt: ‚So spricht der Herr: Das ist Jerusalem; in die Mitte der Völker habe ich es gesetzt' (Ez 5,5)*". In Darstellungen wird die Stadt kreisförmig dargestellt – die Idealform einer Stadt wird mit realistischen Einzelheiten verbunden, die zu einem guten Teil noch heute sichtbar sind (s. Tafel II). Die Idee des Zeitalters, daß das himmlische Ideal sich auf Erden spiegeln soll, wird so ins Bild gesetzt. Auf einer Münze des Königs Balduin werden Davidsturm, „Tempel" und Grabeskirche dargestellt, und die Stadt wird „CIVITAS REGIS REGUM OMNIUM" (lat.: Stadt des Königs aller Könige) genannt – wobei ebenfalls religiöser und weltlicher Anspruch ineinanderfließen.

Auch im Stadtbild haben die Kreuzfahrer Spuren hinterlassen. An Stelle der alten, breiten Hauptstraßen entstehen im Zentrum der Stadt überdachte Markthallen – in der Form des „Suq", wie sie sich noch heute nicht nur in Jerusalem findet. Südöstlich der Grabeskirche, dort wo einst die Kreuzung von Cardo und Decumanus lag, ist noch heute der dreifache Markt zu sehen. In den drei parallel verlaufenden Straßen waren einst Küchen für Pilger und Barbiere, der Gewürz- und Gemüsemarkt und die Textilhändler untergebracht. Am Ende befanden sich verschiedene Wechselstuben. Auch am Übergang zum jüdischen Viertel ist eine neu freigelegte Bazarstraße der Kreuzfahrerzeit zu sehen, in der sich moderne Geschäfte befinden.

Auch wenn von den meisten Bauten der Kreuzfahrerzeit dort nichts mehr erhalten ist, vermittelt jedoch besonders der Tempelplatz ein Bild von der Geistigkeit der Ritter, die ganz bewußt an die alttestamentliche Tradition anknüpften. Die Halle der el-Aqsa-Moschee, die man für den Palast des Salomo hielt, wurde als Templum Salomonis „wieder" in eine Königshalle umgewandelt; der Felsendom würde „wieder" zum Templum Domini. Tatsächlich entsprach das Ideal von der geistlich-weltlichen Herrschaft in vielem dem salomonischen Konzept, obwohl dieses vom Judentum (und auch vom Christentum) eigentlich längst überwunden war.

Noch sichtbar ist ein Nebenbau der „Tempelkirche": Der sogenannte Himmelfahrtsdom (5) nordwestlich des Felsendoms, der nach islamischer Tradition an der Stelle des Gebetes von Mohammed mit den Propheten steht, diente den Kreuzfahrern wahrscheinlich als Baptisterium. Auch die Vorhalle und die Seitenräume der el-Aqsa-Moschee, wo sich heute die Frauenmoschee (6) und das Islamische Museum befinden, stammen aus der Epoche der Kreuzfahrer. Die Frauenmoschee diente wahrscheinlich als Refektorium des „Ritterklosters". In dem sehenswerten Museum befinden sich außerdem ein eindrucksvoller Leuchter aus der Kreuzfahrerzeit, der bis in die 20er Jahre im Felsendom stand, sowie Reste des schmiedeeisernen Gitters, das den heiligen Felsen umgab.

Nach Fertigstellung der Zitadelle am Westrand der Stadt bezog der König den strategisch günstiger gelegenen Palast südlich davon. Der Grundaufbau der Burg, in die der Ostturm der herodianischen Zitadelle einbezogen wurde, ist im heutigen Bau noch gut zu erkennen. Auch mit der Benennung der gesamten Anlage als „Davidsturm" knüpft man an die alttestamentliche Idealgestalt an.

In das „Templum Salomonis" aber zieht eine Gruppe von Kreuzfahrern, die auf andere Weise versuchen, das Ideal der Zeit zu verwirklichen, in dem Religiosität sich mit weltlicher Aktivität verbindet. Die Ritter

Münze König Balduins I. von Jerusalem mit Darstellung der Grabeskirche, des Davids-Turmes und des Felsendoms.

legen ein Mönchsgelübde ab und widmen ihr Leben der Verteidigung des Kreuzfahrerreiches. Der „Ritterorden" war geboren und die Idee des Klosters Cluny von einer neuen Form von „Ritterlichkeit" auf diese Weise verwirklicht. Der erste dieser Orden nennt sich nach seiner Heimat „Templerorden". Seine Regel ist beeinflußt von den Gedanken des Zisterziensers Bernhard von Clairvaux, der selbst zunächst Ritter werden wollte und den 2. Kreuzzug gepredigt hatte: *„Gott ist mit euch, denn ihr habt gelobt, die verräterische Welt zu verachten um der ewigen Gottesliebe willen. Schreckt nicht davor zurück, unmittelbar aus dem Gottesdienst, erfüllt und geheiligt vom eucharistischen Leib Christi ... in die Schlacht zu gehen, vielmehr haltet euch bereit für die Märtyrerkrone."*

Bei der Johanneskirche, die von Kaufleuten aus Amalfi über der kleinen byzantinischen Kirche des 5. Jh. errichtet worden war, hatte man schon vor Ankunft der Kreuzfahrer ein Hospiz für Kranke und Pilger eingerichtet: Die Kirche war ursprünglich einem Heiligen des 7. Jh., Johannes dem Almosengeber, geweiht. Nun wird aus der Krankenpfleger-Bruderschaft ebenfalls ein Ritterorden, der zusätzlich Aufgaben der Grenzsicherung übernimmt und sich entweder „Hospitaliterorden" oder nach Johannes (dem Täufer) „Johanniterorden" nennt. Nach der Eroberung der Stadt durch Saladin dürfen einige Brüder zur Pflege der Kranken bleiben. In dem Hospiz, das in seiner Blütezeit bis zu 1000 Gäste aufnehmen konnte, wohnt auch Friedrich II. bei seinem Besuch im Jahr 1229. Entlang des Suq al-Bidar sind einige Hallen des Hospizes bis heute erhalten geblieben. Vor Akko wird 1190 von deutschen Rittern auch der „Deutsche Orden" gegründet; ihm wird 1229 das deutsche Hospiz am Ostrand des heutigen jüdischen Viertels übertragen. Reste der Kirche „Sancta Maria Germanorum" und des Hospizes sind restauriert und an der Treppe, die zum Platz vor der Westmauer hinabführt, zu besichtigen. Schutzpatron des Ordens wird, wie beim Templerorden, der heilige Georg, der als Ritterheiliger aus Lydda von den Kreuzfahrern neu entdeckt wird.

Ebenfalls von der Theologie der Kreuzfahrer geprägt ist der Neubau der Grabeskirche. Am deutlichsten wird das an der Gestaltung des Hauptportals, einem Werk hervorragender Steinmetzen aus Frankreich. Das Doppelportal knüpft architektonisch deutlich an das Goldene Tor in der Ostmauer an. Das ist kein Zufall. Zum einen lebt ja die Vorstellung von der Grabeskirche als „neuer Tempel" fort. Zum anderen wird dadurch der triumphale Einzug Jesu in Jerusalem zu seinem Leidensweg in Beziehung gesetzt. So bleibt im Bild die biblische Vorstellung des ganz anderen Königs lebendig. Gleichzeitig führte, als auch das rechte Tor noch geöffnet war, einer der beiden Durchgänge nach Golgota, dem Symbol des Todes, der andere zum Grab, dem Symbol des neuen Lebens. Damit wurde das Tor zu einer Darstellung der „Zwei-Wege-Lehre", die sich bereits im Neuen Testament fand (vgl. Mt 7,13-14) und später weiter ausgestaltet wurde: *„Zwei Wege gibt es, einen des Lebens und einen des Todes; der Unterschied zwischen beiden Wegen aber ist groß"*, heißt es in der Didache, der ältesten erhaltenen Kirchenordnung aus dem 1. Jh. Dargestellt wird der Unterschied auf den beiden Friesen oberhalb der Portale, die sich heute im Rockefeller-Museum befinden: Über dem „Tor, das ins Verderben führt" findet sich eine Darstellung von Menschen, die verfangen sind in einem Geflecht, aus dem sie sich nicht selbst befreien können; über dem „Tor, das zum Leben führt", finden sich Darstellungen von der Auferweckung des Lazarus, vom Einzug in Jerusalem und vom letzten Abendmahl. Es sind die Ereignisse, die in der Liturgie immer wieder lebendig werden. So ist das Weltbild der Zeit in einem Portal zusammengefaßt.

Der eigentliche Grabbau der Kreuzfahrerzeit, der das 1009 zerstörte Original ersetzte, ist nicht erhalten. Dennoch kann er besichtigt werden – überall dort, wo in oder nach der Kreuzfahrerzeit Nachbauten dieses Grabes entstanden: Im Seitenarm der Kapuzinerkirche in Eichstätt, in der Mauritiuskapelle des Münsters von Konstanz, im Dom von Magdeburg oder in Görlitz. In zahlreichen Osterspielen ahmte man die Ereignisse des Ostermorgens nun auch in Europa nach. (Da dieses Grab aus einem vieleckigen Rundbau und einem turmartigen Aufsatz bestand, leiten sich auch die gotischen Sakramentstürme von diesem Grab her: Schließlich glaubt man an die geheimnisvolle Gegenwart des Auferstandenen, des „Leibes Christi", an diesem Ort.)

Zahlreiche Pilgerinschriften der Kreuzfahrerzeit in der Kirche erinnern an die Wallfahrer dieser Jahre – besonders eindrucksvoll die zahllosen Kreuze an den Wänden der Treppe, die im Osten des Chorumgangs zur Helenakapelle hinabführt.

Für immer wollten die Kreuzfahrerkönige am Ziel ihrer Wallfahrt ruhen. Am Eingang der Adamskapelle, zu Füßen des Königs, für den sie kämpfen zu müssen meinten, befand sich bis zum Beginn des 19. Jh. das Grab des Eroberers von Jerusalem. Es trug die Inschrift: „*Hier liegt der berühmte Herzog Gottfried von Bouillon, der dieses gesamte Land für den christlichen Glauben erobert hat. Seine Seele herrsche mit Christus.*"

Wie sehr die Kreuzfahrer auch religiös von der Erfahrung Jerusalems geprägt worden sind, zeigt insbesondere die Errichtung von zahlreichen Kapellen am Beginn der heutigen Via dolorosa. Man entdeckte den Menschen Jesus neu. Um 1170 identifizierte man die Antonia als „Haus des Pilatus", bald darauf lokalisierte man dort die Verurteilung Jesu. In der Nähe wurde eine Kapelle der Geißelung errichtet, die an der Stelle der heutigen Kirche der Verurteilung stand, und auch eine Kirche an der angeblichen Stelle des Herodespalastes wurde in der Nähe gebaut. An der heutigen 4. Station des Kreuzwegs entstand eine Kapelle, die den Ort markiert, an dem Jesus seiner Mutter begegnet sein soll. Auch in der Kunst des Abendlandes taucht seit dieser Zeit das Bild des leidenden Jesus am Kreuz auf. Es ist ein Paradox der Geschichte, daß ausgerechnet dank der Kreuzzüge, da man meinte, dem Glauben mit dem Schwert zur Herrschaft verhelfen zu müssen, das Bild des leidenden Erlösers am Kreuz an die Stelle des Christkönigs tritt.

Es gibt andere Kirchen, die einen Eindruck vom Jerusalem der Kreuzfahrerzeit vermitteln. Die schönste ist zweifellos St. Anna nördlich des Tempelplatzes. Ganz ähnlich muß St. Maria Latina ausgesehen haben, deren Nordportal in der im 19. Jahrhundert nach dem Vorbild von St. Anna neu errichteten Erlöserkirche noch erhalten ist. Auch die Jakobuskirche der Armenier, die neben der alten Menaskapelle entstand, vermittelt noch den Raumeindruck einer romanischen Kirche. Um sie herum ist das Armenische Viertel entstanden. Der Eingang des Mariengrabes, in dem sich die Kreuzfahrerköniginnen bestatten ließen, stammt ebenfalls aus dieser Zeit, ferner die kleine Kapelle am Ort der Himmelfahrt, deren achteckige Form möglicherweise von muslimischen Bauten beeinflußt ist. Das letzte Bauwerk der Kreuzfahrerzeit, erst während der zweiten Phase der christlichen Herrschaft nach 1229 entstanden, ist der Abend-

Das Jerusalem der Kreuzfahrer

Die Kreuzfahrerkirche St. Anna.

mahlssaal. Der mit frühgotischen Rippengewölben ausgestattete Raum ist gestaltet wie der Kapitelsaal eines mittelalterlichen Klosters – und übersetzte damit das Bild des letzten Mahles in die Sprache jener Zeit, da das Zusammenleben der klösterlichen Gemeinschaft als einen Spiegel des gemeinsamen Lebens der Urgemeinde verstanden wurde.

Von der Bedeutung Jerusalems für die Kreuzritter spricht die Predigt des Papstes Urban II., wie sie der Geschichtsschreiber der Epoche, Wilhelm von Tyrus (+ 1185), nachempfand: *„Hat auch der Herr durch gerechtes Urteil zugelassen, daß die heilige Stadt wegen der Sünden ihrer Bewohner mehrmals in die Hände der Ungläubigen geriet, hat er sie auch eine Zeitlang das schwere Joch der Knechtschaft tragen lassen, so dürfen wir darum doch nicht glauben, daß er sie verworfen hat. Die Wiege unseres Heils, das Vaterland des Herrn, das Mutterland der Religion, hat ein gottloses Volk in seiner Gewalt. Das gottlose Volk der Sarazenen bedrückt die heiligen Stätten, die von den Füßen des Herrn betreten worden sind, schon seit langer Zeit mit seiner Tyrannei. Die Hunde sind ins Heiligtum gekommen, und das Allerheiligste ist entweiht. Das Volk, das den wahren Gott verehrt, ist erniedrigt; das auserwählte Volk muß unwürdige Bedrückung leiden. Das königliche Priestertum muß als Sklave Ziegel brennen; die Fürsten der Länder, die Stadt Gottes muß Tribut zahlen ... Liebe Brüder, wer kann das mit trockenem Auge anhören? Der Tempel des Herrn, aus dem er in seinem Eifer die Händler hinausgetrieben hat, damit das Haus seines Vaters* *nicht eine Mördergrube werde, ist nun Sitz des Teufels geworden. Die Stadt des Königs aller Könige, die den andern die Gesetze des unverfälschten Glaubens gegeben hat, muß heidnischem Aberglauben dienstbar sein ... Bewaffnet euch mit dem Eifer Gottes, liebe Brüder, gürtet eure Schwerter an eure Seiten, rüstet euch und seid Söhne des Gewaltigen! Besser ist es, im Kampf zu sterben, als unser Volk und die Heiligen leiden zu sehen. Wer einen Eifer hat für das Gesetz Gottes, der schließe sich uns an. Wir wollen unsern Brüdern helfen. Ziehet aus, und der Herr wird mit euch sein. Wendet die Waffen, mit denen ihr in sträflicher Weise Bruderblut vergießt, gegen die Feinde des christlichen Namens und Glaubens"* (Kreuzzugschronik).

Zahlreiche Pilgerberichte aus der Kreuzfahrerzeit sind erhalten. Daß auch Juden die Stadt nach dem Massaker wieder bewohnen und besuchen, zeigt der Bericht des spanischen Juden Benjamin von Tudela, der um 1172 in Jerusalem weilte. Da die Araber auch das südliche Spanien beherrschen, versteht Benjamin deren Sprache, läßt sich von ihnen informieren und kann auch den Felsendom nicht mit dem Tempel Salomo verwechseln, wie es christliche Pilger tun: *„Jerusalem ist eine kleine Stadt, befestigt mit drei Mauern. Sie ist voll von Menschen, die die Moslems Jakobiten, Armenier, Griechen, Georgier und Franken nennen, und von Leuten jeder Sprache. Es gibt dort eine Färberei, für die die Juden jährlich eine geringfügige Abgabe an den König zahlen, denn außer den Juden werden keine Färber in der Stadt geduldet. Es gibt etwa 200 Juden, die in der Nähe des Davidsturms wohnen, in einer Ecke der Stadt. Der untere Teil der Mauer des Davidsturmes, bis zur Höhe von zehn Ellen, ist Teil der alten Gründung, die von unseren Vorfahren errichtet wurde, das übrige wurde von den Moslems errichtet. Es gibt kein stärker befestigtes Bauwerk in der Stadt als den Davidsturm. In der Stadt gibt es zwei andere Gebäude. Aus einem von ihnen, dem Hospiz, kommen 400 Ritter. Drinnen werden alle Kranken, die dorthin kommen, untergebracht und gepflegt, auch wenn sie sterben. Das andere Gebäude heißt 'Templum Salomonis'; es ist der Palast, den Salomo, der König von Israel, errichtet hat. 300 Ritter sind dort untergebracht, die täglich zu militärischen Übungen herauskommen, zusammen mit denen, die aus dem Land der Franken und anderen Teilen der Christenheit kommen, und es auf sich genommen haben, ein oder zwei Jahre zu dienen, bis ihr Gelübde erfüllt ist. In Jerusalem steht auch die Kirche des heiligen Grabes; hier liegt das Grab Jesu, zu dem die Christen wallfahren. Jerusalem hat vier Tore, das Abrahamstor, das Davidstor, das Zionstor und das Joschafattor, vor dem alten Heiligtum, das 'Templum Domini' genannt wird. An der Stelle des Heiligtums hat Omar Ben el-Kataab ein Gebäude mit einer großen und herrlichen Kuppel errichtet, in das die Heiden kein Bild bringen, sondern nur kommen, um dort zu beten. Vor diesem Platz liegt die Westmauer, eine der Mauern des Allerheiligsten. Sie wird 'Tor der Gnade' genannt, und dorthin kommen alle Juden, um vor der Mauer des Tempelplatzes zu beten"* (Reisebericht 34-36).

Anschließend berichtet Benjamin aber auch über die angebliche Auffindung der

Königsgräber auf dem (neuen) Zion bei Bauarbeiten an der Hagia Sion. Die beiden Bauarbeiter, die die Höhle entdecken, informieren den christlichen Patriarchen, der die Gräber durch Rabbi Abraham el-Constantini identifizieren läßt. Allerdings betreten die beiden die Gräber nicht, sondern lassen die Grabhöhle wieder zumauern. Sicher aber wird seit dieser Zeit das Davidsgrab auf dem Zion verehrt. Die Episode, die Benjamin von Rabbi Abraham selbst gehört haben will, zeigt, daß das Verhältnis zwischen Juden und Christen auch in der Kreuzfahrerzeit durchaus friedlich sein konnte.

Ein Zeugnis der neuen Frömmigkeit, die sich in Jerusalem und Europa entwickelt, ist ein Lied Walthers von der Vogelweide (gest. um 1230). Zwar ist unsicher, ob er wirklich in dem „reinen Land" gewesen ist. Deutlich aber wird, daß man es ehrt, weil dort „Gott in die menschliche Spur trat". Die Erlösung wird im Bild eines Handels beschrieben; „Speer, Kreuz und Dornenkrone" werden zu den entscheidenden Zeichen der Erlösung. Gott selbst schließlich soll entscheiden, wessen Ansprüche auf die Stadt berechtigt sind.

„Nu alrest lebe ich mir werde, / sit min sündic ouge siht / daz reine lant und ouch die erde, / den man vil der ere gibt. / Mirst geschehen des ich ie bat, / ich bin kommen an die stat / da got mennischlichen trat.

Hie liez er sich reine taufen / daz der mensche reine si; / do liez er sich herre verkoufen, / daz wir eigen würden fri. / Anders waren wir verlorn. / wol dir sper, kriuz unde dorn! / we dir, heiden! deist dir zorn.

Kristen, iuden unde heyden / jent daz diz ir erbe sy. / Got der muzes uns bescheyden / un die heren namen dry. / Al die werlt die stritet her / Wir syn ander rechten ger / recht ist daz er uns gewer."

14.
Al-Quds der Ajubiden, Mamelucken und Osmanen

In vielem passen sich die Kreuzfahrer den Lebensgewohnheiten der Stadt Jerusalem und des umgebenden Landes an. *„Wir, die wir Abendländer waren, wurden zu Morgenländern gemacht"*, schrieb der Chronist Fulcher von Chartres. Dennoch bleiben sie insgesamt ein Fremdkörper. Nicht zuletzt die immer wieder aus Europa für kurze Zeit kommenden Ritter mit ihrem ungestümen Missions- und Kampfeseifer verhindern ein dauerhaftes Zusammenleben. Und seit omajadischer Zeit gehört Jerusalem zum „Haus des Islam", gilt als „ursprünglich" islamisches Gebiet, so daß auch von islamischer Seite ein christliches Jerusalem nicht auf Dauer geduldet werden kann.

Im Jerusalem des 11. Jh. entsteht eine arabische Literatur, in der die Bedeutung der eigenen Stadt gepriesen wird (arab. = Fadail al-Quds). Bei Abu l-Maali heißt es um 1050 beispielsweise, Jerusalem sei mit Mekka, Medina und Damaskus eine der vier Städte des Paradieses. Dabei steht im Hintergrund auch die religiöse Wertschätzung: *„Wer zu diesem Haus (d.h. der el-Aqsa-Moschee) geht und nichts als beten will, wird so sündenfrei wie am Tage, als seine Mutter ihn gebar."* Von der „Abweichung" und „Verlegung" des Tempels durch die Christen zeugt auch die Überlieferung, diese hätten ursprünglich eine Kirche auf dem Tempelberg geplant und, nachdem sie zweimal eingestürzt sei, aus den Steinen des Tempels die Grabeskirche errichtet.

Diese Literaturgattung wird im Laufe des 12. Jh. immer beliebter und von den Ajubiden gefördert, die dem Krieg gegen die Kreuzfahrer auch einen religiösen Charakter verleihen. Seit dieser Zeit ist die Stadt mit der Idee des religiösen Eifers (arab. = Dschihad) verbunden und dadurch in ihrer Bedeutung für den Islam gewachsen. Nach der Rückeroberung der Stadt wird das erste Freitagsgebet am 9. Oktober 1187 als Festgottesdienst gestaltet; die Ansprache von Muhi ad-Din schließt mit einem Fadail auf „al-Quds" (arab.: die Heilige), wie die Stadt nun zunehmend genannt wird. *„Die Ka'aba ist glücklich über die Befreiung ihres Bruders el-Aqsa, denn der Glaube, der aus seinem Heiligtum verbannt war, kehrt heute in sein Geburtshaus zurück"*, heißt es dort.

Die ersten Maßnahmen des Saladin beziehen sich auf die Reinigung des Haram. Die christliche Ausstattung der Heiligtümer wird entfernt, ein kostbarer „Minbar" (arab.: Kanzel) aus Zedernholz, der bereits 1168 angefertigt worden war, wird in der el-Aqsa-Moschee aufgestellt. Auch die Kuppel des Felsendoms wird im Innern erneuert; die Holzschnitzarbeit ist ein herausragendes Beispiel der rein dekorativen islamischen Kunst. Die Stadt selbst wird nun endgültig in eine christliche und eine muslimische Hälfte aufgeteilt; alle Kirchen im Osten der Stadt werden von den Muslimen übernommen, die im Westen an einheimische Christen übergeben. Das Kloster St. Anna beispielsweise wird in eine Schule umgewandelt. Die Inschrift über dem Eingang zeugt noch davon. Die Zionskirche dagegen wird anscheinend syrischen Christen übergeben. Die Stiftsgebäude an der Grabeskirche schließlich benutzt Saladin als Residenz, wenn er selbst in der Stadt weilt.

Unter dem neuen Statthalter, Saladins Neffen al-Muazzem Isa, blüht die Stadt in wenigen Jahren auf: Die Fassade der Vorhalle vor der el-Aqsa-Moschee wird neu gestaltet, zahlreiche neue Moscheen und „Klöster" entstehen: Das ehemalige Patriarchat nördlich der Grabeskirche und eine Kirche südöstlich des Damaskustores werden in Derwischklöster umgewandelt. Südlich der Grabeskirche entsteht eine neue Omarmoschee.

Die kurze Blütezeit endet im Grunde mit der Zerstörung der Stadtmauern im Jahr 1219, als das christliche Heer von Ägypten her das Land bedroht – der Chronist Abu Schama berichtet, in Jerusalem habe eine Angst wie beim Jüngsten Gericht geherrscht. Erst als 1250 die Mamelucken die Stadt erobern, kommt es zu einer neuen, stillen Blüte. Die ehemaligen Leibwächter der Ajubiden aus Kleinasien und Südrußland – als solche waren sie ursprünglich keiner arabischen Fraktion verpflichtet – beherrschen nach dem Sturz ihrer Herren von Kairo aus Ägypten, Syrien und Palästina. Ein Gouverneur für die inneren Angelegenheiten und ein Gouverneur für die religiösen Belange verwalten nun Jerusalem. Letzterer ist auch verantwortlich für jeden „Wakf" – so nennt man die frommen Stiftungen zum Nutzen der Allgemeinheit, die es bald in der Stadt in reichem Maße gibt. (Auch der Haram ist bis heute als Wakf organisiert und wird von der Wakf-Behörde verwaltet.)

Nach der Eroberung Bagdads durch die Mongolen 1258 verlagert sich der Schwerpunkt der muslimischen Welt, und die Mamelucken versuchen nach der Abwehr der mongolischen Reiterheere im Jahr 1260, das von ihnen beherrschte Heiligtum Jerusalem zu einem religiösen Zentrum auszubauen. Die Fadail-Literatur blüht, und die Emporkömmlinge, die ihre Rechtgläubigkeit unter Beweis stellen wollen, errichten zahlreiche „Medresen". Diese Kombination von theologischem Seminar, Rechtsschule und Moschee wird zu einem wichtigen Bautyp der mameluckischen Zeit: Um einen kreuzförmigen Hof herum, dessen Arme einen „Iwan", eine Art Sitzecke, bilden, liegen Bet-, Lehr- und Wohnräume. Verschiedene Rechtstraditionen werden in Jerusalem gelehrt, wobei die schafiitische Schule dominiert. Darüber hinaus entstehen Schulen, Waisenhäuser, Bibliotheken, Bäder, Klöster, Krankenhäuser, Karawansereien, Brunnen und Latrinen – vor allem am Westrand des Haram und in den westlich davon gelegenen Straßen.

Muslimische Pilger kommen aus Afghanistan, Anatolien, Ägypten, Marokko und Spanien; zahlreiche Hospize werden errichtet. Da die Gelehrtenstadt kein politisches Zentrum ist, werden viele mißliebige Personen nach Jerusalem verbannt, die ihrerseits, bevor ihr Vermögen einge-

Löwenreliefs am Osttor der von Suleiman dem Prächtigen erneuerten Altstadtmauer.

zogen wird, Bauten und Institutionen stiften. Da die Stadt als solche aber arm bleibt, wird sie als „Stadt der Armen und Frommen" zu einem beliebten Ort für Sufi-Derwische, die, ähnlich wie zuvor die christlichen Mönche, durch die Art ihres (klösterlichen) Lebens innerlich von Gott geformt werden wollen. Bis zu 20 Konvente sind bezeugt, unter ihnen auch solche der tanzenden Derwische, die sich durch Musik und Tanz in einen Zustand zwischen Himmel und Erde versenken.

Zahlreiche Kirchen dagegen müssen in den Jahren der mameluckischen Herrschaft aufgegeben werden; die christliche Präsenz in der Stadt läßt stark nach. Immerhin wird ab dem 14. Jh. den Franziskanern erlaubt, die westlichen Pilger zu betreuen – obwohl der Charakter Jerusalems als Stadt islamischer Gelehrsamkeit auch einzelne Verfolgungen nicht ausschließt.

Für die Mamelucken beginnt 1382, als die Gruppe der Burdschiten unter ihnen die Macht übernimmt, eine Zeit des langsamen Niedergangs. Im Jahr 1517 wird dann auch Jerusalem von den osmanischen Türken unter Sultan Selim übernommen, die die Seldschuken abgelöst und 1453 Konstantinopel erobert haben. Unter Selims Nachfolger Suleiman dem Prächtigen (1520-1566) blüht Jerusalem noch einmal auf. Selims Name ist die türkisch-arabische Form von Salomo – tatsächlich bezeichnet er sich in einer Bauinschrift am Osttor der Zitadelle als „zweiter Salomo". Er erweitert das Reich, erobert Bagdad und Ungarn, belagert Wien und errichtet als Gesetzgeber und Reformer tatsächlich ein neues Weltreich unter islamischem Vorzeichen. In Jerusalem läßt er die Stadtmauer und die Zitadelle in historisierender Weise neu erbauen – ihm geht es weniger um militärische Sicherung als um Anknüpfung an Tradition: Jerusalem bekommt von nun an symbolische Bedeutung im Spiel von Mächten, deren politische Hauptstadt ganz woanders liegt.

Doch bedeutet das türkische Engagement zunächst tatsächlich eine deutliche Verbesserung der Verhältnisse in der Stadt. Eine funktionierende Verwaltung wird eingesetzt. Der Sandschak Jerusalem gehört zur Provinz Damaskus, der Gouverneur oder Pascha residiert am Ort der ehemaligen Festung Antonia. Handel und auch islamische Wallfahrt blühen. Die Wasserversorgung wird instandgesetzt, zahlreiche Brunnen werden angelegt, die schadhaften Mosaiken an der Außenwand des Felsendomes durch bunte Kacheln ersetzt. Nach und nach wächst die Einwohnerzahl von 4.000 in spätmameluckischer Zeit auf 20.000 gegen Ende der Amtszeit Suleimans.

Aber schon unter seinen Nachfolgern beginnt der langsame Verfall des osmanischen Reiches. Auch Jerusalem sinkt zu einer unbedeutenden Stadt herab. Das Amt des Pascha wird häufig von auswärtigen Herren wahrgenommen, die die Stadt nur ausbeuten. Die eigentliche Macht liegt mehr und mehr in der Hand einiger bedeutender Familien. Der Einfluß der Nashashibis, Husseinis, Alamis und Khalidis geht auf diese Zeit zurück.

Im Jahr 1831 übernimmt Ibrahim Pascha die Macht in Jerusalem. Er hat sich in Ägypten von der osmanischen Oberherrschaft befreit und dehnt seinen Einflußbereich nach Norden aus. Erstmals seit drei Jahrhunderten sind die Araber frei von der türkischen Herrschaft. Ein arabischer Nationalismus entsteht. Die Europäer sind jedoch an einer Änderung der Kräfteverhältnisse in der Region nicht interessiert. Auf ihren Druck hin muß Ibrahim Pascha sich 1840 zurückziehen. Spätestens jetzt macht sich der Einfluß europäischer Mächte, die den „kranken Mann am Bosporus" kurieren wollen, auch in Jerusalem bemerkbar.

Den besten Eindruck vom ajubidischen Jerusalem bietet die Fassade der el-Aqsa-Moschee: Sehr schön wird dort sichtbar, wie die islamische Architektur und der Kreuzfahrerstil sich gegenseitig beeinflußt haben. Auch das gehört zu den Paradoxien der Geschichte: Die Kreuzfahrerzeit leitet, obwohl ihre Eroberungen scheiterten, eine Epoche ein, da der Orient Europa mehr und mehr als einflußreiche Macht wahrnehmen muß.

Der von Saladin in der el-Aqsa-Moschee aufgestellte Minbar ist 1969 beim Anschlag eines christlichen Fanatikers zerstört worden; die Reste befinden sich, ebenso wie die Türen der Moschee, im Islamischen Museum.

Auch das mameluckische Jerusalem ist am besten auf dem Haram und in dessen Umgebung zu entdecken. Prägend im Stadtbild sind vor allem die vier Minarette rund um den Platz. Anders als die osmanischen Minarette stehen sie auf einem quadratischen, dem „syrischen" Grundriß. Über mehreren Geschossen erhebt sich der offene, überdachte Raum für den Muezzin, darüber schließlich findet sich eine überkuppelte Laterne. Die schlanken Türme sind vielfach mit Spolien (wiederverwendeten Säulen) aus der Kreuzfahrerzeit errichtet und überragen alle anderen Gebäude der Altstadt. Tatsächlich mußte aus diesem Grund der Turm der Grabeskirche im 14. Jh. verkleinert werden. Sein stumpfes Dach symbolisiert das „Zurückgehen" des christlichen Einflusses eindrucksvoll. Nicht zufällig rahmen die ebenfalls in mameluckischer Zeit errichteten Minarette der Omarmoschee und des Derwischklosters beim Patriarchat die Grabeskirche ein – den Ort, der als einzige christliche Stätte von den Muslimen abgelehnt wird, weil sie die christliche Sicht der Kreuzigung nicht teilen (vgl. Sure 4:157-158).

Auf dem Haram selbst befindet sich südlich des Felsendomes ein steinerner Minbar des 14. Jh. Auch hier sind Kreuzfahrerelemente wiederverwendet worden; die „Sommerkanzel" wurde möglicherweise für ein spezielles Gebet um Regen genutzt. Ein Meisterwerk mameluckischer Bildhauerkunst stellt auch der von Sultan Qait Bey 1482 gestiftete öffentliche Brunnen westlich des Felsendoms dar. Der von ägyptischen Künstlern errichtete Bau liefert mit seinem umlaufenden Schriftband ein Beispiel für die arabische Kunst der Kalligraphie; die arabeskenverzierte Kuppel und die mit Flechtbandmotiven verzierten Ecksäulen zeigen meisterhafte Steinmetzarbeit. Aus dem würfelförmigen Brunnenhaus wurde das Wasser ursprünglich in Tröge unter jedem Fenster geleitet.

Ebenfalls von Sultan Qait Bey, der auch al-Ashraf genannt wurde, stammt die al-Ashrafiye-Medrese neben dem Brunnen. Der Eingang zeigt noch die typisch mameluckische Art, mit Hilfe von roten, weißen und schwarzen Steinen eine lebendige Fassade zu errichten. Über der Tür befinden sich außerdem die typischen Nischen mit Stalaktiten, die „Muqarnas" genannt werden. Ähnlich gestaltet ist der Ein- bzw. Ausgang zum „Suq al-Kattanin" (arab.: Straße der Baumwollhändler). So entsteht hier eine eindrucksvolle Fassade, die vom Haram dessen Ausstrahlung empfängt und sie gewissermaßen in die Stadt weiterleitet. Auch die Bazarstraße selbst stammt aus dem 13. Jh.; an den unverputzten Gewölben kann man die Mauertechnik studieren. Überhaupt lassen sich in den kaum von Touristen besuchten Straßen westlich des Haram noch zahlreiche Fassaden und Schmuckelemente der mamelukischen Blütezeit entdecken.

Die osmanische Zeit hat den Haram insofern geprägt, als die aus Persien stammenden Kacheln des Felsendomes sein heutiges Erscheinungsbild nicht unwesentlich bestimmen: Der Zusammenklang vom Gold der Kuppel und den weißen, gelben, grünen und vor allem blauen Fliesen, die an die Stelle der omajadischen Mosaiken getreten sind, macht den Dom zum schönsten Bauwerk der Stadt. Die diffus strahlenden Glasfenster im Innern stammen ebenfalls aus dieser Zeit: Die Ornamente sind in ein Gipsbett geschnitten und dann mit farbigem Glas hinterlegt worden.

In der Umgebung des Haram finden sich darüber hinaus vier Brunnen der osmanischen Zeit, die im Zusammenhang der Renovierung der Wasserversorgung angelegt wurden und bis ins 20. Jh. hinein in Betrieb waren. Auch diese in die Wand eingelassenen Nischen sind in historisierendem Stil gestaltet und könnten fast aus ajubidischer Zeit stammen. Suleiman ist nicht der letzte, der in Jerusalem auf Formen der Vergangenheit zurückgreift.

Prägender für das Stadtbild als Ganzes aber ist die von Suleiman neu errichtete Mauer. Fast unverändert umgibt sie noch heute die Altstadt. Einer Überlieferung zufolge soll der „Hofbaumeister" Suleimans, Sinan, Architekt der Blauen Moschee in Istanbul, bei einem Aufenthalt das Damaskustor im Norden, das erneut als

Haupttor gestaltet wurde, errichtet haben. Am Osttor wurden von den Bauleuten zwei mameluckische Löwenreliefs wiederverwendet; Sultan Baibar hatte das Löwenwappen im 13. Jh. von seinem englischen Widersacher, Kronprinz Edward, übernommen. Das Tor wird seitdem „Löwentor" genannt und mit einem Löwentraum des Suleiman in Verbindung gebracht. Die Mauer und die Tore selbst, im mittelalterlichen Stil erbaut, mußten nie den Angriff oder die Belagerung einer Armee überstehen. Die Tore wurden bis zum Ende der osmanischen Zeit allabendlich geschlossen, um Sicherheit vor den Überfällen der Beduinen zu bieten, die das Umland der Stadt beherrschten – außerhalb der Mauern zu wohnen, galt daher noch Mitte des 19. Jh. als fast unmöglich. Heute gehört ein Gang auf der Stadtmauer zu den besten Möglichkeiten, sich einen Überblick über die Stadt zu verschaffen. Und insbesondere das Damaskustor zeigt noch heute die Funktion der Tore als Ort der Begegnung von Stadt und Land, wenn die Araberfrauen der Umgebung dort ihre Produkte anbieten.

Die mehrfach umgebaute Zitadelle am Jaffator war bis zum Ende der osmanischen Zeit Symbol der Fremdherrschaft. Hier lag die türkische Garnison. Das Osttor, noch vor dem Graben gelegen, wurde von den Osmanen neu angelegt. An dieser Stelle sollte auch der englische General Allenby die Übernahme der Stadt durch die Europäer verkünden. Noch heute treffen am Jaffator das orientalische Jerusalem und das westlich geprägte Neu-Jerusalem aufeinander.

Der Brunnen „Sabil Qait Bey" auf dem Tempelplatz.

Die Texte über Jerusalem aus der Epoche, die sich vom Ende der Kreuzfahrerzeit bis zum Beginn der Moderne im Orient erstreckt, sind naturgemäß vielfältig. Die Fadail al-Quds, die Lobsprüche auf Jerusalem, entspringen einerseits dem Gefühl für die religiöse Besonderheit der Stadt. So kann es heißen: *„Die Bewohner Jerusalems sind Allahs Gäste, und es ist ihre heilige Pflicht, kein Unrecht zu tun."* Doch im Laufe der Zeit werden daraus unrealistische Übertreibungen, wenn es heißt: *„Die*

Nähe Allahs macht die Stadt unempfindlich gegen Dürre und Trockenheit", oder „Wer in Jerusalem begraben ist, der hat schon die Brücke über die Hölle überschritten. Er wird keine Qualen mehr erleiden."

Wie sehr gerade die Zerstörung der Mauern im Jahr 1219 die Bindung der Muslime an die Stadt erneuert, zeigt ein Bericht des Kadi Madschd al-Din, der fast mit den Worten der Psalmen von den Überresten der Stadt spricht: „Ich kam zur edlen Stadt Jerusalem und grüßte, was von seinen Bauten übrig war. ... Meine Augen vergossen heiße Tränen, als ich an unsere ruhmreiche Vergangenheit dachte. Und siehe: Ein Barbar will die Spuren beseitigen, will eine böse, verbrecherische Hand erheben. Da sage ich zu ihm: Deine rechte Hand soll verdorren! Hab' Achtung vor dieser Stadt wegen derjenigen, die hier beten wollen. Wenn Menschen für sie als Lösegeld dienen könnten, würde ich mein Leben geben, und alle Muslime würden es geben wie ich!"

Die Übergabe der Stadt an Friedrich II. wird als tiefer Verlust empfunden: „Die Pilgerströme können nicht mehr nach Jerusalem ziehen. Wieviele Gebete sind in der Vergangenheit gesprochen worden, wieviele Tränen sind vergossen worden! Wie groß ist die Scham der islamischen Herrscher! Wegen dieser furchtbaren Neuigkeit brechen die Herzen vor Kummer."

Nach der mameluckischen Übernahme der Stadt ziehen weiterhin christliche Pilger nach Jerusalem. Im Jahr 1483 macht sich der Mainzer Domherr Bernhard von Breydenbach mit mehreren Gefährten, u.a. dem Maler Erhard Reuwich aus Utrecht, auf den Weg und bleibt vier Wochen in der Stadt. Nach seiner Rückkehr verfaßt er mit Hilfe eines Mainzer Gelehrten einen ausführlichen Bericht über seine Reise, der gleichzeitig ein Handbuch über die Situation in Jerusalem wird, sogar ergänzt durch eine Darstellung des arabischen, hebräischen, griechischen und syrischen Alphabets:

„Zu diesen und vor langen Zeiten her wohnen in Jerusalem und im Heiligen Land Menschen von mancherlei Sekten und Glauben, Sarazenen, Juden und Christen genannt. Doch bei den Sarazenen ist ein großer Unterschied zu merken, denn ein Teil von ihnen heißt Turcomanni und wohnt in den Landen gen Mitternacht der Stadt Jerusalem unter dem türkischen Kaiser. Das sind die Türken, die der römischen Kirche und den Christen so oft großen Schaden zugefügt haben. Ein anderer Teil heißt Marrochiani, und diese wohnen in Afrika, besonders in den Landen gen Mittag von der Stadt Jerusalem unter der Herschaft des Königs Marrochii. Von diesen zwei Volksstämmen wohnen zur Zeit keine in Jerusalem und haben auch keine Gewalt darüber. Der dritte Teil sind Soldanii, diese wohnen in Jerusalem, und das ganze Land darum ist ihrem König Soldani unterworfen, der gewöhnlich in der großen Stadt Kairo, auch Alkeyer genannt, wohnt. Alle diese Nationen oder Geschlechter leben nach dem verfluchten Gesetz Mahomets. Die Sarazenen halten gar streng alle Gesetze und Bestimmungen Mahomets und besonders den bösen Artikel, daß sie niemand wider ihr Gesetz predigen und diskutieren lassen. Allein mit dem Schwert beschützen sie ihre Gesetze, und jeden, der davon abtrünnig wird, töten sie von Stund an.

Zu dieser Zeit wohnen an vierhundert Juden in Jerusalem, die in ihrem Unglauben leben und in einem großen Irrtum beharren, da sie ... leugnen die Dreifaltigkeit der Personen in der Gottheit. Sie glauben, daß Christus oder Messias nicht gekommen sei. Doch glauben sie, daß Christus von der Jungfrau Maria geboren sei, aber von Josephs Samen. So glauben sie, daß ihr Messias ihnen das gelobte Land wiedergeben wird. Sie verstehen ihr Gesetz allein nach dem Buchstaben, der tötet, und nicht nach dem Geist, der das Leben ausmacht. So sind sie mit viel anderen Irrtümern verstrickt und verknüpft, was ein jeder wohl merkt, der ihren Talmud durchliest, darinnen viel töricht Fabeln geschrieben stehen, die sie alle fest glauben. Die Juden gebrauchen in diesen Landen mehr die arabische Sprache zu anderen Menschen, aber unter sich die hebräische."

Bei den Christen erwähnt er die getrennten Griechen, Äthiopier und Syrer. Sein Bericht ist, bei allen Sympathien, die er für die Äthiopier hegt, ein gutes Beispiel für die Mischung aus Neugier und Vorurteil bei den christlichen Reisenden der Epoche: *„Die Griechen sind in der ersten Kirche und am Anfang der Christen berühmte und treffliche Leute im Glauben gewesen und haben gar namhafte Länder und Städte, dazu hochwürdige Kirchen gehabt wie zu Antiochia, Alexandria und Konstantinopel. Doch sind sie allewegen dabei hochmütige Menschen von einer harten Halsader gewesen und gewöhnlich widerspenstig gegen die römische Kirche. Ihre Kleriker, auch wenn sie die großen Weihen haben, nehmen Hausfrauen. Sie pflegen ihre Bärte mit großem Fleiß, und die, die keine haben, halten sie nicht für würdig, Priester zu sein. Auch tun sie unserem Sakrament keine Ehre. Wenn einer von unseren Priestern an ihrem Altar eine Messe liest, so waschen sie denselben Altar nachher ab, als wäre er unrein geworden."*

Von den Äthiopiern, d.h. den „Abessiniern und Indianern, die sich auch Christen nennen", heißt es: *„Diese sind alle schwarz wie die Mohren und sehr geneigt und beflissen, die heiligen Stätten aufzusuchen. Sie beten andächtig und lang und vollbringen die Ämter nach ihrer Weise gar löblich. Sie haben die Armut lieb. Sie tragen leinene und gefärbte Kleider und gehen barfuß. Doch obwohl sie solches tun, sind sie leider mit etlichen Irrtümern befleckt wie andere Nationen. Sie halten die Beschneidung wie die Sarazenen und brennen ihre Kinder kreuzweise an den Stirnen oder Backen oder auf der Nasen und meinen dadurch die Erbsünde loszuwerden."*

In osmanischer Zeit werden Pilgerreisen seltener. Nicht zuletzt die Kritik Luthers hat dazu beigetragen. In seiner Schrift „Vom Mißbrauch der Messe" heißt es, daß *„nach dem grab, do der Herr ynn gelegen hat, welchs die Sarracen ynne haben, got gleych ßo vill fragt, als nach allen kuuen von schweytz"*. Dennoch kommt 1582 mit Rau(ch)wolf der erste protestantische Pilger nach Jerusalem. Und vornehmlich europäische Protestanten sind es, die im 19. Jh. mit der wissenschaftlichen Erforschung des Landes beginnen werden. Mit den Forschern der Neuzeit beginnt denn auch schon eine neue Epoche in der Geschichte der Stadt.

15.
Das Jerusalem der Europäer

Nach der Eroberung Jerusalems durch Saladin werden alle Franken oder „Lateiner" aus der Stadt vertrieben; auch der Patriarch ist nun wieder ein griechisch-orthodoxer Mönch. Erst um 1333 erlauben die Mamelucken den Franziskanern, die sich nie an gewalttätigen Kreuzzügen beteiligt hatten, nach Jerusalem zurückzukehren: Auf dem Zionsberg wird die „Custodia Terrae Sanctae" eingerichtet. Aufgabe der Brüder ist die Betreuung der Pilger, die in Jaffa ankommen. Der Guardian löst sie im Hafen aus und führt sie nach Jerusalem, wo sie meist zehn Tage bleiben. Die Franziskaner sind es auch, die die Heiligkeit des Landes und der Stadt bis ins Extrem hervorheben. Alles strahlt heiligende Kraft aus: *„Wenn er dem Kreuz, an dem er sechs Stunden hing, schon solche Gnade vermittelte, daß es Kranke heilt, wenn er dem Grab, in dem sein entseelter Leib 36 Stunden ruhte, solche Kraft gab, daß es der ganzen Welt glorreich schien, was soll dann über das Heilige Land gesagt werden, in dem er 30 Jahre ununterbrochen lebte ... Heilig sind die Früchte, heilig die Bäume, heilig die Balken, heilig die Weide, heilig das Brot, heilig das Wasser"*, schreibt um 1500 einer der Kustoden.

Im Jahr 1551 aber werden die Franziskaner vom Zion vertrieben. Als sie sich bei Sultan Suleiman beschweren, antwortet dieser: *„Wenn der König Frankreichs mir die Erlaubnis zum Bau einer Moschee in Paris und der Papst für eine andere in Rom gibt, ja, dann gebe ich euch den Zion zurück."* Es gelingt den Franziskanern, im Nordwesten der Altstadt ein aufgegebenes Kloster der Georgier zu erwerben. Als Kirche des neuen Domizils wird die Kirche St. Salvator errichtet. Als zu Beginn des 17. Jh. die Pest in der Stadt ausbricht, gehören einige der Brüder zu den wenigen Helfern. Bald darauf werden erste Schulen eingerichtet.

Auf orthodoxer Seite führt die Übernahme der Herrschaft durch die Türken im Jahr 1516 paradoxerweise zu einer stärkeren „Hellenisierung". Dadurch, daß Konstantinopel, das griechische Zentrum der Kirche, und Jerusalem nun ein und derselben Regierung unterstehen, wächst der griechische Einfluß. Schon 1453 hatte der Jerusalemer Patriarch Befugnisse des Kaisers auf den Sultan übertragen; nun werden hohe Kirchenämter nur noch in Konstantinopel vergeben. Seit dem 17. Jh. residiert der Jerusalemer Patriarch sogar in Istanbul. Das führt auf Dauer zu einer immer größeren Distanz zur einheimischen christlichen Bevölkerung, die lange aramäisch sprach, nun aber mehr und mehr arabisiert wird.

Seit dem 17. Jh. kommt es auch zunehmend zu Streit zwischen Griechen und Lateinern um die Rechte an den heiligen Stätten. Die Türken, die als Schiedsrichter fungieren – schon Saladin hatte den Schlüssel der Kirche an zwei muslimische Familien übergeben –, räumen nach der erfolglosen Belagerung Wiens 1629 den Katholiken weitergehende Rechte ein. Die Katholiken werden angeführt von Frankreich, das Venedig als Schutzmacht der Katholiken im Nahen Osten ablöst. Doch versuchen die Türken auch, die Konfessionen gegeneinander auszuspielen. Im Jahr 1757 werden zahlreiche Kirchen an die Griechen übergeben, unter anderem der Grabbau und das Mariengrab im Kidrontal.

Als Napoleon 1798 nach Ägypten zieht, um die englische Vorherrschaft im Mittelmeer zu brechen, und von dort aus nach Norden vorstößt, weil die Türken und Russen sich gegen ihn verbünden, hält er es noch für unnötig, Jerusalem zu erobern – so unbedeutend ist die Stadt im politisch-militärischen Sinn. Durch die zahlreichen Wissenschaftler, die ihn begleiten, wird der Feldzug aber auch zur Geburtsstunde der Altertumswissenschaften, die bald darauf Palästina neu entdecken.

Beim Brand der Grabeskirche im Jahr 1808 kommt es zu Unruhen. Die Griechen nutzen die unübersichtliche Situation, um die Gräber der Kreuzfahrerkönige in der Grabeskirche zu zerstören – der Haß gegen den Westen bricht sich Bahn.

Nachdem sich Ibrahim Pascha 1840 auf westlichen Druck hin wieder aus Palästina zurückgezogen hat, bietet sich den Europäern die Gelegenheit, die Lage in Jerusalem neu zu ordnen. Doch nur der preußische König Friedrich Wilhelm IV., der „Romantiker" auf dem Thron, entwickelt konkrete Pläne für die Stadt, die als gemein-christliches Protektorat verwaltet werden soll. Er träumt von einer Einigung der Kirchen, die in Jerusalem ihren Anfang nehmen soll. Am Ende bleibt davon die Idee eines gemeinsamen Bistums Jerusalem von Protestanten und Anglikanern, das 1842 tatsächlich eingerichtet wird. In romantischer Begeisterung für die mittelalterlichen Ideen gründet Friedrich Wilhelm auch den Johanniterorden unter preußischen Adeligen neu.

Zwar besteht das gemeinsame Bistum nur bis 1866, aber dennoch ist seine Einrichtung der Beginn einer ganzen Welle von Gründungen. Alle Kirchen versuchen

Franziskaner in Ekstase vor dem hl. Grab. Aus: Elzear Horn, Iconographiae Monumentorum Terrae Sanctae (ca. 1740). Rom, Vatikanische Bibliothek.

nun, in Jerusalem präsent zu sein – wobei wie im Falle des preußisch-anglikanischen Bistums die kirchliche Präsenz nicht nur mit Missionseifer, sondern auch mit nationalen Interessen verbunden ist.

Im Jahr 1847 wird das lateinische Patriarchat, das 1291 erloschen war, in Konkurrenz zum griechischen vom Papst wiederbelebt. Die Katholiken verstärken die Errichtung von Schulen und Krankenhäusern: „*Ein Hospital ist hier gleichsam die Vorhalle ... ein Schlüssel, der alle Herzen und Türen öffnet*", heißt es in der Kanzlei des Patriarchen. Zahlreiche Orden werden in die Stadt geholt. Die elsässischen Gebrüder Ratisbonne, konvertierte Juden, gründen sogar eigens für Jerusalem und das heilige Land einen neuen Orden – die Sionsschwestern sollen sich der „Wiedergeburt" Israels widmen und siedeln sich am Ecce-Homo-Bogen an. Eine männliche Niederlassung entsteht im Westen der Stadt. Da aber Katholiken und Protestanten weder unter Juden noch unter Muslimen erfolgreich missionieren, versuchen die Konfessionen nun, einander Gläubige abzuwerben.

Als es 1852 erneut zum Streit um die heiligen Stätten kommt, wird vom Sultan der „Status quo" festgelegt, in dem die gerade üblichen „Besitzstände" festgeschrieben werden – tatsächlich ist der Erlaß bis heute in Kraft und bestimmt, wer, wann, wo, was feiern oder fegen darf. Auch nach dem Krimkrieg, bei dem England und Frankreich mit den Türken gegen Rußland verbündet sind, kommt es 1856 nur zu geringfügigen Korrekturen.

Aber auch die Russen gründen nach dem Krieg in Jerusalem eine Mission – als erste lassen sie sich außerhalb der Altstadtmauer nieder. Sie sehen sich auch als Schutzherren der arabisch sprechenden orthodoxen Bevölkerung, die von der griechischen Hierarchie vernachlässigt wird. Erst jetzt, da bereits zahlreiche Gläubige abgeworben sind, beginnen auch die Griechen, sich auf die neue Situation einzustellen. Der Patriarch residiert seit 1860 wieder in Jerusalem. Schulen werden gegründet, Klöster der judäischen Wüste zurückgekauft und teilweise neu besiedelt. So kommt es, teilweise mit erheblicher finanzieller Unterstützung aus Rußland, zu einer Wiederbelebung der Orthodoxie – auch wenn der Konflikt mit der einheimischen Bevölkerung bis heute nicht beigelegt ist.

Mit dem Engagement der Europäer und ihrem Einfluß auf die türkischen Behörden sind zahlreiche Veränderungen in der Stadt verbunden, die 1874 direkt dem Sultan unterstellt wird. Im Jahr 1868 wird die erste Straße von Jaffa nach Jerusalem fertiggestellt, die für Fahrzeuge geeignet ist, 1865 wird die Telegraphenverbindung hergestellt, und 1892 folgt der Eisenbahnanschluß. Die Türken erlangen nun wirkliche Autorität in der Stadt; so wird auch das Leben in der Umgebung sicherer.

In der Folge besuchen zahlreiche prominente Gäste die Stadt. Höhepunkt ist der Besuch des deutschen Kaisers Wilhelm II. im Jahr 1898 anläßlich der Einweihung der protestantischen Erlöserkirche. Das deutsche und das osmanische Reich sind verbündet; gleichzeitig demonstriert der Kaiser durch das Tragen der Kreuzfahrertracht des Johanniterordens seine Anknüpfung an das mittelalterliche Erbe –

nun unter nationalistischem Vorzeichen. Am Jaffator wird ein Stück aus der Mauer gebrochen, um die Einfahrt des Kaisers im Prunkwagen zu ermöglichen.

Schließlich ist mit dem verstärkten Interesse der Europäer der Beginn der wissenschaftlichen Erforschung des Landes verbunden. Seit Beginn des 19. Jh. kommen Forschungsreisende auch nach Jerusalem. Der Schweizer Johann Ludwig Burckhardt ist einer der ersten. Ihm folgt der amerikanische Theologieprofessor Edward Robinson, der 1841 ein Standardwerk über „Biblische Untersuchungen in Palästina und den angrenzenden Ländern" herausgibt. Auch zahlreiche andere Autoren forschen und schreiben nun über das Land – nicht zuletzt, um die Thesen eines David Friedrich Strauß, der die gesamten Evangelien für Mythen hält, zu widerlegen. Die Stätten Jerusalems werden zum historischen Argument. So entstehen u.a. die französische „Ecole biblique" und das „Deutsche Institut für Altertumswissenschaften des Heiligen Landes", dessen erster Direktor, Gustaf Dalman, versucht, mit Hilfe der arabischen Gegenwart die biblische Geschichte besser zu verstehen.

Der englische „Palestine Exploration Fund" legt erstmals Karten an; ab 1867 finden die ersten Ausgrabungen in Jerusalem statt: Charles Warren untersucht die SO-Ecke des Tempelplatzes und die Umgebung der Gihonquelle. Als man durch W. M. F. Petrie lernt, in den ergrabenen Schichten die Überreste verschiedener Epochen zu erkennen, wird Ende des 19. Jh. eine echte biblische Archäologie möglich.

Gleichzeitig wiederholt sich in bestimmten Kreisen unter veränderten Bedingungen noch einmal die Kreuzfahrer-Entdeckung des Menschen Jesus: Der Jesusroman des Franzosen Ernest Renan, der lange im Orient gelebt hat, schildert unter dem Eindruck der dort entdeckten Kultur einen Jesus ohne göttliche Eigenschaften, der sich zum idealistischen Anarchisten entwickelt und in Jerusalem an der Realität scheitert. Da das für das offizielle Europa noch ein Skandal ist, wird Renan von seinem Lehrstuhl (für semitische Sprachen!) entfernt.

Mag es bei der „Kolonialisierung" der Stadt um politischen Einfluß gehen – im Hintergrund steht doch auch der diffuse, für das 19. Jh. charakteristische Versuch, sich durch Bindung an die Vergangenheit zu verstehen und abzusichern.

Die Inbesitznahme der Stadt durch die Europäer wird auch im Stadtbild sichtbar. Viele Gebäude, die im Verlauf des 19. Jh. errichtet wurden, dokumentieren nicht nur den Stil des jeweiligen Landes, sondern auch ein bestimmtes Selbstverständnis. Oft bilden die neu errichteten Baukomplexe regelrechte Kleinstädte – so z. B. das Armenische Viertel im Südwesten der Stadt.

Die katholische Salvatorkirche (Erlöserkirche), Mittelpunkt des „Franziskanerviertels", wurde 1885 eingeweiht. Mit dem Bau an der Stelle des im 16. Jh. übernommenen Klosters war bereits 1560 begonnen worden. Nun dokumentierte vor allem der 38 m hohe Glockenturm, der aufgrund seiner Lage in der erhöhten Nordwestecke der Stadt die muslimischen Minarette überragt, die veränderten Verhältnisse. Die Kirche dient seitdem auch als Kirche des lateinischen Patriarchen, dessen Amt heute von einem arabischen Christen wahrgenommen wird.

Eine mächtige Kathedrale mit vier hohen Ecktürmen sollte ursprünglich auch für das preußisch-anglikanische Bistum errichtet werden. Doch die Türken erlaubten nur einen bescheideneren Bau. Die Christ-Church im Stil der englischen Neugotik, gegenüber der Zitadelle in der Altstadt gelegen, verrät durch einige Ausstattungsstücke mit hebräischer Beschriftung noch das ursprüngliche Ziel der Judenmission. Ab dem Ende des Jahrhunderts entstand dann nördlich der Stadt an der Nablus Road die Kirche St. George, die architektonisch noch stärker an jene Epoche anknüpft, in der König Richard Löwenherz vor Akko und Kronprinz Edward gegen Sultan Baibar kämpften.

Die Russische Geistliche Mission ist die erste ausländische Niederlassung außerhalb der Altstadt: Für die „Nachzügler" war innerhalb der Mauern kein Platz. Auf einem ehemaligen Exerzierplatz nordwestlich des Mauerrings errichtet, diente der „Russian Compound" vor allem der Unterbringung der zahllosen Pilger, die seit dem 19. Jh. nach Jerusalem strömten. Der Gesamtkomplex, der um die Kathedrale errichtet ist, demonstriert das Selbstbewußtsein des „Schutzherrn der Orthodoxie". Die Dreifaltigkeits-Kathedrale selbst ist in einem Neo-Renaissancestil errichtet und knüpft an eine der Hauptkirchen im Kreml aus dem 15. Jh. an. Die Maria-Magdalena-Kirche am Ölberg mit den charakteristischen Zwiebelkuppeln dagegen ahmt eine Kirche in der Nähe von Moskau aus dem 16. Jh. nach. Gemeinsam spiegeln sie im übrigen auch das Schicksal der russischen Kirche nach der Revolution von 1917: Der Pilgerbetrieb kam zum Erliegen; der Russian Compound, der den „roten Russen" gehörte, stand weitgehend leer und wurde später vom Israelischen Staat übernommen, die Magdalenenkirche der „weißen Russen" diente dagegen als Begräbnisstätte einer ermordeten Großherzogin. Innerhalb der Stadt wurden 1887 die Kirche des hl. Alexander Newski und das Alexanderhospiz über den Ausgrabungen der Grabeskirche errichtet.

Die Franzosen erwarben das Gelände der ehemaligen Stephanuskirche und errichteten auf den Grundmauern des byzantinischen Baus die moderne Kirche St. Etienne. Im dazugehörigen Dominikanerkloster ist auch die Ecole biblique untergebracht. In unmittelbarer Nachbarschaft und als Gegengewicht zum Russenkomplex entstand 1886 das französische Pilgerhospiz „Notre Dame". In Frankreich hatte man nach der Niederlage im deutsch-französischen Krieg auf das bei der ersten Eroberung Jerusalems entwickelte Deutungsmodell zurückgegriffen und die Niederlage als göttliche Strafe verstanden. Aus diesem Grund wurden zahlreiche Sühnewallfahrten nach Lourdes, aber auch nach Jerusalem durchgeführt. Die mächtige burgartige Fassade, von einer Marienstatue gekrönt, ist ein deutliches Zeugnis des französischen Anspruchs auf Vertretung der katholischen Interessen. Heute dient der Bau als Pilgerhospiz des Vatikans. Kurz nach Fertigstellung wurde 1889 direkt gegenüber der Anlage auch das einzige „Neue Tor" in die Altstadtmauer eingefügt. Es ermöglichte die direkte Verbin-

VII

X

XI

XI Im Grab zur Osterzeit. Der Grabbau in der Anastasis ist eine Rekonstruktion des 19. Jahrhunderts. Das Licht der Kerzen und der Vers „Christos anesti" (griech.: Christus ist auferstanden) verkünden die Osterbotschaft.

VII Soldaten am Damaskustor

VIII Arabischer Moslem in der Altstadt

IX Orthodoxer Jude an der Westmauer.

X Bei der Zeremonie des heiligen Feuers in der Grabeskirche. Jedes Jahr wird am Morgen des Samstags vor Ostern im verschlossenen Grab das neue Feuer entzündet und anschließend an die Gläubigen weitergereicht.

XIII

XIII Außenwand des Felsendoms. In osmanischer Zeit wurden die byzantinischen Mosaiken durch persische Kacheln ersetzt.

XII An der Westmauer. Durch Abriß des Maghrebinerviertels westlich des Tempelplatzes ist nach 1967 der weite Platz vor der Mauer entstanden.

XIV

XIV Café in West-Jerusalem. Im Bereich der Ben-Jehuda-Straße entstand eine westlich geprägte Fußgängerzone.

dung zwischen den neuen „Vororten" und dem christlichen Viertel.

Die Deutschen verdanken ihre Präsenz in der Stadt den Beziehungen zum Sultan. Durch seine enge Anlehnung an Deutschland war der deutsche Einfluß prägend für die Entwicklung der Stadt in den letzten Jahrzehnten der osmanischen Herrschaft. Im Jahr 1869 erhielt der preußische Kronprinz Friedrich, der nach der Einweihung des Suezkanals wie der österreichische Kaiser Franz-Joseph in Jerusalem Station machte, das Grundstück der ehemaligen Kreuzfahrerkirche St. Maria Latina zum Geschenk. Auf diesem Gelände wurde nach Auflösung der Union mit den Anglikanern die protestantische Hauptkirche errichtet. Sie orientierte sich schon äußerlich an der Kreuzfahrerkirche St. Anna; an der Fassade prangt denn auch der Reichsadler neben dem Wappen der Johanniter. Am Entwurf des mächtigen Turms (von dem sich eine herrliche Aussicht auf die Stadt bietet) soll Wilhelm II. sich persönlich beteiligt haben. Der westliche Teil des ehemaligen Forums, gegenüber der Kirche, war gleichzeitig dem griechisch-orthodoxen Patriarchat geschenkt worden. Dort entstand in einer Art türkischem Neo-Barock ein „Muristan" genanntes neues Geschäftsviertel.

Anläßlich der Einweihung der Erlöserkirche erhielt der Kaiser vom Sultan Abdulhamid II. das Grundstück auf dem Zion, wo die byzantinische Hagia Sion gestanden hatte, zum Geschenk und auch ein Grundstück auf dem nördlichen Teil des Ölbergs. Auf dem Zion entstand daraufhin das Benediktinerkloster der „Dormitio Mariae" (lat.: Entschlafung Mariens). Ur-

Die Kirche der „Dormito Mariae" auf dem Zion.

sprünglich nur als Seitenkapelle einer neuen Sionsbasilika geplant, überragt der Bau heute den südlichen Teil der Altstadt. Die Rotunde erinnert, vor allem im Innern, an die Aachener Pfalzkapelle Karls des Großen und demonstriert damit den Anknüpfungsversuch des deutschen Kaisertums der wilhelminischen Ära – mit seinem Bündnis von Thron und Altar – an das mittelalterliche Herrschaftskonzept. Auch der Bau der nach der Kaiserin benannten Auguste-Viktoria-Stiftung auf dem Ölberg nahm die Bausprache kaiserlicher Bauten des Mittelalters auf. Die gesamte Anlage gleicht einer deutschen Burg mit Bergfried. In Anlehnung an die ottonische Michaelskirche in Hildesheim und frühchristliche Mosaiken verkörperte die Innenausstattung der dazugehörigen Himmelfahrtskirche das „byzantinisierte" Kaisertum. Auch den Widerspruch zwischen einer protestantischen Kirche an heiliger Stätte und

Luthers Ablehnung solcher Orte nahm man dabei in Kauf. Die Darstellung des heiligen Georg in Johannitertracht am Haupteingang vervollständigt das Bild des erneuerten Versuchs einer Verschmelzung von geistlicher und weltlicher Herrschaft – eines Versuches, der nicht mehr zeitgemäß war, wie die Zukunft zeigen sollte. Im 1. Weltkrieg dient der Bau noch als deutsch-türkisches Hauptquartier, heute als Krankenhaus.

Eine andere Form der deutschen Präsenz verkörpert die „Deutsche Kolonie" südwestlich der Altstadt. Im württembergischen Pietismus hatte sich zu Beginn des 19. Jh. eine Gruppe gebildet, die jedes Kirchenregiment ablehnte. Christoph Hoffmann, 1848 radikaler Parlamentarier im Parlament von Frankfurt, entwickelte die Idee eines „göttlichen Tempels", der aus den wahren Gläubigen besteht (vgl. 1 Kor 3,16-17) und im heiligen Land errichtet werden soll. Dem jüdischen Aufbruch dieser Jahrzehnte nicht unähnlich, wurde damit die geistige Idee „Israel" und „neuer Tempel" an das konkrete Land zurückgebunden, das man mit Hilfe von landwirtschaftlichen Siedlungen zum Blühen zu bringen versuchte. Aus diesem Grund zogen die Templer nach ihrer Gründung 1854 nach Palästina und gründeten 1873 ihre Siedlung in Jerusalem – einschließlich eines kleinen Gemeindehauses. Auf dem Türsturz der Häuser, die das Bild einer dörflichen Siedlung bieten, findet sich noch heute der Psalmvers, den sie auf sich bezogen: *„Der Herr liebt die Thore Zions über alle Wohnungen Jakobs"* (Ps 87,1). Auch der 1892 errichtete Bahnhof liegt am Rande der Kolonie.

Die „Amerikanische Kolonie" ist dagegen keine eigentliche Kolonie. Gegen Ende des 19. Jh. überließ ein Scheich der Familie el-Husseini sein Anwesen nördlich der Altstadt Siedlern aus Amerika, da seine drei Frauen kinderlos blieben. Die Spafford-Gruppe legte dort eine landwirtschaftliche Siedlung an, doch wurde der Komplex später u.a. als Krankenhaus genutzt und dient heute als Journalistenhotel.

Auffällig in diesem arabischen Teil der „Neustadt", die sich in der zweiten Jahrhunderthälfte bildete und die meisten Europäer beherbergte, ist auch der Komplex des italienischen Krankenhauses. Errichtet ab 1910 von Antonio Barluzzi, der für zahlreiche franziskanische Kirchen verantwortlich zeichnet, demonstriert vor allem der Kirchturm, der florentinischen Vorbildern nachempfunden ist, noch einmal die europäische Dominanz in Jerusalem kurz vor dem 1. Weltkrieg.

Auch das Jerusalembild wandelt sich im Laufe der beginnenden Neuzeit. Der italienische Renaissancedichter Torquato Tasso hatte im 16. Jh. noch ein Epos über „Das befreite Jerusalem" geschrieben. Sein Werk über den ersten Kreuzzug, das sich an französischen Ritterromanen, aber auch an Homer und Vergil orientierte, sollte u.a. die Kämpfe gegen die Türken zu seiner Zeit unterstützen. Aus Angst vor der Inquisition verfaßte er später sogar eine gereinigte Fassung unter dem Titel „Das eroberte Jerusalem". 1779 schreibt Lessing dann – nach einer Novelle aus Boccaccios Decamerone – sein dramatisches Gedicht „Nathan der Weise", das im Jerusalem Sa-

Das Jerusalem der Europäer

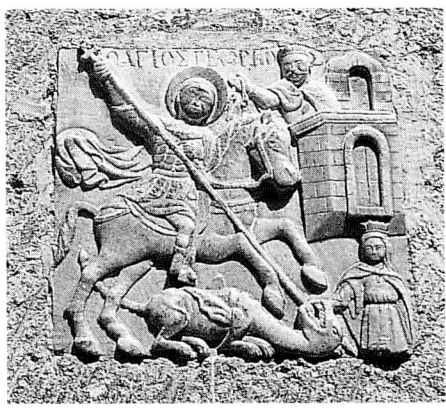

Der hl. Georg. Darstellung über dem Eingang eines griechischen Klosters, das im 19. Jh. erneuert wurde.

ladins und der Tempelherren spielt. Dort aber wird die Stadt, dank des Juden und des Moslems, zu einem Ort, wo die Religionen ihre Verwandtschaft entdecken können. Und Goethe, der den „Nathan" sehr bewundert, schreibt 1819 im „Westöstlichen Diwan" vorausschauend: *„Wer sich selbst und andre kennt, / Wird auch hier erkennen: / Orient und Okzident / Sind nicht mehr zu trennen."*

Zwar ist der Blick der Reisenden, die wenig später als Pilger und Forscher wieder nach Jerusalem kommen, noch von der christlichen Tradition geprägt, aber man erkennt, daß das Erlebnis Jerusalems abhängig ist vom Standpunkt und Vorverständnis des Betrachters. Der Schweizer Titus Tobler, der die Stadt seit der Mitte des Jahrhunderts intensiv erforscht, schreibt: *„Allein der leibliche Anblick der Stadt hat ohne Idee, ohne Vergegenwärtigung ihrer Vergangenheit, ohne Gedanken an ihre Erlebnisse keinen Wert. Weder die Landschaft, die vor den Blicken aufgeht, noch die Ringmauern der Stadt, welche über jene emporragen, bergen einen Zauber für den erfahrenen Wanderer."*

Mag der Blick von Osten auch eindrucksvoll sein – die Realität der äußerlich unbedeutenden osmanischen Stadt verdeckt sogar zunächst den Blick auf das Wesentliche. Ein Reisender schreibt 1868: *„Das großartige Bild, das man soeben vom Skopus aus sah, verschwindet und verwischt sich schnell in dem unfreundlichen und schmutzigen Innern der echt orientalischen Stadt. Dieser Anblick gleicht sich in allem fast wie ein Haar dem anderen, so daß, wenn man einen türkisch-orientalischen Ort sah, man sich ein Bild von allen machen kann ... Erst wenn man sich gewöhnt hat, die Stadt mit einem andern als bloß leiblichen Auge zu durchwandern, dann findet man, daß es auf der ganzen Erde keinen zweiten so interessanten Ort wie Jerusalem gibt, daß seine große Vergangenheit immerhin noch ausreichende Spuren hinterlassen hat, um aus diesen Ruinen sich die Bilder der vergangenen Tage aufbauen zu können."*

Wer dieses „andere" Auge hat, kann beeindruckt sein. Der bereits erwähnte Amerikaner Edward Robinson versucht, seine Empfindungen in Worte zu fassen: *„Die Gefühle eines christlichen Wanderers, wenn er sich zuerst Jerusalem nähert, lassen sich besser denken als beschreiben. Auch ich war mächtig ergriffen ... Von der frühesten Kindheit an hatte ich von jenen heiligen Stätten gelesen und gelernt; nun sah ich alles mit eigenen Augen. Es schien mir so ver-*

149

traut, als wenn ein früherer Traum nun wirklich ins Leben träte. Es war mir, als sähe ich die geliebten Stellen der Kindheit wieder, die ich lange nicht besucht, die mir aber noch frisch im Gedächtnis lebten." Diese dem christlichen Betrachter so vertrauten Stätten sind im übrigen auch die, die aufgenommen werden, als Ende des 19. Jh. im Auftrag der Brüder Lumière der erste Film über Jerusalem gedreht wird.

Gleichzeitig wird es nun aber auch möglich, Jerusalem unabhängig von christlichem Vorverständnis zu betrachten. Gustave Flaubert, der Autor von „Madame Bovary", schreibt 1850 in sein Reisetagebuch: *„Jerusalem wirkt auf mich wie ein befestigtes Beinhaus; hier modern die alten Religionen schweigend vor sich hin, man tritt auf Kot und sieht nur Ruinen: es ist von ungeheuerlicher Tristesse ... Jetzt sind wir schon den dritten Tag in Jerusalem, und noch hat mich keine der erwarteten Gefühlsbewegungen überkommen; weder religiöse Begeisterung noch Erregung der Phantasie und auch kein Haß auf die Priester, was immerhin etwas heißen will. Ich fühle mich angesichts all dessen leerer als ein hohles Faß. Tatsache ist, daß heute morgen am heiligen Grab ein Hund bewegter gewesen wäre als ich. Wer ist schuld daran, barmherziger Gott? Sie? Du? Oder ich? Sie, glaube ich, dann ich und vor allen Dingen du! Ach, wie falsch das alles ist! Und wie sie lügen! Nichts als Tünche, Doublé, Lack, für die Ausbeutung, die Propaganda und die Werbung bestimmt ..."*

Um ein „objektives" Bild bemüht sich der deutsche Reisende Moritz Busch, der seine Erlebnisse 1863 unter dem Titel „Eine Reise nach Jerusalem. Bilder ohne Heiligenscheine" veröffentlicht: *„Im übrigen stehen die Jerusalemer eben nicht in vorzüglich gutem Ruf; denn sie gelten für lügenhaft, träge und feig. Als Bewohner der heiligen Stadt halten die Bekenner aller Religionen strenger als ihre Glaubensgenossen in anderen Ländern auf die Beobachtung der kirchlichen Gebräuche. Ein Mohammedaner, der Wein trinkt, ein Jude, der sich nicht genau an die Vorschriften des Talmud hält, ein Katholik, der nur gelegentlich die Messe besucht, ein Protestant, der sich bloß zum Vormittagsgottesdienst, nicht auch nachmittags in der Kirche einstellt, gilt hier schon für einen halben Ungläubigen. Die junge Türkei mit ihrem fränkischen Rockschnitt, ihrer Krawatte, ihren Hosenstegen und Lackstiefelchen ist in El Kods kaum vertreten, und ebensowenig haben Reformjuden sich zur Geltung zu bringen vermocht. Es darf hier nichts geändert werden, bis Meschiach kommt, war die Antwort, die ihnen das alte Jeruschalajim auch auf verständige und heilsame Anträge gab."*

Darüber hinaus beklagt er auch die Bestechlichkeit der Beamten und merkt an: *„Die Türken und Araber verachten die Juden aufs äußerste. Wenn kein Schimpfwort einen Phlegmatiker in Harnisch bringt, auf den Namen ‚Jahudi' ist er sofort auf den Beinen, um sich mit Faustschlägen und Fußtritten zu rächen. Auch die Griechen lassen keine Gelegenheit vorüber, dieses Volk, ‚das den Heiland gekreuzigt', mit Spott und Mißhandlung zu überhäufen."* Parallel zur Beeinflussung der Stadt durch Europäer ist die Stadt auch wieder zur Stadt jüdischer Einwanderer geworden.

16.
Das Jerusalem der jüdischen Einwanderer

Die Erinnerung an Jerusalem ist im Judentum stets lebendig geblieben. Auch Reisen nach Palästina gab es immer wieder. Jehuda HaLevi, geboren 1083 im spanischen Toledo, ist wahrscheinlich einer der ersten, der sich auf den Weg macht, um endgültig nach Zion zurückzukehren. Als Dichter, beeinflußt von al-Ghazzali, war er in Cordoba berühmt geworden, hatte ein Werk über die Chasaren geschrieben, die sich im 9. Jh. als Volk zum Judentum bekehrt hatten, bricht aber gegen Ende seines Lebens nach Palästina auf. 1141 erreicht der „Sänger Zions" Alexandria, geht nach Kairo und will weiter nach Jerusalem. Ob er es erreicht hat, weiß niemand. Eine Legende erzählt, man habe ihn tot auf dem Tempelplatz gefunden.

Benjamin von Tudela, der die Stadt um 1172 besucht und von den jüdischen Färbern des Königs berichtet, bleibt nicht in der Stadt. Erst Nachmanides, ebenfalls 1194 in Spanien geboren, reist 1267 wieder nach Jerusalem, um dort zu bleiben. Der Arzt, Philosoph und Dichter, der nach den Anfangsbuchstaben seines Namens RAbbi Moshe BAr Nachman auch „Ramban" genannt wird, hatte in seiner arabisch beherrschten Heimat das Judentum in einer öffentlichen Diskussion gegen die Dominikaner und einen konvertierten Juden verteidigt. In Jerusalem schließt er seinen Kommentar zur Tora ab, in dem sich auch kabbalistische Elemente finden. In Jerusalem, so schreibt er, gibt es keinen Vorhang zwischen der Stadt und Gott. Die von Nachmanides begründete Synagoge wird zur Keimzelle des jüdischen Viertels in der Altstadt von Jerusalem.

Als es den Juden 1428 kurzzeitig gelingt, das Davidsgrab auf dem Zion zu erwerben, hat das zunächst fatale Folgen. Nach christlichen Protesten verbietet es der Papst den (christlichen) Handelsmächten, die die Schiffahrt im Mittelmeer beherrschen, weitere Juden nach Palästina zu bringen …

Doch spätestens 1492, als alle Juden aus Spanien vertrieben werden, gelangen wieder Flüchtlinge nach Jerusalem – unter ihnen viele Anhänger der Kabbala. Das Hauptwerk der Kabbala, das Buch Sohar (hebr.: Strahlen – vgl. Dan 12,3), war im 13. Jh. in Spanien als Kommentar zu Bibel und Talmud entstanden und entwickelte die Lehre vom göttlichen Urgrund, der in verschiedenen Stufen ausstrahlt und sich durch die unterste Stufe, „Malkut" (Königsherrschaft) oder „Schechina" (Wohnen), der Welt mitteilt. Ausgehend von den biblschen Aussagen über Jerusalem und von der talmudischen Vorstellung, daß sich „an diesem Ort die obere und die untere Welt vereinen", entwickelt das Buch ein mystisches Jerusalembild: *„Das Heilige Land ist der Mittelpunkt der Welt, Jerusalem ist der Mittelpunkt des Heiligen*

Landes, und das Allerheiligste ist der Mittelpunkt Jerusalems. Auf diesen zentralen Punkt fällt alles Gute und alle Nahrung von oben, auf daß es verteilt werde auf jeden bewohnten Teil der Erde, und es gibt keinen einzigen Ort, der seine Nahrung nicht von diesem zentralen Punkt erhielte" (Sohar 2,157a).

In Jerusalem und Palästina wird aus der Kabbala eine Volksbewegung. Unter Einfluß des Rabbi Isaak Luria, der in Jerusalem als Sohn deutschstämmiger Eltern geboren wird, versteht man das jüdische Exil nun als irdische Entsprechung eines Exils der göttlichen Strahlen. Die alte Vorstellung von der Strafe Gottes wird nun neu verstanden: Weil obere und untere Welt verbunden sind, bewirkt das Verhalten des Menschen ein Übergewicht der richtenden und strafenden „Strahlen" in Gott gegenüber Gnade und Liebe. Gott und seine Schechina sind seit der Zerstörung des Tempels getrennt. Eine „Rückkehr" Gottes zu sich selbst ist nur durch ein entsprechendes Leben der Menschen zu erhoffen.

Im 17. Jh. leben etwa 1.200 Juden in der Stadt; ein Viertel von ihnen sind Rabbis und deren Schüler. Mehrere neue Synagogen entstehen. Erstmals kommen nun auch Einwanderer aus Rußland – so Sabbatai Zwi, der sich in Palästina zum Messias ausrufen läßt, von der Jerusalemer Gemeinde aber abgelehnt wird. Nach mehreren verheerenden Erdbeben in Galiläa im 18. Jh. übernimmt Jerusalem auch die Rolle Safeds als Hochburg der Kabbala. Aber die wirtschaftliche Lage der Gemeinde bleibt weiterhin sehr schlecht – außerden kommt es immer wieder zu Ausschreitungen von Seiten der Muslime.

Auch für die Juden aber setzen sich seit Beginn des 19. Jh. Europäer ein – wenn auch nur Einzelpersonen. Der Engländer Sir Moses Montefiore erreicht 1840 ein Dekret zum Schutz der Juden Jerusalems. Außerdem wird (von den türkischen Behörden) das Amt eines Oberrabbiners von Palästina geschaffen, der als Vertreter der Gemeinschaft gilt. Ein Jahr später wird in Jerusalem das erste Buch gedruckt; 1854 entsteht das Rothschild-Krankenhaus. Der Raum in der Altstadt wird dabei immer enger; 1860 errichtet Montefiore mit „Mishkenot Shaananim" westlich der Stadt den ersten Wohnkomplex außerhalb der Mauern. Wegen der Beduinenüberfälle ist es anfangs fast unmöglich, Einwanderer dazu zu bewegen, sich dort niederzulassen.

Doch zahlreiche weitere Siedlungen folgen; noch vor 1882 bilden die Juden die Mehrheit in der Stadt, die sich nun vor allem in Richtung Nordwesten ausbreitet. Als die Lage zunehmend sicherer wird, werden auch die Tore der Altstadt abends nicht mehr geschlossen. Je mehr Einwanderer aus Europa kommen, desto größer werden allerdings auch die Spannungen zwischen „sephardischen" (orientalischen) und zugereisten „ashkenasischen" (westlichen) Juden. Anlaß für die Einwanderung zahlreicher Juden aus Rußland ab 1882 sind Pogrome im Zarenreich. Man bezieht nun die Aussage des Jesajabuches: *„Ihr vom Haus Jakob, kommt, wir wollen gehen"* (Jes 2,5) auf die Gegenwart. In Israel werden die Wellen von Neuankömmlingen jeweils als „Alija" (hebr. für Aufstieg) bezeichnet – mit dem gleichen Wort wie seinerzeit die Wallfahrt nach Jerusalem. Der halbreligiöse Charakter dieser „Rückkehr nach Zion" schimmert darin durch. „Zion" ist inzwischen nicht mehr nur ein bestimmter Berg, sondern Inbegriff des ganzen Landes.

Dies alles geschieht, noch bevor Theodor Herzl als Begründer des „Zionismus" in seinem Buch „Der Judenstaat" 1896 als Lösung der Judenfrage einen eigenen jüdischen Staat fordert und damit das Judentum (wieder) in erster Linie national bestimmt. Ursprünglich hält er es durchaus für möglich, daß dieser Staat nicht in Palästina liegt. Nachdem sich 1897 auf dem ersten zionistischen Weltkongreß in Basel die zionistische Bewegung formiert, melden sich aber zunehmend Stimmen der „Kulturzionisten" zu Wort, denen es nicht nur um die Lösung einer nationalen Frage geht, sondern um eine geistig-religiöse Erneuerung des Judentums. Und diese ist ihrer Meinung nach an „Zion" gebunden. Von dort aus soll ein humanistisches Judentum ausstrahlen in die ganze Welt.

Herzl legt den Schwerpunkt darauf, zuerst die Zustimmung der Großmächte für eine Ansiedlung zu erhalten. Wichtigster Gesprächspartner dafür wäre der türkische Sultan. Als dieser nicht zu Verhandlungen bereit ist, sucht Herzl andernorts Unterstützung. Der Papst steht dem gesamten Projekt negativ gegenüber. Er vertritt die Deutung, daß die Juden wegen der Ablehnung Jesu aus Palästina vertrieben worden seien; eine Rückkehr nach Zion könne es nur nach einer Bekehrung Israels geben. Damit übernimmt er allerdings indirekt die Interpretation der Rückkehr als messianisches Ereignis.

Unter den deutschen Fürsten setzt sich der Großherzog von Baden für Herzl ein, vermittelt auch eine Begegnung mit Wilhelm II. bei dessen Besuch in Jerusalem. Der Kaiser empfängt Herzl in Kreuzfahrertracht in seinem Zeltlager am Rande der Stadt. Nachdem er zunächst hoffte, durch Unterstützung des Zionismus einige unliebsame Elemente loszuwerden, zieht er sich zurück, als er von der Ablehnung durch den Sultan erfährt. Herzl stirbt 1904, entmutigt und erschöpft.

Nachfolger Herzls wird zunächst Max Nordau, der das Wort vom „Muskeljudentum" prägt, das neu entstehen muß, damit Israel aufgebaut werden kann. Immer größer wird auch der Einfluß von Chaim Weizmann, der den praktischen und kulturellen Aspekten Vorrang vor den politischen gibt. Als die britische Regierung 1905 ein Gebiet in Uganda anbietet, begründet Chaim Weizmann seine Ablehnung gegenüber dem englischen Außenminister Balfour mit dem Satz: *„Es ist nicht Jerusalem und wird niemals Jerusalem sein."*

Im Jahr 1917, nachdem die Einwanderung weitergegangen ist, erreicht die zionistische Bewegung auch auf politischer Ebene einen Durchbruch. Während die englische Armee, von Ägypten kommend, kurz vor Jerusalem steht, verspricht Außenminister Balfour, die englische Regierung werde sich nach dem Krieg dafür einsetzen, eine nationale Heimstätte für das jüdische Volk in Palästina zu schaffen.

In Jerusalem wohnen zu diesem Zeitpunkt die verschiedensten jüdischen Gruppen: Die traditionellen, rein religiösen Gruppen, die jede Veränderung ablehnen, moderate, ebenfalls religiöse Gruppen, die aber auf einen eigenen Staat hoffen, und solche Gruppen, die ein neues Judentum schaffen wollen – auch wenn sie in Jerusalem in der Minderheit sind. Zu ihnen gehört unter anderem der russische Einwanderer Eliezer ben Jehuda, der in seiner Familie nur Hebräisch spricht und mit Hilfe seines Wörterbuches die Voraussetzung dafür schafft, daß die nur noch für den Gottesdienst gebrauchte Sprache wieder zur Alltagssprache werden kann. Die Arbeit dieser jüdischen Pioniere vergleicht Rabbi Abraham Kook (gest. 1935) mit den Arbeiten am Tempel. Da der Wiederaufbau des Tempels aber – wenn überhaupt – für die messianische Zeit erwartet wird, bekommt für ihn die Besiedlung des Landes und der Stadt selbst messianischen Charakter. Sie wird zum Beginn der Erlösung.

Das „Davidsgrab" auf dem Zion, von dem schon Benjamin von Tudela sprach und das eine jüdische Gruppe im 15. Jh. in Besitz hatte, ist identisch mit dem Bau, der möglicherweise schon im 2. Jh. als judenchristliche Synagoge gedient hat. Heute steht vor der Nische ein gewaltiger „Kenotaph" (griech.: leerer Sarkophag). Insbesondere seit 1948 wird dieser Ort von Juden sehr verehrt – damals waren die Stätten in der Altstadt unzugänglich. Heute ist nicht nur die Westmauer wieder zu erreichen, auch einige der Altstadtsynagogen, die von den Jordaniern nach 1948 zerstört worden waren, sind im jüdischen Viertel zu besichtigen. Die „Ramban-Synagoge" des Nachmanides war 1267 in den Ruinen der Kreuzfahrerkirche St. Martin errichtet worden. Unterhalb von einem der mameluckischen Minarette am Rova-Platz kann man heutzutage in den renovierten Bau hinabsteigen – eine einfache, zweischiffige Halle, deren Säulen noch bis zu einem Drittel im ursprünglichen Zustand erhalten sind.

Südlich davon liegt der Komplex der großen sephardischen Synagoge, die 1625 gegründet wurde. Sie ist heute in vier Beträume aufgeteilt. Angeblich steht sie an der Stelle, wo sich einst das Lehrhaus des Johanan ben Zakkai befand, der im Jahre 70 n. Chr. durch seine Flucht aus Jerusalem zum Retter und Neubegründer des Judentums wurde. Ihm verdankt die Synagoge ihren Namen. Nach der vollständigen Restaurierung stammen heute nur noch zwei italienische Toraschreine aus der Entstehungszeit.

Westlich der Habad-Straße, die oberhalb des ehemaligen Cardo verläuft, zeigt man im „Old Jishuv Court" das Geburtszimmer des Isaak Luria. Es diente seit dem 17. Jh. einer sephardischen Gemeinde als Synagoge. Das Museum will einen Einblick geben in das Leben der jüdischen Gemeinschaft (hebr. = Jishuv) gegen Ende des 19. Jh.

Aus dieser Zeit stammen auch die Reste der Hurva-Synagoge. 1864 errichtet, war sie bis 1948 das größte ashkenasische Bethaus in Jerusalem. Mit ihrem neubyzantinischen Stil knüpfte sie (wie Synagogen meist) an die Architektur ihrer Umwelt an – in diesem Fall an die byzantinisierende Baukunst des Türken Sinan. Die mächtige Kuppel besteht nicht mehr; nur ein symbolischer Bogen überspannt die eindrucksvollen Ruinen oberhalb der Ramban-Synagoge. Ebenfalls wurde die Tif-

Das Jerusalem der jüdischen Einwanderer

Ruine der Fassade der Tiferet-Israel-Synagoge im jüdischen Viertel der Altstadt.

eret-Israel-Synagoge erbaut – mit finanzieller Unterstützung des österreichischen Kaisers Franz-Josef. Auch von ihr steht heute nur noch ein Teil der Fassade und erzählt als Gedächtnisstätte von der Geschichte dieses Viertels.

Noch innerhalb der Stadtmauern, am „Deutschen Platz" im jüdischen Viertel, liegt der Wohnkomplex, den Baron Wilhelm von Rothschild aus Frankfurt am Main finanzierte und der 1871 vollendet wurde. Unter Arkaden finden sich in dem zweigeschossigen Bau die Eingänge zu den Wohnungen der Einwanderer, für die das Haus gedacht war. Das Wappen der Rothschilds an der Fassade ist Sinnbild für das Konzept des Siedlungsbaus, das sich teilweise bis heute nicht geändert hat: Vermögende Juden aus dem Ausland unterstützen den Neubeginn.

Außerhalb der Mauer wurde, wie gesagt, der Komplex „Mishkenot Shaananim" errichtet. Er liegt westlich des „Sultan's Pool", der bereits in der Kreuzfahrerzeit angelegt, von Suleiman renoviert und mit einem Brunnen verbunden worden war. Das langgestreckte Gebäude bestand ursprünglich aus 16 Wohnungen sowie einer ashkenasischen und einer sephardischen Synagoge an den beiden Enden. Nachdem die gesamte Gegend nach 1948 wegen ihrer Lage direkt an der Grenze zu verfallen drohte, dient es heute als Gästehaus der Stadt Jerusalem. Auch die 1894 nördlich davon errichtete Siedlung „Jemin Moshe" ist heute als Künstlerviertel eine gefragte Adresse. Die Windmühle auf der Spitze des Hügels wurde von Sir Moses Montefiore gestiftet und sollte als wirtschaftliche Grundlage des Viertels dienen, wurde aber aufgrund technischer Schwierigkeiten nie in Betrieb genommen.

Eine kleine Ausstellung erinnert heute an den britischen Philanthropen.

Das Viertel „Mea Shearim" – häufig mit „Hundert Tore" übersetzt, in Wirklichkeit aber anknüpfend an die hundertfache Ernte Isaaks im Philisterland (vgl. Gen 26,12) – wurde ab 1874 nördlich der Altstadt errichtet. Der ursprüngliche Plan des deutschen Architekten Conrad Schick ist vor allem an der Nordseite noch gut zu erkennen: Zur Hauptstraße hin liegt eine geschlossene Häuserfront; nur durch schmale Durchgänge, die mit Toren geschlossen werden konnten, gelangt man ins Innere der Siedlung, wo sich u.a. Synagoge, Mikwe (Ritualbad) und Backstube als gemeinschaftliche Einrichtungen befinden. Bekannt ist das Viertel heute als Hochburg der sogenannten „Ultraorthodoxen". Tatsächlich haben sich in diesem Bereich, der sich im Laufe der Zeit immer weiter nach Nordwesten erstreckte, vornehmlich streng religiöse Gruppen niedergelassen. Äußerlich sichtbar wird ihre Haltung an der Kleidung, die die verschiedenen „Höfe" (Rabbinerschulen) aus Osteuropa mitgebracht haben, und die eine quasi religiöse Bedeutung bekommen hat. Man bemüht sich nicht nur um Beachtung der Gebote, sondern hält auch die dabei im Laufe der Jahrhunderte entwickelten Bräuche für verbindlich. Für viele der nichtreligiösen Einwanderer des 19. und 20. Jh. verkörpern sie ein Judentum, von dem man sich lösen wollte – und auch heute hinterläßt das Viertel den Eindruck, als seien nicht nur die Häuser veraltet und heruntergekommen. Dennoch läßt sich diese Form jüdischer Frömmigkeit nicht mit äußeren Maßstäben beurteilen. Das ganze Leben ist hier dem Lernen, einer inneren Bildung und Formung des Menschen gewidmet; alles andere ist gleichgültig. Nur so kann, glaubt man hier, Erlösung beginnen.

Auch Theodor Herzl war dieses Judentum fremd. Bei seinem Besuch in der Stadt hat er es praktisch ignoriert. Nach Errichtung des Staates Israel hat man Herzls Gebeine nach Jerusalem überführt und auf dem „Herzlberg" im Westen der Neustadt beigesetzt. Auch sein Arbeitszimmer aus Wien wird am Fuß des Berges in einem kleinen Museum gezeigt. Der Kontrast zwischen dieser Welt des europäischen Intellektuellen und den religiösen Siedlungen verrät viel von den Spannungen, denen das Land auch im 20. Jh. ausgesetzt ist.

Von den Reisen, die Juden schon im frühen Mittelalter nach Jerusalem unternahmen, gibt ein Führer aus dem 10. Jh. Zeugnis, den man in der Genizah (Aufbewahrungsraum für unbrauchbare Schriften) der Synagoge von Kairo gefunden hat. Er ist in arabischer Sprache verfaßt, aber mit hebräischen Buchstaben geschrieben! Neben dem Tempelberg ist der Ölberg eine der wichtigsten Stätten, denn dort findet sich der *„Ort, wo die Herrlichkeit dreieinhalb Jahre gestanden hat, bis daß Jerusalem zerstört war"*. Im Kidrontal befindet sich *„die Kirche des Jakobus, des Bruders des Messias"*. Anscheinend weiß man auch noch um die Herkunft des Wassers im Teich Schiloach: *„Und du steigst weiter auf den Rücken des Berges bis zum Zion – daß dieser doch schnell getröstet werde! – und da der ‚Weg der Wasser', welche Hiskija in die Stadt eintreten ließ, der Kanal der Zuleitung ..."*.

Herzl-Grab auf dem Herzlberg im Westen Jerusalems.

Jehuda HaLevi besingt, während er noch in Spanien weilt, die Stadt Jerusalem wie die Psalmen als Zion. Er beginnt sein berühmtestes Gedicht, die „Zionide", mit den Versen: „*Zion, willst du nimmer wieder / Die verbannten Kinder grüßen, / Sie, die letzten deiner Herde, / Die dich immer wieder grüßen? / Osten, Westen, Süden, Norden, / Alle Nähen, alle Weiten – / Horch, von allen fernsten Borden / grüßt es dich: / Höre sie, Zion! / Höre auch mich!*" Und ein anderes seiner Gedichte, die ja zur Zeit der Kreuzfahrerherrschaft entstanden sind, lautet: „*Im Orient ist mein Herz, im Okzident, / Am letzten Saum, verträume ich die Stunden. / Kann Trank und Speise, noch so süß, mir munden? / Kann ich Gelübde, kann ich Schwüre halten, / Solange Zion liegt in Roms Gewalten? / Läßt mich Arabien nicht im Kerker kümmern? / Und was ist Spaniens reichste Flur, / Was ist sie vor dem Staube nur / Auf Zions – Zions Trümmern?*" (übertragen von Emil Bernhard).

Jahrhunderte später besucht Theodor Herzl die Stadt. Sie findet kaum Platz in seinem Tagebuch. Zu sehr von seiner Idee besessen, beschreibt er mehr das Mienenspiel des Kaisers als seine Eindrücke von der Stadt. Nur am Rande berichtet er über sie:

„*31.10.1898: Wenn ich künftig deiner gedenke, Jerusalem, wird es nicht mit Vergnügen sein. Die dumpfen Niederschläge zweier Jahrtausende voll Unmenschlichkeit, Unduldsamkeit und Unreinlichkeit sitzen in den übelriechenden Gassen. Der eine Mensch, der liebenswürdige Schwärmer von Nazareth, der in all der Zeit hier war, hat nur dazu beigetragen, den Haß zu vermehren. Bekommen wir jemals Jerusalem, und kann ich zu der*

Zeit noch etwas bewirken, so würde ich es zunächst reinigen. Alles, was nicht Heiligtum ist, ließe ich räumen, würde Arbeiterwohnungen außerhalb der Stadt errichten, die Schmutznester leeren, niederreißen, die nicht heiligen Trümmer verbrennen und die Basare anderswohin verlegen. Dann unter möglichster Beibehaltung des alten Baustils eine komfortable, ventilierte, kanalisierte neue Stadt um die Heiligtümer herum errichten.

Wir waren bei der Klagemauer. Eine tiefere Bewegung will nicht aufkommen, weil sich an diesem Orte ein häßlicher, elender, spekulativer Bettel breit macht. So war es wenigstens gestern in den Abend- und heute in den Morgenstunden, als wir dort waren.

Ich bin ganz fest überzeugt, daß sich außerhalb der alten Stadtmauern ein prachtvolles Neu-Jerusalem errichten ließe. Das alte Jerusalem wäre und bliebe Lourdes und Mekka und Jeruscholajim. Eine sehr hübsche, elegante Stadt wäre daneben ganz möglich.

2.11.1898: Nachmittags waren wir auf dem Ölberg. Große Augenblicke. Was ließe sich aus dieser Landschaft machen. Eine Stadt wie Rom, und der Ölberg böte eine Aussicht wie der Gianicolo. Die alte Stadt mit ihren Reliquien würde ich einkapseln, allen Tagesverkehr hinausziehen, nur Gotteshäuser und Wohltätigkeitsanstalten sollten innerhalb der alten Mauer verbleiben. Und auf die Hügellehnen rings im weiten Kreise, die sich unter unserer Arbeit begrünen würden, käme ein herrliches Neu-Jerusalem zu liegen. Den Weg nach dem Ölberg würden die Elegantesten aller Weltteile befahren. Durch Pflege ist ein Juwel aus Jerusalem zu machen ... Man müßte Zeit und freien Kopf haben, um all diese Eindrücke auszuarbeiten."

Tatsächlich gehen die jüdischen Einwanderer später daran, die Stadt vollkommen umzugestalten. Wie in seinem Buch „Altneuland" (der hebräische Titel lautet „Tel Aviv"), in dem er von der Neubesiedlung des Landes schreibt, erweisen sich Herzls Worte fast als prophetisch – auch in der Haltung gegenüber der alteingesessenen Bevölkerung.

17. Jerusalem im 20. Jahrhundert

Nicht nur die Juden hatten vom Verlauf des 1. Weltkrieges eine Veränderung der Situation in Jerusalem (und Palästina) zu ihren Gunsten erhofft. Auf der Suche nach Verbündeten im Kampf gegen die Türken hatten die Engländer auch den Arabern ein arabisches Reich versprochen, wenn sie sich gegen die verhaßte Fremdherrschaft erheben würden. Dazu gehörte – zumindest nach Meinung der Araber – auch Palästina.

Ende 1917 ist es so weit. Nachdem die Engländer, von Ägypten kommend, die Linie Gaza-Beersheva durchbrochen haben, dringen sie in Richtung Norden vor und erobern – notgedrungen von Westen her – Jerusalem. Am 11. Dezember betritt General Allenby feierlich die Stadt, und zwar ganz bewußt zu Fuß. T. E. Lawrence, einer der englischen Verbindungsoffiziere zu den Arabern, die sich unter Führung des Sherifen Hussein von Mekka erhoben haben und östlich des Jordan Richtung Damaskus ziehen, nimmt an dem „Einzug in Jerusalem" teil. Für Lawrence ist der Einzug, den Allenbys Berater Sykes *„in seiner katholischen Mentalität empfohlen hat", „im Grunde mehr eine Huldigung Allenbys vor dem erhabenen Geist dieser Stadt",* für ihn selbst *„der schönste Augenblick des Krieges".* Auf englisch, französisch, italienisch, arabisch und hebräisch wird vor der Zitadelle die Übernahme der Stadt verkündet, drei Jahre später wird die eingesetzte Militärverwaltung von einer zivilen Mandatsregierung abgelöst.

Aber weder die Hoffnung der Juden noch die der Araber wird erfüllt. Schon 1915 haben sich die Regierungen Englands und Frankreichs, vertreten von ihren Beamten Sykes und Picot, über eine Aufteilung des Nahen Ostens verständigt. Palästina gehört zur englischen Interessensphäre, der neu gegründete Völkerbund bekräftigt 1922 das Mandat der Briten über Palästina. In dieser Atmosphäre versuchen auch die lateinischen Christen, ihren Einfluß an den heiligen Stätten auszubauen. Der Franziskaner Baldi schreibt: *„Heute haben die Nachfolger der Kreuzritter die Heilige Stadt wieder im Besitz. Sie nehmen sich zurück, was ihnen gehört."* Doch der Status quo wird nicht angetastet.

Aber immerhin ist Jerusalem zum ersten Mal seit Jahrhunderten nun wieder Hauptstadt eines „Landes" Palästina. Der Hochkommissar residiert südlich der Stadt auf dem „Berg des bösen Rates", die Verwaltung am Beginn der Jaffa-Straße – u.a. in nun leerstehenden Gebäuden der Russischen Mission. Vor allem für die Araber Palästinas wird die Stadt zum Zentrum; das jüdische Leben konzentriert sich eher auf die Küste und Tel Aviv – auch wenn die 1920 gegründete „Jewish Agency", die Vertretung der Juden Palästinas, in Jerusalem residieren muß.

Von der Mandatsregierung wird gezielte Stadtplanung betrieben. Schon der Militärgouverneur Col. Ronald Storrs hatte die Errichtung von Gebäuden in der Stadt untersagt, die nicht mit (Jerusalemer) Stein verkleidet sind. An der Jaffa-Straße entwickelt sich eine Art Stadtzentrum; westlich der Stadt wird das Viertel Rehavia angelegt, das ausdrücklich für „white collar workers" bestimmt ist. Das Rockefeller-Museum für die Ausstellung der archäologischen Funde des Landes entsteht, ebenso das imposante King-David-Hotel. Im Jahr 1937 wird sogar eine Wasserleitung von der Küste nach Jerusalem gelegt, die die wachsende Stadt vom Wasser der Gihonquelle und der Zisternen weitgehend unabhängig macht.

Auch außerhalb der Altstadt lebt man weiterhin in mehr oder weniger geschlossenen Stadtvierteln. So bietet der Stadtplan Jerusalems in diesen Jahren das Bild eines Flickenteppichs: Östlich der Altstadt mit dem christlichen, muslimischen und jüdischen Viertel ist ab etwa 1900 der Ölberg in et-Tur von muslimischen und christlichen Arabern besiedelt worden. Nördlich der Altstadt bietet sich ein ähnliches Bild. Im Nordwesten liegen jüdische Siedlungen, am Ausgang der Stadt aber auch arabische Dörfer. Im Westen und Südwesten liegen englische, arabische und jüdische Viertel sowie die deutsche Kolonie und Katamon, seit dem 19. Jh. Sommerresidenz des griechischen Patriarchen.

Sehr bald kommt es zu Spannungen zwischen den Gruppen. Die Araber meinen, sich gegen die jüdische „Überfremdung" wehren zu müssen. Schon 1920 wird, als Pesachfest und Fest des Nebi Musa (Mosefest der Muslime Jerusalems) zusammenfallen, das jüdische Viertel der Altstadt überfallen. Wladimir Jabotinsky beginnt danach mit der Aufstellung der „Haganah", der jüdischen Streitkräfte, und fordert bald darauf, anders als die gemäßigten Zionisten, einen rein jüdischen Staat in den Grenzen des biblischen Palästina.

Hatten die Engländer mit der Ernennung des Juden Herbert Samuel zum Hochkommissar ursprünglich ein Zeichen zugunsten der jüdischen Bevölkerung gesetzt, so versuchen sie mit Anwachsen des arabischen Widerstandes zunehmend, weitere jüdische Einwanderung – und damit auch die Bildung eines jüdischen Gemeinwesens – zu verhindern. Gleichzeitig gewinnt auf arabischer Seite der „Großmufti von Jerusalem", Haddsch Amin el-Husseini, immer mehr Einfluß, der eine radikal judenfeindliche Politik betreibt und später auch mit Hitler zusammenarbeitet. 1929 kommt es zu neuen Unruhen, die an der Westmauer beginnen; 1936 will der Mufti die Engländer mit Hilfe eines Generalstreiks zu einem vollkommenen Einwanderungsstopp bewegen. In vielen Städten kommt es zu Massakern an Juden. Nun beginnen bewaffnete Auseinandersetzungen. Aus Jabotinskys Jugendorganisation „Betar" geht die „Irgun Zwai Leumi" hervor, die dem arabischen Terror ihrerseits mit Anschlägen antwortet. Höhepunkt ist 1946 die Sprengung des Südflügels des King-David-Hotels, in dem Büros der englischen „Besatzungsmacht" untergebracht sind.

Nach dem 2. Weltkrieg, als die Konflikte sich weiter verschärfen, greift man die Teilungspläne wieder auf, die nach 1936 von den Engländern für das Land entwickelt worden waren. Jerusalem soll weder zum jüdischen noch zum arabischen Teil des Landes gehören, sondern internationaler Kontrolle unterstellt werden. Die führenden Zionisten um David Ben Gurion sind durchaus bereit, das zu akzeptieren. Die „Aufgabe" Jerusalems gehört für sie zu dem „Preis, den wir zahlen müssen". Die Araber lehnen den Gesamtplan kompromißlos ab. Ideen eines Staates für zwei Nationen, wie sie Martin Buber entwickelt, haben in der gespannten Situation keine Chance.

Als die an die Stelle des Völkerbundes getretene UNO dem Teilungsplan am 29. November 1947 zustimmt, beschließen die Engländer, im Mai 1948 aus Palästina abzuziehen. In Jerusalem kommt es zu anarchischen Zuständen. Zahlreiche Anschläge von beiden Seiten können die Briten nicht verhindern, die sich in ihrem „Bevingrad" genannten Verwaltungszentrum einschließen. Das jüdische Viertel der Altstadt kann nur noch von britisch bewachten Konvois erreicht werden. Da die Straße Tel Aviv – Jerusalem unter die Kontrolle arabischer Truppen gerät, kann ganz West-Jerusalem bald nicht mehr mit Lebensmitteln versorgt werden. Die Situation wird dramatisch. Noch kurz vor Ende des Mandats bemühen die Juden sich, alle westlichen Stadtteile unter ihre Kontrolle zu bekommen. Zahlreiche Araber fliehen in den Osten; im Dorf Deir Jassin nordwestlich der Stadt kommt es zu einem Massaker der Irgun.

Nach dem Abzug der Engländer wird am 14. Mai in Tel Aviv die Gründung des Staates Israel verkündet; gleichzeitig beginnen arabische Armeen mit dem Vormarsch. Der Ostteil Jerusalems wird von der „Arabischen Legion" besetzt, jordanischen Truppen unter dem Kommando des englischen Generals Glubb. Das jüdische Viertel der Altstadt muß von den jüdischen Verteidigern am 27. Mai aufgegeben werden. Anfang Juni gelingt es durch den Bau einer Behelfsstraße („Burmastraße"), vorbei an den arabischen Stellungen bei Latrun, Jerusalem wieder mit Lebensmitteln und Wasser zu versorgen. Ein erster Waffenstillstand bedeutet eine Ruhepause.

Die Vereinten Nationen fordern weiterhin die Internationalisierung der Stadt. Juden und Araber lehnen ab. Der UNO-Vermittler, Graf Bernadotte, wird am 17. September von einer nationalistisch-jüdischen Gruppe ermordet. Beim Waffenstillstandsabkommen vom 30. November wird die Stadt entlang der Frontlinie geteilt; Mauern, Gräben und Posten markieren die Grenze. Das Mandelbaumtor nördlich des Damaskustores – benannt nach dem Besitzer des dort stehenden Hauses – ist der einzige Übergangspunkt, jedoch nur für Touristen und Diplomaten geöffnet.

Seit diesen Kämpfen um die Stadt hat Jerusalem auch für den neuen Staat eine grundsätzliche Bedeutung. 1950 wird auch die Hauptstadt von Tel Aviv nach Jerusalem verlegt. Nachdem die Einwohnerzahl West-Jerusalems zunächst deutlich zurückgegangen war, steigt sie nun wieder an. Die nur durch einen schmalen Korridor versorgte Stadt wird durch eine neue Straße mit der Küstenregion verbunden. Jerusalem wird zum geistig-politischen

Zentrum des Landes; wirtschaftlich und kulturell dagegen bleibt Tel Aviv führend. Industrie siedelt sich kaum in der Stadt an – nur im Nordwesten gibt es einige „saubere" Betriebe ohne großen Rohstoffbedarf. Westlich der Neustadt wird das neue Regierungsviertel geplant; anstelle der 1925 gegründeten Hebräischen Universität auf dem Skopusberg wird ein neuer Campus angelegt. Auch ein eigenes „Israel-Museum" für Archäologie und Kunst wird errichtet. Neue Siedlungen entstehen auf den Hügeln, die Täler werden als Grünflächen kultiviert. Zu den Pilgern kommen die Touristen und besichtigen nun auch das moderne Jerusalem.

Im arabischen Teil der Stadt wird das verlassene jüdische Viertel praktisch dem Erdboden gleich gemacht. Außerhalb der Stadt befinden sich zahlreiche Flüchtlingslager, in denen Araber leben, die aus dem neuen Staat geflohen sind. Da der ursprünglich geplante arabische Teilstaat nie gegründet wurde, wird das Gebiet westlich des Jordan und Ost-Jerusalem als „Westbank" von Jordanien verwaltet. Weil aber König Abdallah verdächtigt wird, eine Verständigung mit Israel zu suchen, wird er 1951 beim Betreten der el-Aqsa-Moschee von einem radikalen Palästinenser ermordet. Sein aus Mekka vertriebener Vater, Sherif Hussein, war 1931 in Jerusalem begraben worden. Und obwohl Jerusalem offiziell zur „zweiten Hauptstadt" Jordaniens erklärt wird, leidet die Stadt unter der Situation. Amman wird als wirkliche Hauptstadt ausgebaut. Viele führende Persönlichkeiten wandern ab; selbst die Wasserversorgung kann mit Hilfe der Quellen im Wadi Kelt nur notdürftig gesichert werden. Allein die zahlreichen Pilger und Touristen sind ein nennenswerter Wirtschaftsfaktor – unter ihnen 1964 Papst Paul VI. In Jerusalem versucht er den Brückenschlag zur orthodoxen Kirche: Das Bild der Umarmung des Papstes mit Athenagoras, dem Ökumenischen Patriarchen von Konstantinopel und Oberhaupt der orthodoxen Kirche, geht um die Welt.

Im Sechstagekrieg steht Israel 1967 erneut den umliegenden arabischen Staaten gegenüber, die seine Existenz ablehnen. Im Verlauf des Krieges wird mit der gesamten Westbank auch der Ostteil Jerusalems von israelischen Truppen erobert. Nachdem die Altstadt eingekreist ist, wird vom Öl-

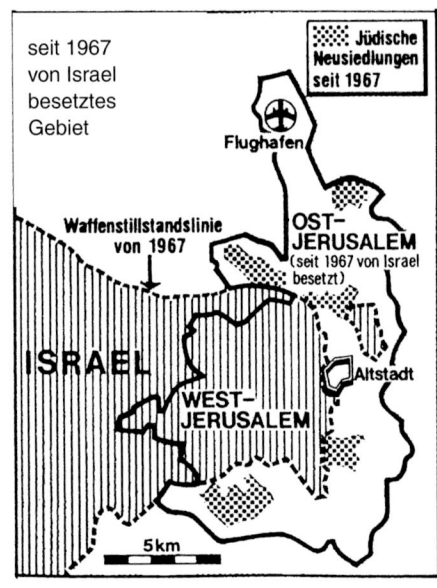

Das Stadtgebiet von Jerusalem nach 1967.

berg aus das Kommando zum Angriff gegeben: „2000 Jahre haben wir auf diesen Moment gewartet", heißt es in dem Befehl der Generäle Dajan und Rabin. Durch das Löwentor dringen Truppen in die Stadt ein und erobern sie Haus für Haus. Vom Misttor aus wird das jüdische Viertel erobert; Soldaten erreichen erstmals wieder die Westmauer. Die nationale Hochstimmung gipfelt in einem Gottesdienst des Militärrabbiners am 9. Av, dem Tag der Zerstörung des Tempels, auf dem eroberten Tempelplatz, der allerdings wenig später zurückgegeben wird.

Unter israelischer Regie wird die Stadt „wiedervereinigt". Und obwohl die arabischen Bewohner das Recht erhalten, israelische Staatsbürger zu werden, bleiben sie Bürger zweiter Klasse, wie heute auch Teddy Kollek, Bürgermeister der Stadt 1965-1993, einräumt. Baugenehmigungen sind für Araber nur sehr schwer zu bekommen. Die Stadt bleibt, obwohl sie verwaltungsmäßig nun eine Einheit darstellt und obwohl zahlreiche Araber im Westteil arbeiten, in zwei unterschiedliche Welten geteilt. Die arabische Bevölkerung ist lange Zeit führungslos, auch wenn viele den Kampf der exilpalästinensischen Organisation für die Befreiung Palästinas (PLO) unterstützen, die 1964 gegründet worden war und ab 1968 von Arafats Fatah (arab.: Eroberung) dominiert wird.

Auf jüdischer Seite sorgt man zwar dafür, daß Ost-Jerusalem an die westliche Wasserversorgung und Kanalisation angeschlossen wird, aber auch dafür, daß sich das Stadtgebiet im Norden und Osten erheblich erweitert und neue jüdische Siedlungen auf enteignetem Grund sich wie ein Ring um die Altstadt legen. (1996 hat Jerusalem 400.000 jüdische Einwohner gegenüber 170.000 arabischen.)

Selbst innerhalb der Altstadt versuchen radikale Israelis, den „Status quo" zu stören, indem sie im christlichen oder muslimischen Viertel Häuser erwerben. Innerhalb der jüdischen Bevölkerung macht sich zunehmend eine Spannung zwischen den religiösen Gruppen und weltlich orientierten Juden bemerkbar. Immer neue Stadtviertel werden von den „Orthodoxen" beherrscht, die – obwohl oft grundsätzlich staatskritisch – immer mehr Einfluß auf das öffentliche Leben des Staates nehmen und beispielsweise Fahrverbote für Busse durchsetzen. Im Laufe der Zeit wächst aber auch der Widerstand der liberalen Gruppen gegen eine Gemeinschaft, die den Staat auf vielfältige Weise für sich ausnutzt. So ist auch eine Ausweitung des weltlichen Jerusalem festzustellen – Fußgängerzone, Straßenlokale und Diskotheken entstehen. Dennoch heißt es, für viele junge Jerusalemer sei noch immer das Beste an der Stadt die Schnellstraße nach Tel Aviv.

Im Jahr 1980 wird Jerusalem vom israelischen Parlament zur „ewigen und unteilbaren Hauptstadt Israels" erklärt. Die Palästinenser, die seit 1948 mehr und mehr ein eigenes Nationalgefühl entwickeln, fordern nun einen eigenen Staat mit Ost-Jerusalem als Hauptstadt. Im Grundlagenvertrag zwischen Israel und der PLO von 1993 wird die Jerusalemfrage ausgeklammert. Mag man sonst bereit sein, „Land für Frieden" zu geben, in Bezug auf Jerusalem ist kaum jemand dazu bereit. Noch immer ist deshalb vollkommen unklar, was aus der Stadt werden soll. Daß es gelingen könnte, eine ungeteilte Stadt als Hauptstadt von zwei Staaten zu nutzen, kann sich so recht niemand vorstellen. Ob die Eingemeindung von weiteren „Vororten" wie Ramallah, die dann als palästinensisches Regierungszentrum dienen könnten, eine Lösung wäre, weiß ebenfalls niemand. Zuweilen hat es den Anschein, als bleibe die Palästinenserfrage so lange offen, wie die Jerusalemfrage ungelöst ist.

Die letzten 80 Jahre haben naturgemäß die meisten Spuren in Jerusalem hinterlassen. An die englische Eroberung, die für Jerusalem den Beginn des 20. Jh. markiert, erinnert ein Denkmal im Stadtteil Romema – an der Stelle, wo der türkische Bürgermeister die Stadt übergab. Von den Briten wurden die öffentlichen Gebäude am Beginn der Jaffa-Straße errichtet. Dazu gehört neben der Hauptpost das Rathaus, das auf die NW-Ecke der Stadtmauer schaut. Beide sind im sogenannten International Style dieser Jahre errichtet; das von Einschüssen gezeichnete Rathaus wurde auch in den neuen Komplex der Stadtverwaltung einbezogen.

Beim Bau des Rockefeller-Museums an der NO-Ecke der Stadtmauer versuchte man architektonisch eine Verschmelzung von westlicher und orientalischer Kultur. Einerseits an eine turmbewehrte Festung erinnernd, knüpft der Bau doch andererseits mit seinen Kuppeln und seiner Orientierung nach innen an arabische Bauweise an. Der Innenhof stellt ein direktes Zitat der Alhambra in Granada dar. So ist das Gebäude, in dem sich bis heute äußerst sehenswerte Funde zur Geschichte des Landes befinden, ein getreues Spiegelbild der englischen Politik, die vor allem auf Ausgleich mit den Arabern bedacht war.

Noch stärker an die orientalische Architektur knüpft – zumindest teilweise – das Gebäude des YMCA an der King-George-Straße an. Der Konzertsaal ist als byzantinisch-türkischer Kuppelbau angelegt, zeigt aber in den Fenstern in einem religionsverbindenden Programm die zwölf Stämme Israels, die zwölf Apostel und die zwölf Anhänger Mohammeds. Auch die Bauarbeiten wurden von Anhängern der drei Religionen gemeinsam ausgeführt.

Westlich des YMCA liegt der bereits erwähnte Stadtteil Rehavia. Die Villen sind vielfach im europäischen Stil errichtet. Nicht zuletzt jüdische Einwanderer brachten die Moderne nach Jerusalem. Zwischen Ramban- und Jabotinsky-Straße finden sich sogar Anklänge an die Bauhaus-Architektur. Heute befinden sich die Wohnungen zahlreicher Regierungsmitglieder in Rehavia. Südlich von Rehavia stößt man vor allem im ehemaligen Stadtteil Taibiye auf luxuriöse arabische Villen der Mandatszeit, die 1948 verlassen werden mußten. Nördlich der Altstadt sind im Viertel Sheikh Jarra noch einige arabische Herrenhäuser erhalten – meist geprägt von einem Stil, der an die orientalische Pracht der Vergangenheit anknüpfte.

Das King-David-Hotel, gegenüber vom YMCA-Gebäude gelegen und von Anfang an als führendes Haus am Platze geplant, wirkt äußerlich wie ein gesichtsloser Block. Die Gemeinschaftsräume des Erdgeschosses dagegen sind geprägt vom Stolz auf die archäologischen Entdeckungen der Zeit und vom Versuch der Wiederbelebung einstiger Pracht. Die Elemente hetitischer, phönizischer, assyrischer und israelitischer Königsarchitektur werden nun zum Ambiente der modernen „upper class" umfunktioniert.

Von den Kämpfen um Jerusalem im Jahr 1948 ist naturgemäß nur wenig zu sehen. Die Einschüsse an der Außenseite des Zionstores erzählen noch vom verzweifelten Kampf um das jüdische Viertel der Altstadt, das von hier aus gerettet werden sollte. Das Dorf Deir Jassin, für die Araber Inbegriff des jüdischen Terrors, existiert nicht mehr. An seiner Stelle steht heute das Viertel Giv'at Sha'ul. Nördlich der Straße aber, die von Tel Aviv nach Jerusalem hineinführt, sieht man noch die Überreste des arabischen Dorfes Lifta, das ebenfalls im Verlauf des Krieges verlassen wurde. Auch vom Mandelbaumtor ist nichts übriggeblieben. Mitten auf der Schnellstraße Richtung Norden, die der alten Grenze folgt, steht an seiner Stelle heute nur ein Denkmal mit einer Sonnenuhr.

Das arabische Ost-Jerusalem entwickelte sich nach der Teilung der Stadt entlang der Salah-ed-Din-Straße. Der englische Architekt Kandel hatte während der Mandatszeit einen Gesamtplan Jerusalems entworfen und das Geschäftsviertel am Damaskustor geplant – das lag nun zu nah an der Grenze. Aufgrund der wirtschaftlichen Entwicklung wurden kaum noch größere Bauten errichtet. Die Ausnahme bilden – bezeichnenderweise – ein Hotel und eine Kirche. Auf der südlichen Spitze des Ölbergs wurde das Intercontinental-Hotel errichtet (heute „Seven Arches"), dessen Bögen die Silhouette des Berges beherrschen; am Hang des Berges errichtete der Franziskaner-Architekt Antonio Barluzzi den letzten seiner zahlreichen Kirchbauten, die Kapelle „Dominus flevit" (lat.: Der Herr weinte). Angeblich in Form einer Träne gestaltet, ist sie dem Jesuswort gewidmet, in dem Jerusalem als Stadt bezeichnet wird, die nicht erkennt, was ihr zum Frieden dient ...

Das jüdische West-Jerusalem wurde zur Hauptstadt ausgebaut. Dazu gehörte in Israel auch die Gedenkstätte für die Opfer des Holocaust. Zwar war die Idee des Zionismus unabhängig von der „Shoah" (hebr.: Vernichtung) entstanden, doch war für viele die Errichtung des Staates auch eine Antwort auf den Versuch, das Judentum zu vernichten. Eines der ersten Gesetze legte fest, daß jeder Jude nach Israel einwandern darf. Zur Erinnerung an die sechs Millionen Opfer wurde 1953 „Jad VaShem" (hebr.: Ein Denkmal und ein Name) errichtet, wo die Namen der Ermordeten, aber auch der Retter in Erinnerung gehalten werden. Den Mittelpunkt der Anlage bildet zum einen die Gedenkhalle mit den Namen der Vernichtungslager, zum anderen der „Platz des Warschauer Ghettos", wo sich vor einer gewaltigen Fassade in zwei Reliefs das neue Selbstbild des jüdischen Staates darstellt. Während rechts die Juden in den Tod ziehen, erheben sich links die Kämpfer des Ghettos, die zumindest nicht wehrlos in den Tod gehen wollen. Im Rahmen der Vergangenheitsbewältigung fand 1961 in Jerusalem auch der Prozeß gegen Adolf Eichmann, den Kommandanten von Auschwitz statt, den der israelische Geheimdienst in Paraguay aufgespürt hatte. Zumindest zum Teil stellte der Prozeß auch den Sieg des Zionismus über den nationalsozialistischen Terror dar.

Gleich neben Jad VaShem befindet sich unterhalb des Herzl-Grabes auch der Ehrenfriedhof des jüdischen Staates, wo nicht nur die legendäre Golda Meir, sondern auch Jitzchak Rabin beigesetzt ist, der Wegbereiter des historischen Kompromisses mit den Palästinensern. Seine Ermordung Ende 1995 durch einen jüdischen Fanatiker zeigt die tiefe Spaltung, die die israelische Gesellschaft heute durchzieht.

Das Gebäude der „Knesset" (hebr.: Versammlung), des israelischen Parlaments, wurde 1966 fertiggestellt und spiegelt eindrücklich den Charakter Israels, das als demokratischer Staat westlichen Idealen verpflichtet, aber ohne seine religiösen Wurzeln nicht verständlich ist. Schon rein äußerlich dokumentiert der Bau, der wie ein griechischer Säulentempel den Hügel überragt, einen quasi religiösen Anspruch. Seine fast kubische Form erinnert andererseits an das würfelförmige Allerheiligste des jüdischen Tempels. Und die Rückwand des Sitzungssaales ist aus großen Blöcken gestaltet wie die Westmauer! Ein Relief erinnert an die Teilung der Stadt Jerusalem. Die berühmten Wandteppiche von Marc Chagall in der Wandelhalle zeigen, neben einer Verknüpfung der biblischen Urgeschichte mit der Jesajavision vom ewigen Frieden (vgl. Jes 11,1-16) und neben dem von David angeführten Tanz aller religiösen Gruppierungen des Judentums, den Auszug aus Ägypten, der in die zionistische Einwanderung nach Jerusalem übergeht.

In der Universitätsklinik „Hadassa" – dieser Name der Königin Ester (vgl. Est 2,7) bezeichnet auch eine zionistische Organisation – hat Marc Chagall 1962 die zwölf Fenster der kleinen Synagoge gestaltet. Schon der Betsaal als solcher ist ganz einer modernen Formensprache verpflichtet und zeigt damit ein Judentum, das die Versöhnung mit der Moderne sucht. Auch Chagall beschreitet mit seiner darstellenden Kunst einen Weg, der nicht dem orthodoxen Judentum entspricht, das bildliche Darstellungen ablehnt. Chagalls Fenster – symbolische Darstellungen der zwölf Stämme Israels in Anlehnung an den Jakobssegen (vgl. Gen 49) und den Mose-Segen (vgl. Dtn 33) – sind dennoch „jüdisch", weil sie unter Verzicht auf realistische Darstellung durch ihr Leuchten auf etwas anderes, nicht Darstellbares verweisen, aber durch die konkreten Stämme an die Geschichte gebunden bleiben.

An die Eroberung des Ostteils durch die Israelis erinnert in der Stadt nur wenig. Es sind Fotografien wie „Paratroopers at the Western Wall" in der Gedenkstätte am Ammunition Hill, die für diesen Moment der Geschichte Israels stehen. An der Straße, die ins Kidrontal hinabführt, steht gegenüber dem Löwentor außerdem eines der zahlreichen modernen Denkmäler, die in ihrer martialischen Formensprache an Kämpfe und Soldaten erinnern.

Innerhalb der Altstadt war es dank der Zerstörung des jüdischen Viertels möglich, die umfangreichen Ausgrabungen durchzuführen, die heute das Bild von der Geschichte Jerusalems bestimmen. Über den Funden wurde das neue jüdische Viertel errichtet, in dem man den Charakter eines orientalischen Stadtviertels mit moderner Architektur zu verbinden suchte. Bewohnt wird es heute vornehmlich von orthodoxen Familien.

Wie sehr die neuen Bauten auch von militärischen Erwägungen bestimmt sind, zeigt sich besonders an den neuen Vierteln im Nordosten, die wie „ein jüdisches Hufeisen um die Araber" (Ariel Sharon) gelegt sind und den Willen veranschaulichen, die Stadt nie wieder zu teilen. Die Viertel dienen natürlich auch dazu, in Jerusalem möglichst viele Juden anzusiedeln, um so das bevölkerungsmäßige Übergewicht in der Stadt zu erlangen. Auch der Neubau der (alten) Hebräischen Universität auf dem Skopusberg wirkt heute wie eine geschlossene Festung, die der Altstadt gegenüberliegt.

Westlich der Altstadt, am Eingang nach Rehavia, befinden sich heute zwei weitere Gebäude vom Anfang der 80er Jahre, die, kurz vor dem Libanonkrieg errichtet, Israel noch einmal voller Selbstbewußtsein zeigen: das Oberrabbinat (hebr. = Hekal Shlomo – Palast Salomos) und die Große Synagoge mit ihrer mächtigen Säulenfassade. Wie wenig dieser monumentale Stil zur Synagoge paßt, zeigt sich im Innern, das durch seine Größe leer wirkt.

Man hat der israelischen Architektur schon in den 50er und 60er Jahren totalitären Charakter vorgeworfen. Tatsächlich läßt sich nicht bestreiten, daß es Bauwerke gibt, die Macht oder auch Kampf verklären – besonders deutlich beim Ghetto-Fries in Jad VaShem.

Dahinter steht allerdings, wie gesagt, die Suche nach einem neuen Selbstbild, das von Kraft und Stärke, und nicht mehr nur von Gelehrsamkeit und Duldsamkeit geprägt ist. Deshalb knüpft das „Muskeljudentum" sehr gern an die Makkabäer an, die sich zuletzt (erfolgreich) gegen die Umwelt behauptet hatten. Nach ihnen sind

Das Grab von Jitzchak Rabin am Herzlberg.

heute auch zahlreiche Sportvereine in Israel benannt. Für sportliche Aktivitäten ist im Südwesten Jerusalems das moderne „Teddy-Stadium" – benannt nach Teddy Kollek – errichtet worden. Obwohl Fußball (noch) nicht Nationalsport ist, ist der Bau doch der markanteste Sportbau in der Stadt. Und während für die Makkabäer die hellenistische Sportstätte „Gymnasium" der Inbegriff des Abfalls war, kämpfen hier am Shabbat (!) Makkabi Tel Aviv und Makkabi Haifa gegen Betar Jerusalem.

Die Fußgängerzone an der Ben Jehuda-Straße schließlich unterscheidet sich kaum von den Flaniermeilen in westlichen Großstädten und verkörpert deutlich den Wunsch vor allem der jungen Israelis nach „Normalität"

Wie sehr heute West-Jerusalem eine geteilte Stadt ist – geteilt zwischen Vierteln von säkularen und religiösen Israelis – und wie die Stadt von dieser Teilung fast zerrissen wird, ist auf den ersten Blick nicht sichtbar. Wie sehr aber Ost- und West-Jerusalem getrennte Städte sind, zeigt allein der oft vergebliche Versuch, mit einem jüdischen Taxi in den arabischen Teil zu fahren. Am Jaffator spürt und sieht man überdeutlich, wie Welten aufeinanderprallen. Ein jüdisches Luxuswohnviertel schiebt sich bis fast an das Tor heran. Auch innerhalb der Altstadt liegen Welten zwischen den arabischen und dem jüdischen Viertel. Der alte arabische Teil ist für die meisten Juden allenfalls touristisch interessant.

Das Zentrum des arabisch-muslimischen Jerusalem ist noch immer der Haram mit Felsendom und el-Aqsa-Moschee. Der Anschlag jüdischer Extremisten auf den Felsendom nach dem Abkommen von Camp-David ist bis heute unvergessen. Und auch heute ist der Felsendom ein wichtiges Symbol für die gesamte arabische Welt, die lange Zeit im Kampf gegen Israel eines der wenigen verbindenden Elemente hatte. Für die palästinensische Bevölkerung ist der Platz auch Ort der Selbstvergewisserung. Hier steht ein Denkmal für die Opfer des Massakers im libanesischen Flüchtlingslager Sabra und Schatila; hier versammelt sie sich – wenn anderes nicht möglich ist – zu demonstrativen Gottesdiensten. Die Öffnung eines Tunnels entlang der Westmauer, der von den dortigen Ausgrabungen in Richtung Norden führt, provozierte 1996 palästinensische Unruhen.

Nördlich des Damaskustores und an der einstigen „Prachtstraße" Salah ed-Din wird arabischer Alltag in Jerusalem sichtbar. Geschäfte, Kinos und selbst einst führende Hotels sind vielfach heruntergekommen, wirken leblos. Zumindest konnte sich seit Jahrzehnten niemand eine gründliche Renovierung leisten. Nicht nur die Mitglieder der immer noch einflußreichen (verfeindeten) Familien Nashashibi und Husseini oder Bürgerrechtlerinnen wie Hanan Ashrawi, lange Zeit Mitarbeiterin von Jassir Arafat, hoffen auf eine Wiederbelebung der Stadt, die durch die Annexion praktisch vom arabischen Hinterland abgeschnitten ist. Sie stehen nicht zuletzt für den Wunsch nach einer funktionierenden, freien Demokratie in „ihrem" Jerusalem.

Kurz vor dem Sechstagekrieg, am Unabhängigkeitstag 1967, wurde im israelischen

Rundfunk ein national-jüdisches Jerusalemlied ausgezeichnet. Die Melodie von Naomi Shemer ging um die Welt: *„Jerusalem von Gold, Bronze und Licht. / Dein Name kommt über meine Lippen wie Wein. / Ich will deine Geige sein, dich zu besingen. / Aber wir können nicht zurück auf der alten Straße vom Toten Meer über Jericho ..."* Noch immer verkörpert es die sehr reale jüdische Bindung an Jerusalem. Es ist bezeichnend, daß die christliche Fassung zwar auch von der „freien Stadt Jerusalem" singt, aber sich dann ins himmlische Jerusalem hinwegträumt: *„In deinen Toren werd' ich stehen, du freie Stadt Jerusalem, in deinen Toren kann ich atmen, erwacht mein Lied. Die Mauern sind aus schweren Steinen, Kerker, die gesprengt, von den Grenzen, von den Gräbern, aus der Last der Welt. Die Tore sind aus reinen Perlen, Tränen, die gezählt, Gott wusch sie aus unsern Augen, daß wir fröhlich sind ..."* Noch immer ist für viele christlichen Besucher Jerusalem vor allem ein geistliches Erlebnis – auch wenn es vermittelt wird durch die Faszination der real erfahrenen Stadt.

Das irdische Jerusalem ist komplizierter. Durch die Ausbreitung der religiösen Viertel nach 1967 hat sich auch das jüdische Jerusalem verändert. In einem Essay versuchte der israelische Schriftsteller Amos Oz (Friedenspreisträger des deutschen Buchhandels 1992), vor der Knessetwahl von 1981 diese Wandlungen zu beschreiben. Die dabei sichtbar werdende Spaltung innerhalb der Bevölkerung ist im Laufe der letzten Jahre nur noch tiefer geworden.

„Hier im Nordwesten Jerusalems ist fast alles beim Alten geblieben. Die Aufklärung und die Assimilation und die Rückkehr

Der Aufstand im Warschauer Ghetto. Skulptur vor der Gedenkstätte in Jad VaShem.

nach Zion und der Mord an den Juden Europas und die Errichtung des Staates Israel sind wie aufgesogen von diesem jüdischen Wachstum, dem gewaltigen, dem tropischen, das alles wieder verschlingt und bedeckt, wie ein Urwald ...

Hitler und der Messias, die beiden beherrschen hier Wände und Seelen. Alles ist vergänglich, alles wird verschlungen werden von dem unermüdlichen, üppigen Wachstum; alles wird verschwinden, als wäre es nie da, außer diesen beiden, die im Abgrund des Leidens und des Zorns wispern: Hitler und der Messias. Wegen Hitlers Schuld hast du kein Recht, dieses Judentum zu bekämpfen. Wegen der Hoffnung auf den Messias umwachsen und umschlingen sie dich und drohen zurückzuerobern, was du aus ihrer Hand gerettet hast ...

Der Zionismus ist von hier verdrängt worden. Als wäre er nie dagewesen. Oder nicht verdrängt, sondern zu einer Magd degradiert, zu einer Art Schickse, die für das orthodoxe Judentum die Drecksarbeit übernimmt – Müllabfuhr und Instandhaltung der Kanalisation (durchgeführt von Mahmud und Jussuf aus der Ost-Stadt) – wie die Sorge für ein gutes Auskommen (mittels des amerikanischen Steuerzahlers). Derart sind die Aufgaben des Zionismus in diesen Stadtteilen ...

Kriege und Siege, Inflation und Zensur, Likud und Arbeiterpartei, Eurovision und Makkabi Tel Aviv, El Al und die Gewerkschaft Histadrut, alles ist nur Treibsand: heute hier und morgen in nichts sich auflösend ...

Was gab es nicht alles in diesen Straßen in meiner Jugend? Die ganze Welt war hier zugegen. Englische Offiziere saßen im Café. Zwei Missionarinnen aus Finnland kamen, um Bücher aus der Bibliothek meines Vaters zu entleihen. Hilfspolizisten und Arbeiter in russischen Hemden erschienen, um über Politik zu diskutieren. Handwerker, von denen sich einer in der Lehre von Jung bestens auskannte. Kinder im blauen Hemd eilten zur Gruppe der sozialistischen Jugendbewegung, andere wiederum gingen zu den Pfadfindern, zu den Religiösen, zu den Revisionisten oder zum Theaterkreis. Ein Zahnarzt, der hartnäckig behauptete, Stalin persönlich gekannt zu haben – und beinahe, beinahe wäre es ihm geglückt, sein Verhältnis zum Zionismus im besonderen und zur Intelligenzia im allgemeinen zu verbessern. Die Nachkommen der Funktionäre, Beamten, Lehrer und Gelehrten trafen sich im Wäldchen außerhalb der Stadt, um heimliche Nachtübungen durchzuführen ‚im Hinblick auf das Kommende', oder sie veranstalteten Lagerfeuer und Manöver in den Feldern von Sanhedria, und alle, jeder auf seine Weise, erwarteten, daß sich mit der Gründung des Staates das Blatt zum Guten wenden werde. ‚Das Gestern ließen wir hinter uns / doch weit ist der Weg zum Morgen', pflegten wir damals hier zu singen."

Oz zitiert auch den Lehrer einer Talmudschule, die heute an der Stelle seiner einstigen Schule steht: „Was ist das Ziel? Ganz unter uns, lassen Sie mich Ihnen die Wahrheit sagen. Wir bereiten hier den Grund für die Tage, die kommen werden, wenn Gott will, nach diesem Staat. Wir bearbeiten den geistigen Boden, damit ihr keine öde Landschaft hinterlaßt. Wir haben schon Schlimmere als euch überlebt, und mit Gottes Hilfe überleben wir auch euch. Wir warten einfach, bis ihr euch zur wahren Umkehr entschließt."

Doch religiös ist nicht gleich religiös. Zu Gush Emunim, der religiösen Siedlerbewegung sagt dieser Religiöse: *„Das sind Lümmel. Lausebengel. Sehr mißliche Kerle. Wirkliche Heiden. Götzendiener. Führen sich so auf, als ob sie den Messias in der Tasche hätten, und bringen den Zorn der Gojim (d.h. der Nichtjuden) über uns.*

Und wofür? Für Bäume und Steine. Vielleicht haben Sie es gehört, sie hatten einst irgendeinen Rabbi, einen Satan in Gestalt eines Rabbi, ein maßloser Spötter, und er wollte die Erlösung beschleunigen und pflegte so zu reden, als ob ihm die Absicht des Herrn der Welt bekannt wäre. Frechheit und Widerlichkeit in einem. Und jetzt sind seine Schüler die ärgsten der Zionisten: mit ihren Taten laden sie den ewigen Haß auf uns und verärgern die Feinde Israels. Sie möchten das Kommen des Messias vorantreiben, werden uns letztlich aber einen neuen Hitler bescheren."

Oz hat sich auch mit Arabern unterhalten, unter anderem mit Siad Abu Siad, einem Redakteur der Zeitung „al-Faghr al-Arabi" (Die arabische Morgenröte), 1972 gegründet und inoffizielles Sprachrohr der PLO. Noch vor Beginn der Intifada entwickelt sich folgendes Gespräch:

„Und was wird geschehen, Siad, wenn eines Tages Jassir Arafat handelt wie Sadat, nach Israel kommt, um Frieden und gegenseitige Anerkennung anzubieten?" –

„Dann wird sich die arabische Straße teilen. Einige werden sagen: ausgezeichnet, sehr gut, das wird die Israelis in Verlegenheit bringen, das wird sie völlig isolieren, das wird bei ihnen großen Streit verursachen. Andere wiederum werden sagen, daß Arafat ein Verräter ist. Die Mehrheit der Palästinenser in den Gebieten wie auch die Mehrheit der Kämpfer würde es freudig begrüßen."

Als Siad sogar das Bild von der Vereinigung der beiden Staaten entwirft, fragt Oz verwundert nach. Siad antwortet:

„Schau, eines Tages wird die ganze Welt vereint sein. Das ist die Tendenz der Geschichte. Das diktiert die Vernunft. Diese Vereinigung kann mit derjenigen zwischen Palästinensern und Israelis ihren Anfang nehmen, aus deren freiem Willen. Warum nicht? Aber erst müssen die Palästinenser ein befreites Volk sein. Das vor allem. Wir müssen zurückkehren in unser Land. Wir müssen zurückkehren nach Jerusalem. Wir müssen ein Volk werden wie alle Völker. Wir müssen das besitzen, was auch ihr habt. Das ist jetzt unser Traum. Was danach kommt, wird man sehen."

Und Oz schließt: *„Diese Worte sagt er mir, nur 200 Meter vom Damaskustor entfernt. Im Herzen von Jerusalem sagt er mir: ‚Erst müssen wir nach Jerusalem zurückkehren.' Wie sonderbar"* (Amos Oz, Im Lande Israel).

In der Tat – eine sonderbare Stadt. Immer wieder scheint die „heilige Stadt dreier Religionen" die Friedensbotschaft der Religionen zu widerlegen – obwohl niemand bestreitet, daß alle vom gleichen Gott sprechen. Kann es eine überzeugendere Darlegung geben dafür, daß es sehr unterschiedliche Wege zu diesem DU gibt? Und selbst die heiligen Stätten, oft genug Anlaß handfester Auseinandersetzungen, sind allesamt im Grunde nur Zeugen für etwas, das hier nicht anwesend ist: Der Tempel ist zerstört, das Grab ist leer, der Fels ist nicht Ziel der Himmelfahrt. Ob die Religionen irgendwann ihre eigenen Symbole so verstehen, daß sie wirklich in der Suche nach dem Abwesenden und nach einer Sprache, die vom Unaussprechlichen redet, vereint werden?

Zeittafel

um 4000 v. Kupfersteinzeit. Erste Siedlungsspuren auf dem SO-Hügel.
um 2000 v. Neubesiedlung des Hügels durch die Kanaanäer.
um 1800 v. Befestigung der Stadt. Erste Erwähnung als „Uruschalim" in ägyptischen Ächtungstexten.
um 1400 v. Abdi-Hepa von Ägypten gestützter Stadtkönig von Uruschalim. Bedrohung durch Labaja von Sichem.
um 1200 v. Israelitische Stämme siedeln in der Umgebung Jerusalems.
um 1004 v. Eroberung der Stadt durch David. Hauptstadt des davidischen Großreiches und nach Einbringung der Lade auch religiöser Mittelpunkt.
um 961 v. Davids Sohn Salomo wird König. Neubau von Tempel und Palast.
931 v. Nach Salomos Tod Reichsteilung. Jerusalem nur noch Hauptstadt des Südreichs Juda.
840 v. Königin Atalja führt den Baalkult in Jerusalem ein
796 v. Eroberung Jerusalems durch das Nordreich Israel und Abhängigkeit bis zum Tod des Amzja von Israel.
736 v. Erstes Auftreten des Propheten Jesaja.
722 v. Eroberung des Nordreichs durch die Assyrer. Flüchtlinge strömen nach Jerusalem. Im Tempel wird der assyrische Sonnenkult eingeführt.
um 705 v. Kultreform des Hiskija. Entfernung des assyrischen Altars. Neue Mauer und Wasserleitung entstehen.
701 v. Belagerung Jerusalems durch den Assyrer Sanherib. Verlust des Umlandes nach Unterwerfung.
um 630 v. Rückeroberung des Nordreichs unter Joschija. Kultreform des Joschija nach Auffindung des Gesetzbuches.
597 v. Erste Eroberung Jerusalems durch die Babylonier. Auftreten des Propheten Jeremia.
587 v. Zweite Eroberung Jerusalems durch die Babylonier. Zerstörung von Tempel und Stadt. Babylonische Gefangenschaft. Auftreten des Propheten Ezechiel.
536 v. Rückkehredikt des Kyros nach Sieg der Perser über die Babylonier. Auftreten des Deuterojesaja. In Jerusalem Wiederherstellung des Brandopferaltares.
515 v. Einweihung des Zweiten Tempels. Auftreten der Propheten Haggai und Sacharja.
445 v. Statthalter Nehemia. Wiederaufbau der Mauern.
um 398 v. Wirken des Priesters Esra. Die Tora erhält Gesetzeskraft.

Zeittafel

332 v.	Alexander der Große erobert Palästina. Nach seinem Tod Herrschaft der Ptolemäer.
198 v.	Beginn der Seleukidenherrschaft. Hellenisierung der Stadt Jerusalem. Die Weisheitsbücher entstehen.
167 v.	Opferungen zu Ehren des Zeus im Tempel. Aufstand der Makkabäer.
164 v.	Reinigung und Wiedereinweihung des Tempels.
141 v.	Beginn der hasmonäischen Dynastie, die auch das Amt des Hohenpriesters besetzt. Jerusalem wird noch einmal Hauptstadt eines Großreichs. Religiöse Gegenbewegungen.
63 v.	Thronstreitigkeiten zwischen rivalisierenden Hasmonäern. Der herbeigerufene Römer Pompejus nimmt Jerusalem ein.
37 v.	Herodes der Große wird König. Erneuerung des Tempels.
6 n.	Judäa wird römische Provinz. Neue Hauptstadt wird Cäsarea am Meer.
30 n.	Tod Jesu in Jerusalem unter Pontius Pilatus.
48 n.	Apostelkonzil in Jerusalem.
66 n.	Beginn des ersten jüdischen Aufstandes gegen Rom. Die Aufständischen erobern Jerusalem.
70 n.	Eroberung der Stadt durch Titus. Zerstörung des Tempels.
132 n.	Beginn des zweiten Aufstands gegen Rom unter Bar Kochba.
135 n.	Neubau Jerusalems unter Kaiser Hadrian als Aelia Capitolina.
326 n.	Besuch der Kaiserin Helena. Bau von drei christlichen Hauptkirchen.
335 n.	Einweihung der Grabeskirche. Zahlreiche Pilger strömen nach Jerusalem.
361 n.	Unter Kaiser Julian kurzzeitig Arbeiten zur Wiederherstellung des Tempels.
451 n.	Jerusalem wird Patriarchat und bleibt orthodox.
614 n.	Einfall der Perser. Zerstörungen in Jerusalem.
628 n.	Rückeroberung des Landes durch Kaiser Heraklius.
638 n.	Einnahme Jerusalems durch die Araber.
691 n.	Fertigstellung des Felsendoms unter Kalif Abd el-Malik. Anschließend Bau der el-Aqsa-Moschee. Jerusalem wird zur dritten heiligen Stadt des Islam.
750 n.	Verlegung der arabischen Hauptstadt nach Bagdad durch die Abassiden. Jerusalem wird unbedeutend.
950 n.	Beginn der Herrschaft der Fatimiden.
1009 n.	Zerstörung der Grabeskirche unter dem Kalifen el-Hakim.

Zeittafel

1071 n.	Eroberung der Stadt durch die seldschukischen Türken.
1099 n.	Eroberung der inzwischen wieder fatimidischen Stadt durch die Kreuzfahrer. Sie wird Hauptstadt des lateinischen Königreichs.
um 1140 n.	Jehuda HaLevi dichtet Zionslieder.
1149 n.	Weihe der neuen Grabeskirche.
1187 n.	Eroberung der Stadt durch Saladin nach der Schlacht bei den Hörnern von Hattin.
1219 n.	Schleifung der Stadtmauern Jerusalems, als ihre Eroberung durch den 5. Kreuzzug droht.
1228 n.	Kaiser Friedrich II. erreicht die Übergabe Jerusalems an die Christen und krönt sich zum König von Jerusalem.
1250 n.	Die Mamelucken übernehmen die Stadt und wehren den Mongoleneinfall ab. Islamisierung der Stadt.
1267 n.	Nachmanides kommt nach Jerusalem. Eine neue Synagoge entsteht als Keimzelle des jüdischen Viertels.
1333 n.	Errichtung der Custodia Terrae Sanctae durch die Franziskaner.
1428 n.	Übernahme des Davidsgrabes durch eine jüdische Gemeinschaft.
1492 n.	Aus Spanien vertriebene Juden siedeln sich in Jerusalem an. Blüte der Kabbala.
1517 n.	Die osmanischen Türken erobern die Stadt. Wiederaufbau der Mauern unter Sultan Suleiman. Nach seinem Tod zunehmender Verfall der Stadt.
1808 n.	Brand der Grabeskirche. Neubau der Ädikula.
1838 n.	Beginn der wissenschaftlichen Erforschung der Stadt (Robinson).
1842 n.	Errichtung des anglikanisch-preußischen Bistums Jerusalem. Zunehmender europäischer Einfluß.
1847 n.	Wiedererrichtung des lateinischen Patriarchats Jerusalem.
1852 n.	Festlegung des „Status quo" an den heiligen Stätten durch den Sultan.
1860 n.	Erstes jüdisches Viertel außerhalb der Altstadt. Beginn der Entstehung einer jüdischen, später auch einer arabischen „Neustadt".
1867 n.	Erste Ausgrabungen am Tempel und auf dem SO-Hügel (Wilson, Warren).
1896 n.	Theodor Herzls „Judenstaat" erscheint. Erster Film über Jerusalem im Auftrag der Gebrüder Lumière.
1898 n.	Herzl besucht Jerusalem und begegnet Kaiser Wilhelm II.

Zeittafel

1917 n.	Balfour-Erklärung der englischen Regierung. Eroberung der Stadt durch die britische Armee.
1920 n.	Beginn des englischen Mandats über Palästina. Jerusalem wird wieder Hauptstadt.
1936 n.	Arabischer Aufstand gegen die jüdische Einwanderung unter Führung des „Großmufti von Jerusalem".
1947 n.	Teilungsplan der UNO. Jerusalem soll internationaler Kontrolle unterstellt werden.
1948 n.	Ende des britischen Mandats. Kampf um die Stadt zwischen jüdischen und arabischen Truppen. Teilung.
1950 n.	Israel erklärt West-Jerusalem zu seiner Hauptstadt.
1961 n.	Eichmannprozeß in Jerusalem.
1964 n.	Papst Paul VI. besucht Jerusalem.
1967 n.	Eroberung Ost-Jerusalems durch israelische Truppen. Vereinigung der Stadt. Die UNO fordert in der Resolution 242 den Rückzug aus allen besetzten Gebieten. Erste Anschläge der Fatah in Jerusalem.
1977 n.	Besuch des ägyptischen Präsidenten Sadat in Jerusalem.
1980 n.	Annexion Ost-Jerusalems durch Israel.
1987 n.	Beginn der Intifada in den besetzten Gebieten.
1988 n.	Formelle Gründung eines Palästinenserstaates durch die PLO mit Jerusalem als Hauptstadt. Anerkennung des Existenzrechtes Israels.
1994 n.	Israelisch-palästinensisches Grundsatzabkommen. Die Jerusalemfrage wird ausgeklammert.
1996 n.	Unruhen in Jerusalem nach Öffnung eines Tunnels am Tempelberg. Der Friedensprozeß droht zu scheitern.

Empfehlenswerte Literatur (Auswahl)

* BAHAT, DAN, The Illustrated Atlas of Jerusalem (Jerusalem 1990)
* BIEBERSTEIN, KLAUS / BLOEDHORN, HANSWULF, Jerusalem. Grundzüge der Baugeschichte vom Chalkolithikum bis zur Frühzeit der osmanischen Herrschaft. 3 Bände (Wiesbaden 1994)
* COLLINS, LARRY / LAPIERRE, DOMINIQUE, O Jerusalem (München 1972)
* DALMAN, GUSTAF, Jerusalem und sein Gelände (Hildesheim ²1972)
* DONNER, HERBERT (Hg.), Pilgerfahrt ins Heilige Land. Die ältesten Berichte christlicher Palästinapilger (4.-7. Jahrhundert) (Stuttgart 1979)
* EGERIA, Reisebericht, übersetzt und eingeleitet von G. Röwekamp (Freiburg 1995)
* ELON, AMOS, Jerusalem. Innenansichten einer Spiegelstadt (Reinbek 1990)
* GRADENWITZ, PETER (Hg.), Das Heilige Land in Augenzeugenberichten. Aus Reiseberichten deutscher Pilger, Kaufleute und Abenteurer vom 10. bis zum 19. Jahrhundert (München 1984)
* HEYER, FRIEDRICH, Kirchengeschichte des heiligen Landes (Stuttgart 1984)
* JOSEPHUS FLAVIUS, Geschichte des Jüdischen Krieges = Goldmann TB München 1994
* KROYANKER, DAVID, Die Architektur Jerusalems. 3000 Jahre Heilige Stadt (Stuttgart 1994)
* NEBENZAHL, KENNETH, Atlas zum Heiligen Land. Karten der Terra Sancta durch zwei Jahrtausende (Stuttgart 1995)
* OTTO, ECKART, Jerusalem - die Geschichte der Heiligen Stadt (Stuttgart 1980)
* OZ, AMOS, Im Lande Israel (Frankfurt 1984)
* RÖWEKAMP, GEORG, Israel. Ein Reisebegleiter zu den heiligen Stätten von Judentum, Christentum und Islam (Freiburg ²1995)
* WAGNER, MARTIN, Gebrauchsanweisung für Israel (München 1996)
* WELT UND UMWELT DER BIBEL, Heft 1: 3000 Jahre Jerusalem (Stuttgart 1996)

Register

Orte in Jerusalem und Umgebung:

Abendmahlssaal 63, 122f
Absalomgrab 46
Akra 43f
Alexanderhospiz 86, 91, 138
Amerikanische Kolonie 148
Ammunition Hill 166
Antonia 49f, 52, 56, 76, 83f, 122, 129
Auguste-Viktoria-Stiftung 147

Baris 44, 46, 49
Ben Jehuda-Straße 168
Betanien 59, 65, 91
Betesdateich/Schafteich 45, 58, 64, 83, 98, 102, 108
Betlehem 20, 49f, 90f, 96, 103, 117, 119

Cardo 83, 85f, 90, 92, 99, 119
Christ-Church 138

Damaskustor 50, 83f, 95f, 98, 116, 131, 165, 171
Davidsgrab 19f, 86, 125, 151, 154
Davidstadt/SO-Hügel 19f, 23, 29, 31, 38, 49, 51, 83, 99
Davidsturm s. Zitadelle
Decumanus 83, 85, 119
Deir Jassin 161, 165
Deutsche Kolonie 148
Dominus flevit-Kapelle 165
Dormitio-Abtei 101, 147

Ecce-Homo-Bogen 84, 136
Eleonakirche/Pater-Noster-Kirche 64, 91, 97
Erlöserkirche 108, 136, 147

Felsendom s. unter Tempelplatz
Forum 83, 85

Gartengrab 73
Getsemani 61, 65, 97, 118
Gihonquelle 9f, 13, 17, 18, 26, 28f, 39, 160
Goldenes Tor s. unter Tempelberg
Golgota s. unter Grabeskirche
Grabeskirche 65f, 86, 90-94, 97, 101, 105, 108f, 111f, 116-119, 121, 124, 126f, 129, 135
- Adamskapelle 94, 122
- Grab Jesu 61f, 65, 86, 90, 92-95, 97, 121f, 135, 171
- Golgota 61, 66, 83, 86, 90, 92-95, 97, 121
- Helenakapelle 122
Große Synagoge 167
Gymnasium 42, 168

Hadassa-Krankenhaus 166
Haram es-Sherif s. Tempelberg
Hauptpost 164
Hebräische Universität 162, 167
Herodianisches Viertel 53, 78
Herzlberg/Herzlgrab 156, 166
Hezirgrab s. Jakobusgrab
Himmelfahrtskapelle 87, 97, 117, 122
Hinnomtal 28
Hiskijatunnel 28, 156
Hurva-Synagoge 154

Intercontinental-Hotel 165
Islamisches Museum (auf dem Haram) 129
Israel-Museum 29f, 83, 162

Jad VaShem 165, 167
Jaffa-Straße 160, 164
Jaffator 83, 137, 168
Jakobusgrab 46, 98, 156
Jakobuskathedrale 102, 117, 122
Jemin Moshe 155
Johanan ben Zakkai-Synagoge 154
Johanneskirche 102, 120
Joschafattal s. Kidrontal

Kidrontal/Joschafattal 9, 13, 40, 42f, 46, 61, 65, 103, 108, 166
King-David-Hotel 160, 164f
Klagemauer/Westmauer s. unter Tempelberg
Knesset 166
Königsgräber 73

Lithostrotos 84
Löwentor 131, 163, 166

Mandelbaumtor 161, 165
Marcus-Junius-Säule 85
Maria-Magdalena-Kirche 138
Mariengrab 102, 108, 118, 122, 135
Mea Shearim 156
Menaskapelle s. Jakobuskathedrale
Mishkenot Shaananim 152, 155
Misttor 163
Modell Jerusalems 53
Montefiore-Windmühle 155f
Muristan 85, 147

Nea-Kirche 98, 101f, 105, 108
Neues Tor 138
Notre Dame 138

Oberrabbinat 167
Ölberg 9f, 19, 31, 40, 46, 53, 59, 62, 64, 65, 87, 90f, 97, 104, 117f, 147, 156, 158, 160, 162
Old Jishuv Court 154
el-Omariya-Schule 53
Omarmoschee 127, 129
Ophel 13, 19

Pater-Noster-Kirche s. Eleonakirche
Prätorium 61, 65, 95, 97, 108
Prophetengräber 60, 65

Ramban-Synagoge 154
Rathaus/Stadtverwaltung 164
Rockefeller-Museum 117, 121, 160, 164
Rogelquelle 18
Russische Mission 136, 138, 159

Sabaskloster 103
Salah-ed-Din-Straße 165, 168
Schafteich s. Betesdateich
Schiloachteich 28f, 49, 58, 64, 98, 156
Silwan 13, 29
Skopusberg 77, 162, 167
St. Anna 45, 98, 110, 118, 122, 127, 147
St. George 146
St. Peter in Gallicantu 61, 65
St. Salvator 134, 137
St. Stephanus 98, 138
Sta. Maria Germanorum 121
Sta. Maria Latina 108, 118, 122, 147
Stadtmauer 13, 38, 45, 49, 52, 65f, 76, 99, 109, 110, 116, 118, 130, 132, 137f, 149
Struthionteich 49
Sultansteich 154

Teddy-Stadion 168
Tempelberg/Haram es-Sherif 13, 18f, 23, 42f, 45, 49-53, 75, 77, 82, 84, 101, 106, 110, 126, 129f, 156, 163, 168
- Tempel 10, 13f, 18-20, 22, 25, 31f, 34f, 37f, 40, 47f, 52, 54f, 59-62, 74f, 80f, 91-93, 95, 103, 121, 123, 126, 154, 163, 166, 171
- Allerheiligstes 10, 21f, 35, 38, 55, 61, 79, 93, 111, 123, 152, 166

- el-Aqsa-Moschee 107, 110-112, 117-120, 124, 126, 129, 162, 168
- Ashrafiye-Medrese 130
- hl. Felsen 13, 21, 52, 107, 111, 117, 120, 171
- Felsendom 107, 110-112, 117-119, 124, 126, 129f, 168
- Frauenmoschee 120
- Halle Salomos 52, 59
- Himmelfahrtsdom 120
- Kettendom 107, 110
- Königspalast 18, 20, 37
- Osttor/Goldenes Tor 37, 51, 64, 103, 113, 121
- Pferdeställe Salomos 51
- Robinson-Bogen 51
- Sabil Qait Bey 130
- Westmauer 51, 78, 154, 158, 163, 168
- Wilson-Bogen 51
Theodosiuskloster 103, 104
Tiferet-Israel-Synagoge 154
Tyropoiontal 9, 45, 49, 51, 61, 83

Verbranntes Haus 78
Via dolorosa 49, 52, 122

Wadi Kelt 103, 162
Warren-Shaft 13
Wüste Juda 9, 28, 100, 103, 108, 136

YMCA-Gebäude 164

Zachariasgrab s. Jakobusgrab
Zitadelle der Davidstadt 13, 17
Zitadelle/Davidsturm 45, 53, 61, 77, 118, 120, 124, 128, 131, 159
Zion/SW-Hügel 26, 42, 49, 57, 63, 65, 77, 83, 96f, 99, 108, 116, 125, 147, 151, 156
Zionskirche/Hagia Sion 97f, 100f, 125, 147
Zionstor 165

Namen (Auswahl):

Abdallah 162
Abd el-Malik 107, 108
Abdi-Hepa 11f, 14
Abjatar 18f
Abraham 75, 106, 111
Abschalom 18, 46
Adonija 18
Ahas 25
Ahasja 24
Akiba, Rabbi 82
Alexander der Große 41
Alexander Jannäus 44, 57

Register

Allenby 159
Antiochus IV. 42f, 79
Antipater 44, 48
Arafat, J. 163, 168, 171
Archelaus 51
Aristobul 44f, 48
Ashrawi, H. 168
Asklepios 83
Augustus 48, 50, 92

Ba'al 24, 43
Baibar 131, 138
Baldi 159
Balduin I. 117, 119
Balfour 153
Barluzzi, A. 148, 165
Baruch/Berechja 29
Batseba 18
Ben Gurion, D. 161
Benjamin von Tudela 124f, 154
Bernadotte, F. 161
Bernhard von Clairvaux 118, 120
Buber, M. 161
Burckhardt, J.L. 137

Cestius Gallus 77
Chagall, M. 166
Cyrill von Jerusalem 93

Dajan, M. 163
Dalman, G. 145
Darius 32, 41
David 12-20, 23, 27, 56, 79f, 102, 104, 110, 119
Diokletian 88

Egeria 97f, 100
Eichmann, A. 165f
El 22
Elias von Jerusalem 105
Eliezer ben Jehuda 154
Esra 35f
Eudokia 99f, 103
Eusebius von Cäsarea 64, 82, 84, 87, 89f, 94, 102
Euthymius 100, 105
Ezechiel 27, 31, 34, 62, 64
Flaubert, G. 150
Franz Josef 147, 155
Friedrich II. 119, 121, 132

Gabriel 107
Gamaliel 75
Gedalja 28
Georg 121, 148
al-Ghazzali 113, 151
Glubb 161
Goliat 17
Gordon 73
Gottfried von Bouillon 116f, 122
Gregor von Nyssa 96f

Hadrian 66, 82-84, 86, 92, 96, 103
Haggai 33f, 65
el-Hakim 66, 109
Harun al-Raschid 108
Helena 90, 99, 112
Heraklius 100, 103, 105
Herodes I. 45, 48-51, 77, 79
Herodes Agrippa 73, 76, 84
Herodes Antipas 51, 56, 76
Herzl, Th. 153, 156f
Hieronymus 86, 97, 103f
Hilarius von Poitiers 95
Hippodamos 83
Hiram 19
Hiskija 25f, 29, 156
Hoffmann, Chr. 148
Hulda 27, 51
Hussein von Mekka 159, 162
el-Husseini, Amin 160
Hyrkan II. 44f, 48

Ibrahim Pascha 129, 135
Isaak 52, 60, 93, 106
Ismael 106, 111

Jabotinsky, W. 160
Jakob 106, 111, 166
Jakobus 46, 64, 76, 156
Jehuda HaLevi 151, 157
Jeremia 27f, 30f
Jerobeam 24
Jesaja 25, 29, 39, 63
Jesus 56-62, 64, 65-75, 81, 89, 93f, 103, 106-108, 111, 117, 121f, 133, 137
JHWH 16, 18, 21, 23, 25, 27, 30-32, 40, 42f, 48, 77f, 90
Joab 17f
Joel 42
Johanan ben Zakkai 79f, 154
Johannes Hyrkan 44
Johannes der Täufer 46, 121
Johannes der Evangelist 58-60
Johannes von Gischala 77
Jojachin 27, 32
Jojakim 27
Jonatan Makkabäus 44, 56
Josef von Arimatäa 73, 92
Joschija 26, 29, 51
Josephus Flavius 45, 52f, 57, 61, 64, 78
Judas Iskariot 57
Judas Makkabäus 43
Judas der Galiläer 57, 76
Julian 96
Jupiter 78, 82f, 90
Justinian 91, 98, 100, 103, 105
Juvenal 98f

Kajaphas 65, 74, 97
el-Kamil 118f
Karl der Große 108, 147

Kollek, T. 163, 168
Konstantin 86, 88f, 92, 95f, 99
Kook, Abraham 154
Kyros 32, 34

Lawrence, T.E. 159
Lukas 63, 59f, 64, 75, 91, 97
Lumière 150
Luria, Isaak 152, 154
Luther 133, 148

Makarius 89
Maleachi 38, 65
Marcus Antonius 48f
Maria 98, 102f, 106, 111, 133
Maria Magdalena 62
Mariamne 48
Mattatias 44
Matthäus 60, 74
Meir, G. 166
Melania 99
Melchisedek 14
Meliton von Sardes 66, 84, 86
Mescha von Moab 24
Mohammed 105-107, 164
Moloch 28
Montefiore, M. 152
Muse 25, 55, 62, 106f, 166
Muawija 107
el-Muqadasi 113f

Nachmanides 151, 154
Natan 18
Nebukadnezzar 27, 31f
Nehemia 35-38
Nikodemus 58

Omar 105, 112
Origenes 84, 88
Orpheus 102
Oz, A. 169-171

Paul VI. 162
Paulus 75
Petrie, W.M.F. 137
Petrus 63f, 65, 76
Petrus der Einsiedler 115f
Philippus 51, 76
Pilatus 49, 61, 76, 122
Pilger von Bordeaux 95
Pilger von Piacenza 99
Poimenia 97, 99
Pompejus 44f, 55, 79

Quirinius 57, 76

Rabin, J. 163, 166
Ratisbonne 136
Renan, E. 137
Richard Löwenherz 118, 138
Robinson, E. 137, 149
Rothschild, W. 152, 155

Sabas 100
Sabbatai Zwi 152
Sacharja 34, 46, 65
Salah ed-Din/Saladin 118, 126f, 129, 134f, 149
Salomo 13f, 18f, 21f, 24, 27, 78, 90f, 110, 119, 128
Samuel 16, 116
Samuel, H. 160
Sanherib 26
Saul 16
Schachar 14
Schalem 14, 18, 34
Schick, C. 156
Sedek 14, 25, 34
Selim 128
Serubbabel 33f
Sharon, A. 167
Shemer, N. 169
Simeon, Leiter der Urgemeinde 64
Simeon II., Hoherpriester 45, 47
Simon Bar Giora 77
Simon Bar Kochba 82
Simon Makkabäus 44
Simon Kananäus 57
Sinan 130, 154
Sophronius 104f
Stephanus 74, 98
Storrs, R. 160
Suleiman 128-131, 134, 155

Tabit al-Fahmi 105
Tacitus 55, 76
Theodosius I. 90, 96f
Theodosius II. 99
Thutmoses III. 11
Tineius Rufus 82
Titus 77-79
Tobler, T. 149

Urban II. 115, 123
Urija 18

Venus 83
Vespasian 77, 79
Walther von der Vogelweide 125
Warren, Ch. 13, 145
Weill, R. 20
Weizmann, Ch. 153
Werfel, F. 7
Wilhelm II. 136, 147, 153, 157
Wilhelm von Tyrus 123

Zadok 14, 18, 23, 56
Zadok, Pharisäer 57
Zenobius 90
Zeus 41, 43
Zidkija 27f, 32